W0306609

YEDİVEREN

Okuma alışkanlığınız...

© 2019, Yediveren Yayınları
Bu kitabın her türlü basım hakkı, anlaşmalı olarak
Yediveren Yayınları'na aittir. Kaynak gösterilip alıntı yapılabilir.
İzinsiz hiçbir yolla çoğaltılamaz.

Kitap Adı / İçindeki Mucize
Yazar Adı / Anıl Şehirlioğlu
ISBN / 978-605-269-078-9
Tür / Kişisel Gelişim
Yayın Yönetmeni / Gökhan Alperen Bayrak
Yayın Koordinatörü / Gülseren Bayrak
Editör / Çağla Erboğa
Kapak Tasarım / Refik Çetin
İç Tasarım / Burhan Maden
10. Baskı / Eylül 2023
Matbaa / Çalış Ofset
Matbaa Sertifika No: 45159
Davutpaşa Cd. Yılanlı Ayazma Sk. No: 8
Davutpaşa Topkapı-İstanbul Tel: 0212 482 1104

Yediveren Yayınları Eğitim Hiz. Tic. Ltd. Şti.
Ticaret Sicil No: 893116 Sertifika No: 40142
Şenlikköy Mahallesi, Şehit Muammer Yüzsüren Sokak
No:17 B Blok D: 2 Florya Bakırköy İSTANBUL
Tel: +90 212 506 13 84 / +90 212 506 13 85 / Fax: +90 212 506 13 86
www.yediveren.com.tr / info@yediveren.com.tr

Anıl ŞEHİRLİOĞLU

İçindeki Mucize

EGO'DAN ÖZ'E; BEN'DEN BİZ'E

YEDİVEREN

Kaan Elçi'ye

İçindekiler

GİRİŞ

Kuantum dünyasına attığım ilk adım, bundan on yıl öncesine dayanır. On yıl önce elime alıp da "Bu ne saçma şey." diyerek fırlatıp attığım bir kuantum kitabı ile başlayan gerçekliğe uyanışım ve sonrasında edindiğim tüm bilgiler, aldığım eğitimler, yaşadığım deneyimlerle kendimi yeniden doğuruşum, bu kitabı okuyacak herkese dilerim ki ışık ve farkındalık olsun.

Egoma yenilerek attığım o kitap ve nicesi, şimdi evimdeki kütüphanemin en değerli parçaları arasında. Evet, attım; zira orada karşılaştığım gerçekleri kabullenmek başta zor geldi. Hayatımdaki her şeyin kendi seçimim olduğunu anlamak; yaşadıklarımın, hayatıma dahil ettiklerimin benim tohum inançlarım, bakış açılarım, tekâmül planım, geçmiş yaşam karmalarım ve hayat derslerim olduğunu kabul etmek kolay bir iş değildi. Ancak iç sesim beni yine rahat bırakmadı. Karşı konulmaz bir arzuyla kitabı tekrar elime aldım ve kendimi onu okurken buldum. Artan bir merakla bambaşka alanlara da çekildiğimi fark ettim ve bu konuda alabileceğim tüm eğitimleri almaya karar verdim.

Okuduğum birçok kitap, yaptığım araştırmalar, aldığım eğitimler ve seanslar sonunda hayatımdaki değişimleri görüp yüreğimi bu yola adadım. İlk başlarda hiçbir tıp kurumunun çözemediği, iyileştiremediği, hatta tez konusu olarak bir devlet hastanesinin beni Amerika'ya götürmeyi teklif ettiği kolon rahatsızlığım, tek bir kuantum seansı ile iyileşti. Ardından ilişkim düzeldi. Geçmişte yaşadığım birçok travmanın izleri silindi. Bunları, kendimi hayatım boyunca hiç hissetmediğim kadar mutlu, huzurlu, özgür, yaşamdan keyif alır halde görünce anladım. Yaşamını, bir ödül yerine ceza almışcasına, dünya hapishanesine mahkummuş gibi yaşayan Anıl'dan, her anını mucize olarak gören ve bu bilinçte yaşamı kutsayan, zevk alan, eğlenen, kendiyle ve hayatla, Yaradan ile barışmış bir ANIL doğdu.

Hayatımdaki mucizeleri görmeye başladıktan çok kısa bir süre sonra, bunları herkesin yaşayabilmesi için harekete geçmeye karar verdim. Dostlarımın, ailemin "Sen deli misin? Böyle güzel bir iş bırakılır mı?" sözlerine aldırmadan herkesin sahip olmak isteyebileceği bir pozisyonu ve şartları bir günde bırakıp güvenli alanımı terk ettim ve bu yola baş koyarak mesleğim haline getirdim.

Şimdi çok mutluyum. Birçok hayatın değişerek dönüşmesine vesile oluyorum ki bu büyük bir keyif benim için. Misyonumun bu olduğu, evrenin bizlerle konuşma biçimlerinden biri olan rüyalar, önüme gelen kitaplar ve kişilerle, bana zaten defalarca gösterildi. Kendi yaşam planım adına doğru yolda olduğumu hep hissettim ve desteklendim. Yaradan'a şükürler olsun ve elbette kendime de…

Bu kitabı yazmaktaki amacım; uyuyanları uyandırmak, kendilerinden yeni bir ben yaratmalarına ve uyanmış olduğu halde hâlâ uyuyor rolü yapan, bildiklerini hayatına geçirmeyen ruhlara katkı sunabilmektir. Bu bilgiler bazılarınıza saçma, bazılarınıza tanıdık, bazılarınıza da anlaşılması zor gelebilir. Bazılarınıza yepyeni bakış açıları ve farkındalıklar kazandırabilir. Yolun ta kendisi olabilir. Seçim sizin... Ve şunu unutmayın ki her kitap, kendi yazarının yaratım enerjisini taşır. Bu sebeple, okuduğun kitaplarla sadece bilgi sahibi olmakla kalmaz, kitabın enerjisi ile de bütünleşir ve iyileşebilirsin. Ben de şu anda bu satırları okuyan Sen'in, yaşamında değiştirmek istediğin her ne olumsuz koşul varsa değiştirebilmene tüm benliğimle niyet ettim. Ancak şu da bilinmelidir ki şifa, sadece isteyene ve inanana gelir. Kimse sihirli değneklerle senin yaşamına dokunmayacak. Sen kendin bunu isteyecek, gerekli sorumlulukları alacak, adımları atacaksın ki ben ve kitabım da buna aracı olabilelim. Şifacı, kişinin ta kendisidir.

Şimdi, benimle birlikte tavşan deliğinden içeriye girmeye, kendinle yüzleşmeye, uyanmaya, uyandıysan da bunu hayatına geçirmeye, içindeki ALLAH'ın gerçek gücüyle tanışmaya ve bütünleşmeye, yaşamını yeniden yaratmaya, kendini kendinden yeniden doğurmaya cesaretin var mı? Varsa sayfaları çevirmeye devam et; yoksa fırlat kitabı, gitsin.

KUANTUM DÜŞÜNCE NEDİR? NEYE DAYANIR?

Ülkemizde bir dönem, Kuantum Düşünce Tekniği ile ilgili bazı bilgiler gündeme geldi. Ancak, ne yazık ki her yeni bilgide olduğu gibi; başlatılan karalama kampanyaları, bu bilgilerin bazı grupların çıkarlarına ters düşmesi, daha altyapısı doğru düzgün anlaşılmadan kulaktan dolma fikirlerle kirletilmesi gibi nedenler yüzünden istenilen düzeye gelemedi. Oysaki Kuantum Düşünce; bilimsel temellere dayanan ve aslında YARATILIŞI ifade eden, bilimden ALLAH'a uzanan ve tüm diğer kişisel gelişim metotlarının (reiki, nlp, nefes, enerji vb.) gelişmesine, işe yaramasına olanak sağlayan temeli oluşturan, var olan herkesi ve her şeyi kapsayan tek sistemdir. Kuantum, özetle Allah'ın yaratım sisteminin dünyadaki uygulanış şeklidir. Nasıl mı? Anlatacağım. Sarsılmaya hazır mısın?

Kuantum Fiziği

Kuantum fiziği; madde ve ışığın, atom ve atom altı seviyelerdeki davranışlarını inceleyen ve birçok deneyle şaşırtıcı sonuçlar elde ederek madde dünyasını etkileyen gerçekliğin aslında GÖZLEMCİ olduğunu ortaya koyan ve bunu başka birçok deney ile kanıtlayan bir bilim dalıdır. Şimdi burada, sana bu fiziğin tüm detaylarını anlatmayacağım elbette, zira bu biraz sıkıcı gelebilir. Ancak işin özünü kavrayabilmen ve kuantum düşünce sisteminin hangi bilimsel gerçeklere dayandığını görebilmen için belli başlı yasalarını özetleyeceğim.

1-) Yapılan çift yarık deneyi ile (Mutlaka internetten videosunu izlemeni tavsiye ederim.) atomların en küçük parçası olan elektronların, bir makine ile duvara fırlatıldığında odada hiç kimse yokken farklı, başlarına bir GÖZLEMCİ yerleştirildiğinde ise farklı hareket ettikleri ortaya çıkarılmıştır. Elektronlar, sanki gözlendiklerinin farkındaymış gibi, gözlemleyenin onlarla ilgili beklentisine göre hareket etmekte ve bu durum birden çok gözlemci tarafından da desteklenmektedir. Yine aynı deneyden çıkarılan bir diğer değerli sonuç ise tek bir delikten fırlatılan elektronların, karşıdaki duvara, geçtikleri delik hizasında yapışmaları beklenirken, yine gözlemcinin etkisiyle, birden çok yere yapışarak çoklu olasılık modeli oluşturduğu ortaya çıkarılmıştır. Buna "Kuantum Olasılıklar Yasası" denilmektedir.

2-) Yapılan bir başka Kuantum Fiziği deneyi ile de atom altı parçacıkların, yani fotonların birbiriyle ilişkide olduğu, bir fotondaki değişimin diğerini de uzaklık ya da mekan gözetmeksizin etkilediği ortaya çıkarıldı. Bu da tüm fotonların ve aslında tüm atomların birbirine bağlı olduğunu, tek bir kaynaktan doğduğunu ve sonra parçalara bölündüğünü, her parçanın bir diğeri ile yine bütünlük ve iletişim halinde olduğunu kanıtladı. Bu yasaya da "Kuantum Dolanıklık Yasası" denildi.

Elbette kuantum fiziği ile ilgili birçok deney ve yukarıdaki yasaları daha da kapsamlı ortaya koyan buluşlar ve açıklamalar var. Max Planck, Erwin Schrödinger, Albert Einstein, Werner Heisenberg ve daha birçok fizikçinin yaptığı deneyler ve ortaya koyduğu kuramlarla, Kuantum Fiziği birçok yasayı içinde barındırır. Sırf bununla ilgili bir kitap yazılabilir ama elbette bu fizikçilerin işi, benim değil. Ben sizlere, bu yasaların kendi hayatımızda nasıl işlediğini, yaratılışla ve Yaradan'la nasıl bağlantısı olduğunu anlatacağım. Bırakalım herkes kendi işini yapsın, öyle değil mi?

GÖZLEMCİ KİMDİR? GÖZLEMLEYEREK NASIL OLUR DA HER ŞEYİ DEĞİŞTİREBİLİR?

Öncelikle şu noktaya bir açıklık getirelim: Atomlardan bahsedip durdum. "Sahi neyin yapı taşı bu atomlar? Gündelik hayatımızda bizim onlarla ne işimiz var?" diye düşünebilirsin. Fakat senin, benim, her birimizin yapıtaşı, yani bedenin tamamı; katı formdaki tüm nesneler, kısaca evrende var olan her şey atomlardan oluşur. Peki, atomların içinde ne vardır? Enerji... Atomun çekirdeği, enerjinin ta kendisidir. Gördüğün gibi somut gerçeklikler, aslında soyut gerçekliklerin bir araya gelmesiyle ete, kemiğe, maddeye dönüşmüştür. Ve soyut diyebileceğimiz düşüncelerimizin dahi, yapılan birçok deneyle, tıpkı radyo dalgaları gibi bir frekansı olduğu yani bir enerji ihtiva ettiği kanıtlanmış verilerimiz arasındadır. Derinleşmeye başlıyoruz, hazır mısın?

Kuantum Fiziğinde yapılan deneylerde gözlemci olan, orada bulunan görevlilerdi elbette. Onların düşünceleri ile yaydıkları frekanslar, beyin dalgaları, elektronlardan beklentileri yani fikirleri, atomların tam da onların beklediği şekilde davranmasına sebep olmuştu.

İşte bu buluştan yola çıkarak oluşturulan Kuantum Düşünce Sistemi der ki, "Sen, kendi hayatının gözlemcisisin. Fikirlerin, düşüncelerin, inançların ve beklentilerinle, yaşayacağın durumları sen oluşturuyorsun ve buna uyacak olan, yani senin düşüncelerinle aynı frekanstaki düşüncelere sahip kişileri, olayları, durumları yaşamına çekiyorsun. Hayat sana, senin inanmadığın hiçbir şeyi vermiyor." Basit bir örnekle açıklarsak, "erkekler aldatır" inancı ile yaşayan bir kadın, elbette aldatılacaktır. Karşısına onun bu inancını destekleyen kişiler çıkacak ve inandığı bu durumu yaşayacaktır. Böylece kehaneti gerçekleştirmiş olacaktır. Bu, tüm evrenin üzerine inşa edildiği matematiktir. Düşüncelerin neyse kaderin de öyle olacaktır. Unutma ki ne ekersen onu biçersin.

Evren ve Dünya, Yaradan'ın bizlere sunduğu bir süpermarket gibidir. Orada her şey bulunur. **Yaratılış** bölümünde detaylı anlatacağım **Tekâmül Yasası** gereği, evrende pozitif ya da negatif ayrımı yoktur. Her şey olanın ta kendisidir ve tekâmüle hizmet eder ve birdir. Bu sebepten, bu süpermarketten neler alacağın, hangi seçimleri yapacağın, yine ileride anlatacağım **Özgür İrade Yasası** ile birleşerek tamamen sana bırakılmıştır. İsteyen et yer, isteyen balık ya da sebze; isteyen az yer, isteyen daha çok; isteyen alkol içer, isteyen meyve suyu... Hiçbiri birbirinden daha az önemli değildir. Çünkü en negatif zannettiğin şey bile senin gelişimine hizmet eder. Siyah olmadan beyazın anlaşılamaması gibi, negatif olmadan pozitif de bir anlam ifade etmez. Hatta onun pozitif bir şey olduğunu bile anlamazsın. Bununla birlikte, her seçimin yarattığı sonuçlar da senin sorumluluğun dahilindedir. Evrensel yasalara uygun olarak bu seçimler karşılığını bulacaktır. Bu yasalar da kitabımızın ilerleyen konuları arasındadır. Yolculuğumuz daha yeni başladı. Konular gittikçe derinleşiyor. Peki inançlar, düşünceler nasıl ve ne zaman oluşuyor? Sen sandığın şey aslında gerçekte kim? Egon senin iyiliğine mi hizmet ediyor, yoksa sen farkında olmadan hayatını zindana mı çeviriyor? Şayet durum böyleyse bunu nasıl yapıyor? Hepsini detaylıca anlatacağım. Önce, Türkiye'de bugüne kadar basılmış hiçbir kişisel gelişim, kuantum kitabında olmayan **Yaratılış** bilgisini seninle paylaşmak istiyorum. Öyle ya, hepimize, Hz. Havva'nın yediği o yasak elma yüzünden cennetten kovularak dünyaya atıldığı (dünya sanki bir ceza alanı), yani bizlerin suçlu, eksik, yetersiz varlıklar olduğu öğretilmedi mi? Eee bu kadar zavallı varlıklarsak nasıl olur da hayatlarımızı değiştirme gücüne sahip (tıpkı TANRI gibi olan) büyük kişiler olabiliriz ki? Nasıl kendi hayatımızı yaratabiliriz? Biz o kadar mükemmel, yüce, tıpkı Yaratıcıya benzeyen kıymetli varlıklar olabilir miyiz? Anlatacaklarımı okumadan bence cevap verme.

Tüm evren senin içinde...
Aradığın tüm soruların cevapları
sadece SEN' de...

YARATILIŞ

Bu bölümde sana dünyanın, evrenin yaratılışını uzun uzun anlatmayacağım. Benim seni uyandırmak istediğim nokta, kendi yaratılışın. Bunu kavradığında gerisi sadece teferruat olarak kalacak. Bir durumun en derin noktasını kavrarsan, oradan türeyen sonuçları görmek ve anlamak çok basitleşir. Bu kitapta amacım, senin en derin boyutta kim olduğunu anlamanı sağlamak. Kim olduğunu anlaman demek hayatını nasıl değiştireceğini, yöneteceğini ve Yaradan ile ilahi akışta nasıl birlikte hareket ettiğini ve edeceğini anlaman demektir. İster ilişkiler, ister para, ister sağlık, ister yeteneklerinle ya da başka bir konuyla ilgili olsun, tüm sorunlarını nasıl çözeceğini ve değiştirebileceğini bilmen, istediğin dönüşümü yapabilmen anlamına gelir. Bu da aynı zamanda Allah'tan başka kimseye ya da hiçbir şeye ihtiyacın olmadığını fark etmeni sağlayarak içinde o geçmeyen boşluk duygusunu dolduracak tek ve en büyük gerçeklik olacaktır. Bunu duymaya hazır mısın sevgili okurum? Sen ve ALLAH birsiniz, hiç ayrılmadınız ve hiç ayrılmayacaksınız. Sen, O'ndan ibaretsin ve yaratılan herkes ve her şey sadece O'nun tecelli bulmuş halidir. Evrende O'na ait olmayan hiçbir şey yok. İster iyi bulduklarını ister kötü bulduklarının, her şey ALLAH'ın bir hikmeti.

Allah'tan kopan bir parçasın...
Dünyanın misafirisin...
Var mısın bu işin hakkını
vererek var olmaya?

"OL" DEDİ VE OL'DUK - HER ŞEY BİR DÜŞÜNCE İLE BAŞLADI

Bundan çok uzun zaman önce dünya, gezegenler, şimdi var olan her şey henüz oluşmamışken sadece bir enerji vardı. Her şey olan, tüm boşluğu kapsayan büyük bir enerji; ruhun ta kendisi… Hiçbirimiz yokken sadece O vardı ve bizler de O'nun içinde birlikte bir ve bütündük. O, her yeri kaplıyordu; büyük bir ruhtu ve her şeye hâkimdi. Bu ruhun bir parçasıyken kendimizi göremiyor, deneyimleyemiyor; varlığımızda bulunan gücü, hikmeti, zekâyı ve potansiyeli kullanamıyorduk. Ve bir gün, bir düşünce doğdu bu yüce ruhtan. Ol'ma düşüncesi, var olma fikri… Tüm yaratımlar, her zaman bir düşünce ile başlar zaten.

O anda hepimiz küçük enerjilere bölündük, küçük ruhlara dönüştük. Tıpkı bir okyanusun su damlalarına ayrılması gibi milyarlarca ruh oluştu bu büyük RUH' tan. Ama bu, aslını yok etmedi. Büyük RUH hâlâ duruyordu. Bizler onun birer parçası olarak oluştuk, yani hâlâ hem bütündük hem de parçalara bölünmüş olarak ayrıydık. Hem yaratan hem de yaratılandık. Rahman ve Rahîm olanın parçasıydık. Bizler bu sebeple birbirimize her zaman görünmez bağlarla bağlıyız. Benim içimde sen varsın, senin içinde de ben.

Ardından birbirinden farklı yedi boyut oluştu. (Bu boyutları tek tek anlatmayacağım. Ayrı bir kitap olacak kadar uzun bir konu.) İnsan formu değildi gireceğimiz tek form, birçok formlar yaratıldı. İşte bu boyutlardan üçüncü boyut, insanlık katı oldu. Tüm diğer boyutlarda olma hakkı vardı her birimizin. İstediğimiz şekilde başladık yaratılan formları deneyimlemeye. Bir boyut meleklikti mesela. Aslında her birimiz her boyutu deneyimledik, fakat bazılarımız bu boyutlarda daha çok kaldı, bazılarımız deneyiminin yeterli olduğuna daha çabuk karar verip diğer boyutları keşfe çıktı. İnsan formu hepimiz için en zoruydu; çünkü bu boyutta özgür irade ve duygular vardı, üstelik ne olduğumuzu unutarak başlamamız gerekiyordu. Oyunun amacı buydu: Bilmeceyi çözmek, bilinmeyi bilinir kılmak ve unutulanı yaşayıp ortaya çıkarmaktı. Elbette bu planlar alelade oluşturulmadı. Tüm boyutlar, kendi özellikleriyle RUH'un gelişimine hizmet ediyordu. Yani tekâmüle... Her boyutun katkısı farklıydı ruhun evrimine. Lakin insanlık, sizin sandığınız gibi en dip boyut değildi, adeta bir lisansüstü programı gibiydi. Diğer pek çok boyutta belli deneyimler geçirip evrimleşen ruhlar, burada bedenlenmeye hak kazanıyordu; çünkü en büyük öğrenim bu okulda olacaktı. Seçim hakkı yani özgür irade, sadece insanlık boyutuna verilmişti. Seçim hakkın yokken olmak, iyi olmak, görevlerini eksiksiz yapmak kolaydı. Ya seçim hakkın olduğunda ne yapacaktın? Ya duygular devreye girince nasıl çıkacaktın işin içinden? Biz, koşulsuz sevgiyi de deneyimlemek istediğimiz için duyguları da ekledik bu okula. Hiç düşündün mü, neden sadece Hz. Adem ile Hz. Havva'dan türediğimiz anlatıldı tüm kutsal kitaplarda? Bunun altında hepimizin kocaman bir aile olduğu ve birbirimize bağlı olduğumuz gerçeği vurgulanmak istenmiş olabilir mi acaba? Düşünsene, hepimiz kardeşiz aslında, aynı atalardan geliyoruz ilk insanoğlundan itibaren. Ve neden Hz. Havva yasak olan Bilgi Ağacı'nın meyvesi olan elmayı koparıp ısırmıştı? İşte biz bilmek istedik, ne olduğumuzu deneyerek öğrenmek istedik. Bu hepimizin isteğiydi. İlk adımı atan ruh, hepimizin isteğini ve cesaretini taşıyordu içinde. Sonra başlanılan dünya hayatı zaten belliydi, en başından beri planlamıştık kaynakta. Bak neler diyor BAKARA suresi... Haydi gel birlikte inceleyelim bu önemli ayetlerin yer aldığı sureyi:

"Hatırlayın ki Rabbin meleklere, "Ben yeryüzünde bir halife yaratacağım" demişti. Onlar, "Orada bozgunculuk yapacak, kan dökecek birini mi yaratacaksın? Oysa biz sana hamd ederek daima seni teşbih ve takdis ediyoruz." demişler, Allah da, "Ben sizin bilmediğinizi bilirim." demişti. (Bakara Suresi, 30.Ayet)

"Hatırlayın" kelimesi yaratılışla ilgili birçok sırra ışık tutuyor. Hatırlamak için hepimizin orada olması gerekir, öyle değil mi? "Bilin ki" diye de başlayabilirdi ayet. Demek ki insan formu yani beden yaratılmadan önce, hepimiz ruhlar olarak vardık. Dikkat çekilmesi gereken ikinci husus ise Allah'ın insandan halifesi olarak bahsetmesi. Halef ne demek bilir misin? Halef, birisinin sahip olduğu tüm niteliklere sahip ve bunu kullanmaya yetkili olan kişi demektir. Yani insan formu, Yaradan'ın halefi olacak; O'nun gücüne, kudretine, bilgeliğine, yaratıcılığına ve tüm niteliklerine sahip olacak ve bunları kullanabilecektir. İşte bu, sadece insana bahşedilmiş yegâne kıymetli hâldir. Bu yüzden insanlık en kıymetli boyut, dünya okulu ise üniversitelerin lisansüstü programı gibi değerlidir diyorum. Bu ayeti tam olarak anladığında, kimsenin tek bir sıkıntısı kalmaz aslında. Hiç çaresiz, yoksul, hasta, mutsuz, yalnız, değersiz, yetersiz olur mu Yaradan'ın halefi? Bu açıklama ile bu ayetteki insan formuna verilen önemin anlaşılacağını düşünüyorum.

Şimdi gelelim diğer önemli açıklamaya... Henüz yaratılmamış olan insanın yeryüzünde bozgunculuk yapacağı, kan dökeceği, zulüm edeceği, kötülük yapacağı, hatta yeryüzüne yasak elmayı yiyerek ineceği melekler tarafından nasıl biliniyordu? Daha hiçbiri olmamıştı hâlbuki. Eee gaybı da Allah'tan başkası bilmediğine göre bu ne yaman çelişkiydi böyle!

Bakın, filmin konusu baştan sona belli aslında. Evet, melekler insan formunda yapılacak evrimleşme sürecinde kötülük dediğimiz şeylerin de olacağını biliyordu; çünkü ruh yani ALLAH yani hepimizin o hiç bölünmemiş hali olan YARADAN, bu programa özgür irade yükledi, seçim hakkı verdi. Seçim hakkımız olduğunda neyi seçeceğimizi görmek, bilmek istedik. Tüm duyguları deneyimlemek istedik. Seçim hakkı olabilmesi için her şeyin zıddının da var olması gerektiğini de biliyorduk, yoksa seçmiş olamazdık. Tüm seçimlerimizde Ruh bizimle olacaktı. Allah, hiç kendi parçalarından ayrı olabilir miydi?

"Onu güzelce düzenleyip insan şekline koyduğum ve ona RUHUMDAN ÜFLEDİĞİM zaman, karşısında secdeye kapanın." (Hicr Suresi 29.)

"Sonra onu tamamlayıp şekillendirmiş, ona KENDİ RUHUNDAN üflemiştir. Ve sizin için kulaklar, gözler, kalpler yaratmıştır. Ne kadar az şükrediyorsunuz." (Secde süresi 9.)

Çok uzatmaya gerek yok. Yukarıdaki iki ayette çok net şekilde ALLAH'ın herkesi kendi ruhundan üflediği, O'ndan geldiği ve sadece O'na ait olduğumuz o kadar güzel belirtilmiş ki. O, bizim ve yaratılmış her şeyin tamamını kapsayan yüce gücün ta kendisi. Bunu idrak edebilmek ve bu bilinçle yaşamak, dünyayı cennet haline getirecek en büyük bilgi, hazine ve kutlanılacak bir bayram. Zaten temelde çektiğimiz tüm sıkıntıların başında ALLAH'tan ayrı olduğumuz, O'nun yukarılardan bir yerlerden bizi izlediği, değerlendirdiği ve ne yaparsak yapalım O'na layık olamadığımız ve olamayacağımız zannı var. Hatta bazılarımız bu sistemi, O'nu anlamıyor ve inanmıyor; çünkü dünyayı adaletsiz buluyor. Kötülükleri engellemediği hatta izin verdiği, iyileri korumadığı, kullarını şanslı ve şanssız diye ayırdığı yargıları ile O'ndan, yani asıl olan kendinden uzak ve hatta nefret ederek yaşıyor. Ama kitabın tamamını okuduğun zaman anlayacaksın ki gerçekte kimseye bir hardal tanesi kadar bile haksızlık yapılmıyor ve ALLAH, her birimizi hiçbir seçimimize karışmayacak (özgür irademize saygı duyuyor), sadece istediğimiz zaman (her istediğimiz şeyi gerçekten istiyor muyuz onu da ilerleyen bölümlerde anlatacağım) yardım edecek kadar çok ve koşulsuz seviyor. Şimdi senin, Yaratan ile bir ve birlikte olduğunu anladığını düşünüyor ve tekrar sistemi anlatmaya geri dönüyorum, çünkü kendini tanıman ve anlaman için sistemi kafanda net bir şekilde oturtman gerekiyor.

Allah'ın, meleklerin önünde secde etmesini istediği şey işte bu lisansüstü program niteliğinde olan insanlık sistemiydi. Zaten meleklik de yaratılan yedi boyuttan biri, yani onlar da biziz.

Nasıl bir bebek doğduğunda doğruyu yanlışı bilmeden kendine zarar dahi verebilecek haldeyse bizler de o haldeydik. Yeryüzünde yeni var olmuş ruhlardık hepimiz. Yepyeni bir evrim dönemi başlıyordu.

Ve Allah "Hiç şüphesiz ki gaybı, hepinizin bilmediğini ben bilirim." diyerek, tüm ruhların insanlığı deneyimledikten sonra geleceği İNSAN-I KÂMİL mertebesine, yani ALLAH ile bir ve aynı olduğu gerçekliğine ulaşacaklarına vurgu yapmak istemiştir. Peki, şeytan bu işin neresindeydi? Eğer dünyada özgür irade ve seçim olacaksa, bu konularda bizi şaşırtmaya çalışıp irademizi sınayacak bir varlık olması gerekmiyor muydu? Elbette gerekiyordu. Şeytan da ruhun bir parçası, bir formuydu ve o da bu sistemde görevini aldı. Neden hepimizin içinde hem melek hem şeytan var? Çünkü var olan her şey biziz, bunu anlaman çok önemli. Hangisini ortaya çıkaracağın ve kullanacağın sana bırakılmış. Yoksa kendini asla öğrenemezdin. Sadece sana dayatılan, önceden başı sonu belli olan bir hayatı yaşasaydın, neye göre cennete ya da cehenneme gidecektin? Bunları hiç düşündün mü? Birileri yüz yaşına kadar yaşarken, birilerinin daha bebekken, çocukken öldüğü bir dünyada kim kime neyin hesabını verebilirdi? Neden birileri zengin birileri yoksuldu? Okumaya devam edersen bunları anlayacaksın sevgili okurum.

Üçüncü boyut olan İNSAN formu, tüm incelik ve detayları ile oluşturuldu. ALLAH her detayı en ince ayrıntısına kadar planladı. Üçüncü boyut hem korkutuyor hem de her birimizi heyecanlandırıyordu. Bedenlere girecek, duyguları deneyimleyecek, kendimizin kim olduğunu unutup onu yeniden yaşadıklarımızla keşfedecektik. Farz et ki kuantum eğitimlerine katılmış, bu konuda mevcut olan tüm bilgilere hâkim birisin. Peki bu senin iyi bir kuantumcu olduğunu anlamak için yeterli mi? Seni herhangi bir seansı yaparken ya da eğitim verirken (hatta birden çok olmalı) görmedikçe, sana "Harika bir kuantum eğitmenisin." desem de bu gerçek sayılır mı? Elbette hayır. Mevcut bilgiye hâkim olduğunu bilebilirsin, ancak bunu deneyerek yaparak ortaya koymadıkça iyi bir kuantum eğitmeni olup olmadığını asla anlayamazsın. Bu, eğitimini aldığımız her konu ve bizdeki tüm yetenekler için de geçerlidir. Kullanmadıkça yani OL'madıkça bilemeyiz. Dünya okulunda bizler, kaynaktaki bütün halimizdeki bildiğimiz gücümüzü, her şey olduğumuzu, sonsuzluğu, ölümsüzlüğü (ruh asla ölmez, ölen bedenlerdir), tüm potansiyelimizi görmek, deneyimlemek, anlamak için bulunuyoruz. İşte zıtlıklar da bunları öğrenmemiz için, bizim kendi irademiz ile oluşturuldu bu tekâmül planında. Evet, ben sana derin bilgiler vereceğim demiştim, değil mi? Artık herkes kim olduğunu, ne yüce, ne mükemmel bir öze sahip olduğunu hatırlamalı. Yoksa dünya asla istediğimiz hâle dönmeyecek. Ben, sen, hepimiz dönüşmedikçe dünyamız iyileşmeyecek. Bu boyutta o kadar çok kaybolduk ki yol uzadı da uzadı, oyunlar gerçek sanılmaya başlandı, kendimizi sadece beden olarak algılamaya başladık ve tamamen buna inanır olduk. Şimdi hepsinin değişme vakti; hep ruhunda var olan bilgilere uyanma, hatırlama vakti. Sadece hatırlamaya niyet et. Bu yazdıklarımı ve yazacaklarımı ruhun zaten biliyor. Zihninin, egonun devreye girip seni Allah'ın bir parçası olduğun gerçekliğinden uzaklaştırmasına, mutsuzluğa, o dinmek bilmeyen boşluk duygusuna mahkûm etmesine izin verme lütfen. Evet, devam edelim birlikte tasarladığımız sistemi anlatmaya. Kim olduğumuzu anlamanın yolu, önce kim olmadığımızı anlamaktan geçiyordu elbette. Her duyguyu deneyimlemek üzere her şey zıddı ile var edildi. Var olan her yüce duygunun karşıtı olan duygu ve durum da oluşturuldu. Sevgi ve nefret gibi…

En başta da sen kendi içinde iki zıt enerjiye dönüştün. Daha önce hiçbir boyutta deneyimlemediğin yepyeni bir hâldi bu: eril ve dişil enerji. Tekâmül, dünya üzerinde eril ve dişil bedenlerle başlayacaktı. Yani kadın ve erkek olarak... Enerjin tıpkı hücrenin bölünmesi gibi ikiye bölündü. Bir yarın eril, diğer yarın dişil olarak başlamayı seçti ilk yolculuğa. Yolculuk boyunca her iki yarı da farklı bedenlerde eril ve dişil olmayı deneyimleyecekti ve öğreneceği şey de ikilikten birlik yani her erilin içinde dişil, her dişilin içinde eril enerji olduğu olacaktı. İşte ikiz ruh burada doğdu. Her ruhun tek bir ikiz ruhu vardır. Dünya üzerinde bildiğimiz kadın (dişil enerji), erkek (eril enerji) böylece şekillendi. Ruh ikizin, seninle aynı özelliklere sahiptir. Seninle aynı anda, aynı konularda tekâmül eder. Tek farkı bedendeki cinsiyetidir. Dünya üzerinde biriniz kadın iken diğeriniz erkek olarak bedenlenmiş olur. Ancak kendi içinde tamlığa ulaşan yani evrimleşen ruh, ikiz ruhuyla bir araya gelir. Bu tamlık oluşmadan yaşanılan karşılaşmalarda, her ne kadar derin bir bağ, tutku, aitlik, bildiğimiz anlamda aşk hissedilse de bu iki benzer ruh bir şekilde birbirini itecek ve ilişki yarım kalacaktır; çünkü tüm egosal kalıpları da korkuları da benzer olacaktır. Bu sebepten birbirlerini şifalandıramayacaklardır. Bununla birlikte, bu yolculuğa başlamadan önce, yapacakları aynalık ile birbirini tekâmül ettirecek ruhsal ailemiz, ruh eşlerimiz olacaktır. Ruh eşin, kadın da olabilir erkek de. Yani sadece sevgilin olarak değil; annen, baban, eşin, dostun, çocuğun, komşun, öğretmenin vb. rollerde hayatına girecektir. Herkesin yaklaşık yirmi beş ile otuz arasında, ruh ile yaptığı tekâmül kontratları neticesinde oluşturduğu ruh ailesi vardır. Buna bildiğimiz dilde çekirdek aile gibi bakabilirsin. Bir de kalıcı olmayacak, hayatına belli rollerde belli konuların öğrenilmesi için girip çıkacak ruhlar olacaktır ki, bunları da geniş ailenin parçaları olarak kabul edebilirsin. Ruh eşlerinin bazıları da görevlerini tamamladıklarında ya da artık senin enerjine uyumlu olmadıklarında hayat planından çıkacaktır. Dostlukların, aşkların, hatta evliliklerin çoğu bu sebeplerden biter. Ruh eşleri ile yapılan evliliklerin bazıları o ömürde kalıcı olarak devam eder, bazıları da ruhsal planda görevini yapıp seni bir sonraki basamağa geçmen için terk eder ya da onu terk etmeni sağlar. Ruh eşlerin seninle benzer özellikler taşımakla birlikte tam bir aidiyet hissi uyandırmazlar. Evlilik sevgi dolu olsa bile tutku ve aşk biraz sönük kalabilir. Bununla birlikte, seni tekâmül ettirecek hayatındaki en önemli kişilerden biridir. Örneğin; kontrolcü, her şeyin zamanında ve mükemmel olmasını seven biriysen eşin sorumluluk almaktan hoşlanmayan, her şeyi sana bırakmaya meyilli, görevlerini unutan biri olabilir. Buna rağmen bu ilişki çok kıymetlidir; çünkü biriniz biraz esnemeyi, her şeyin kontrol edilemeyeceğini, kendi sorumlulukları dışında yükler almaması gerektiğini öğrenirken diğeriniz de sorumluluk bilincini, dengeli, kıvamında kontrolü öğreniyor olacaktır. Ancak bazen bu dersler alınmaz ve ilişki çok yorucu bir hal alabilir. Eşlerden biri gelişirken, diğeri dersini almakta direnebilir ve frekanslar artık birbirini tutmadığı için ayrılıklar baş gösterebilir. Bazen iki taraf da dersini alır ve bir sonraki ruh eşinden öğreneceklerini öğrenmek ya da başka bir ruh ikizi ile bir araya gelmek üzere ilişkilerini sonlandırır. Bazen de yolculuklar ömürlük olabilir. Sanırım okuyanların merak ettiği konulardan biri olacak bu konu.

Her ruhun, insanlık boyutunda elbette yardım alacağı rehber melekleri de olacaktı, bunlar da plana dâhildi. Vecit katı dediğimiz bir katta, her birimiz dünyada neleri öğrenmek istiyorsak onları düşünerek tasarladık hayatı. Bu tasarımlar, diğer ruhların tasarımlarıyla eşleştiriliyordu. Böylece derslerimize uygun anne, baba, atalar, eşler ve dostlarla yollarımız kesişecekti.

Ve yüce ALLAH, muhteşem Yaratıcı, dünyamızı bizim için en mükemmel şekilde tasarlandı. Hazır olan ruhlar, beden giysileri seçerek bir bir yeryüzüne inmeye ve dünya okulunda tekâmül etmeye başladı.

En başlarda hepimiz çok istekli, çok heyecanlıydık ama zamanla yalnız olduğumuz algısına kapılıp korkmaya başladık. Önce ikiz ruhumuzun bizden uzaklaştığını, sonra ALLAH'ın çok uzaklarda bir yerde kaldığını zannederek büyük korkulara kapıldık. Tüm bilgiler bizden çekilip alınmıştı, ilk adım attığımız andan itibaren. Öyle ki bilmeden bulacaktık yolumuzu. Amaç zaten tam da buydu, her şey ve herkes tam da olması gerektiği gibiydi. Korkular, sağlıksız egoyu yarattı; sağlıklı ego ise hayatta kalmamız için her birimize lazım olan sadık hizmetkârımızdı. Ancak hizmetkârı efendi haline getirmek çok da uzun zaman almadı. Kolay tekâmül planı olanlarımız şaşırıp kaldı, hatta seçiminden pişman olmaya başladı. Ve daha neler neler... Özgür irade zor geldi, üst üste hatalar (aslında her hata öğretici bir deneyimdi) başladı, ışıktan gelen ruh yavaş yavaş dünyada karanlığa teslim oldu. Bu dünyayı her an gözetleyen kendi yüksek benliğinin yani ruhunun her şeyi bilen parçası bunu da çok iyi biliyor ve seni izliyordu. Ancak bir kural vardı: Özgür iradenle ve tüm kalbinle yardım istemedikçe ne yüksek benliğin, ne melekler, ne de ALLAH sana yardım edecekti.

DÜNYA BOYUTUNU DİĞER BOYUTLARDAN AYIRAN EN ÖNEMLİ FARKLAR

Senin ceza olarak verildiğini düşündüğün bu hayat, aslına bakarsan bir ruhun yüksek lisans alanı olarak evrimleştiği büyük bir ödül alanı... Diğer hiçbir varoluş katında özgür irade ve duygular yoktur. Sadece var olma ve görev bilinci vardır. Bu sebeptendir ki diğer boyutlarda fazlaca deneyim kazanmış olan ruhlar, dünya hayatında da çoğu zaman bu algıya kapılarak kendilerinin görevli olduklarını, özellikle de diğer insanları kurtarmak, iyileştirmekle yükümlü olduklarını sanmaktadırlar. Ama asıl olan, böyle bir zorunluluğun olmadığını öğrenmektir. Burası bir görev alanı değil, bir üstünlük sergileme oyunu değil, her ruhun kendi varlığının evrimleşmesi adına katıldığı bir tekâmül katıdır. Benim mesleğimdeki çoğu kişi, bu yanılgı yüzünden kendi başarılarını baltalamaktadır. Çünkü bir danışan ancak kendisinin izin verdiği kadar iyileştirilebilir. Şifacı, insanın kendisidir. Bizler aracıyız. Bunu çok iyi anlamalıyız. Sadece bu mesleği yapanlara değil; sevdiklerini, ailesini, sevgilisini, çocuğunu kurtarmaya, iyileştirmeye çalışan herkese sesleniyorum: "Onlar istemedikçe iyileşmeyecekler, onlar istemedikçe uyanmayacaklar. Boşuna kendini hırpalama. Elbette ki sana hiçbir şey yapma demiyorum, elinden gelenin en iyisini yap ve bırak. Onların almadıkları şeyler için kendini suçlama. Herkes kendi yaşamının yaratıcısı, patronu. Bunu asla unutma. En büyük faydan, kendini mutlu ederek harika bir yaşam sürmenin, sağlıklı olmanın imkânsız olmadığını gösterebilmek olacaktır tüm uyuyanlara."

Tekâmül basamaklarının dokuza kadar olduğunu yazmıştım daha önce ve tüm basamaklardaki ruhlar aynı anda bulunur dünyada, çünkü herkesin birbirine göstereceği aynalıkları vardır. Sakın "Dokuzuncu basamakta olan ruh, birinci basamaktaki ruhtan bir şey öğrenemez." diye düşünme. Bu, senin OL'ma halini geciktirecek bir kibir olur yalnızca. Her ruh, birbirine bir şeyler katar bu dünyada. Kimse kimsenin hayatına boş yere, tesadüfen girmez. Bu sebepten, sevdiklerin kadar sevmediklerin de senin yaşam yolunda büyük öğretmenlerindir. Bazıları ışıkla, bazıları karanlıkla, seni sen olmaya çağırır. Yaşam derslerini almanda sana yardımcı olur.

Özgür irade ve duygular; dünya gezegenini ve insan doğasını evrim yolunda, gelişme yolunda diğer tüm boyutlardan ayıran iki ana unsurdur. Özgür irade, kişiye verilen seçim hakkıdır. Doğum ve ölüm zamanı da dahil olmak üzere her ruh, kendi hayat planını YARADAN ile birlikte düzenler ve uygular. Kimse bir diğerinin özgür iradesine müdahale edemez. Büyü enerjisinin tüm kutsal kitaplarda yasaklanma sebebi de budur: Özgür iradeye verilen önem! Allah her birimize bu iradeyi bahşetmişken kimse kimsenin hayatı üzerinde TANRICILIK oynamamalı, herkes kişinin özgür iradesine saygı göstermelidir. Hiç ummadığım birçok danışanımda muskalara, eşleri gitmesin diye yapılmış büyülere rastlamaktayım. Sen, bir muska ile korunduğunu sandığında aslında tüm gücünü, bir kağıt parçası ve üzerinde ne yazıldığını bile bilmediğin kelimelere teslim ederek Allah'ı aradan çıkarmış, yani O'na şirk koşmuş olursun. Sevdiklerini kaybetmemek adına yaptırdığın tüm büyüler ile özgür irade yasasını ihlal edip onların hayatına müdahale ederek aranda karma oluşturursun. Bu karma senin yaşam dersin ve sınavın olur. Aman dikkat!

Duygular, birçok deneyimden sonra tek gerçek halin "koşulsuz sevgi" olduğunu anlayacağımız en büyük ve derin tekâmül konumuzdur. Yine başka boyutlarda oldukça uzun zaman geçirdikten sonra dünyada insanlık programına dahil olan pek çok ruh, bu yaşamlarında duygularını anlamada zorlanmakta, bazıları ise duygusuz robotlara benzemektedir. Alışkın olmadıkları bu tekâmül aracını reddetmekte ya da bununla nasıl başa çıkacaklarını bilememektedirler. Danışanlarım arasında da bu şekilde hissedip davranan pek çok kişi vardı. Her birinin duygu dünyasını değiştirdiğimizde ve dünyaya uyum enerjisi ile bütünleştirdiğimizde mutluluk yolunda yeni adımlar atabildiklerini gördüm.

Yaşadığımız birçok hayatta ve deneyimlerde karşılaştığımız ya da karşılaşacağımız duygular suçluluk, hak etmeme, yalnızlık, aidiyetsizlik (köksüzlük), öfke, nefret, aşk, acı, kıskançlık, çaresizlik, korkular, mutsuzluk, tutku, utanç, layık olmama, özlem, üzüntü, şefkat ve sevgidir (sevgisizlik, koşullu-koşulsuz sevgi). Bu duygular, bizim en önemli ders konularımızdır. Tüm bu duyguları yaratmamızın altında yatan en büyük negatif zannımız hepimiz için aynı aslında: Allah'ın bizi dünyada bir başımıza bıraktığı, bizi sevmediği ve cezalandırdığı zannı. Sana söz veriyorum ki bu kitabı okuyup bitirdiğinde durumun, bunun tam tersi olduğunu çok iyi anlamış olacaksın!

REENKARNASYON DEDİKLERİ NEDİR Kİ?

Benim mesleğimi yapan, kişilerin hayatlarındaki sorunları bilinçaltı yöntemleri ile çözen yüzlerce kişinin, şifacının, birçok din aliminin çok iyi bildiği halde yanlış anlaşılma, yargılanma, eleştirilme korkusuyla anlatmaya çekindiği; ancak artık gerçekten uyanmak, bu bilinçte yaşamak ve yaşatmak arzusuyla herkese açıklamamız gereken en derin konulardan biridir **geçmiş yaşamlar**. Yani **reenkarnasyon**...

Evet, derinleşmeye devam ediyoruz seninle birlikte her satırda, tavşan deliğinden biraz daha aşağıya... Reenkarnasyonu sana Kur'an ayetleri ile açıklayacağım. Ancak önce Kur'an-ı Kerim ile ilgili bazı bilgiler vermeliyim.

Öncelikle bilmen gereken şey KUR'AN-I KERİM'İN kesin ve benzeşmeli (açık ve gizli) ayetlerle yazılarak tüm çağlara hitap ettiği ve ancak vakti geldiğinde bu ayetlerde ne demek istendiğinin anlaşılacağıdır. Bu vakit ise ruhların uyanış ve hazırlık vaktidir. Bazı bilgiler, eğer hazır olunmadığı zamanlarda aktarılırsa hem bilgiyi alan kişilere hem de o bilgileri aktaran kişilere faydadan çok zarar getirebileceği için, Yüce RAB böyle bir yöntem izlemiştir. Düşünsenize, Kur'an'ın indirildiği yıllarda birilerine açıkça "Reenkarnasyon var." deseniz emin olun, halinden şikayetçi, yoksulluk ya da hastalık çeken birçok kişi "İyi o zaman daha zengin, daha sağlıklı bir hayata doğayım!" diyerek kendi canına son verebilirdi ki reenkarnasyon asla böyle basit bir şey olmayıp kuralları olan, yaşam dersleri ile bizi tekâmül ettiren ciddi bir süreçtir. Ölüm buna çare değildir. Çünkü kişi, kontratını bozduğu için o halinden daha da ağır yaşam dersleri ile dünyaya dönecek, kısacası yaptığı şeyden pişman olup kendi işini ve elbette tüm kolektif bilincin işini zorlaştıracaktır. Bunun gibi şeylerin önüne geçebilmek için KUR'AN-I KERİM iki farklı düzlemde insanlara aktarılmıştır.

Bu bilgiyle ilgili birkaç ayete göz atalım:

"Sana Kitabı indiren O' dur. O'ndan kitabın anası olan bir kısım ayetler muhkem'dir (KESİNDİR); diğerleri ise müteşabihtir (BENZEŞMELİDİR). Kalplerinde kayma olanlar, fitne çıkarmak ve olmadık yorumlarını yapmak için müteşabih olanına uyarlar. Oysa, onun açıklamasını Allah'tan başkası bilmez. İlminde derinleşenler ise; "Biz O'na inandık, tümü Rabbimizin katındandır" derler. Temiz akıl sahiplerinden başkası öğüt alıp düşünmez." (Al-i İmran Suresi 7.Ayet)

Bu ayet, bir önceki paragrafta anlattığım bilgileri ortaya koymuştur. Kitapta, kesin ve yoruma açık ayetler olduğu apaçık ortadadır. Ancak şunlara dikkatinizi çekmek istiyorum: Allah, neden yoruma açık ayetler gönderip insanların bunu fitne için kullanmalarına izin vermiş olsun ki? Bu müteşabih ayetleri Allah'tan başka kimsenin bilemeyecek olması ne demektir? Allah bizlere anlamayacağımız bir kitap ve din indirmiş olabilir mi hiç? Yoksa Yaradan, gizli bilgileri zamanı geldikçe ve ancak akıl yürütebilenlerin anlayacağını mı anlatmak istemektedir? Zaten birçok ayet de ''Hiç şüphesiz ki bu ayette, düşünen akıllar için çok şeyler saklıdır.'' diye bitmektedir. Allah bizden hep düşünmemizi, bilgilere körü körüne itaat etmememizi, araştırmamızı, okumamızı, aklımızı çalıştırmamızı istemektedir. Peygamberimize ilk gelen vahiy sence neden "Oku!"dur, hiç düşündün mü?

Doğru zaman gelince ayetlerin anlamlarının yerini bulacağını gösteren bir başka ayet de şudur:

"O, alemler için sırf bir zikir, bir öğüttür. Gerçekten Kur'an'ın haberini bir süre sonra bileceksiniz". (Sad Suresi 87. ve 88. Ayetler)

Reenkarnasyon nedir sorusuna kendi kelimelerimle cevap vermeden önce, bunun aslında bir inanç meselesi olmadığını, araştırma yoluyla incelenerek kutsal kitaplarda yer aldığını görüp gerçekliğini kabul edip etmemeye karar vermen gerektiğini belirtmeliyim. Senden istediğim, her ayeti yukarıda açıkladığım bilgilere istinaden, kesin ve gizli olarak değerlendirmendir.

"Allah'ın varlığını nasıl inkâr ediyorsunuz ki sizi ÖLÜ iken O DİRİLTTİ, sonra yine sizi O öldürecek, yine sizi O DİRİLTECEKTİR; nihayet O'na döndürüleceksiniz. (Bakara Suresi 28. Ayet)

Sizce burada neden Allah "Sizi yoktan var ettim." dememiştir de "Ölü iken" demiştir? Yoktan var olmak başka, ölmek ise başka bir şeydir. Ölmek için daha önceden yaşamış olmak gerekmektedir. Ayet, benim başta anlattığım ve yine bu bölümde az sonra anlatacaklarımı vurgulamakta ve "Yolun sonunda O olacaksınız." demektedir.

Örnek ayetlerimize devam edelim:

O'ndan başka ilah yoktur; diriltir ve öldürür. Sizin de Rabbinizdir, geçmiş atalarınızın da Rabbidir.(Duhan Suresi 8. Ayet)

Ayette yine yoktan var edilmekten değil, diriltilmekten bahsetmektedir ki kuantum alan seanslarımızdaki karma temizliği çalışmasında atalarımızın aslında bizim kendi enkarnemiz olduğu sıklıkla karşılaştığımız bir durumdur.

"O, başlangıçta yaratmayı yapan, sonra onu tekrarlayacak olandır. Bu, O'na göre ilk yaratmadan daha kolaydır. Göklerde ve yerde en yüce ve eşsiz sıfatlar O'nundur. O, mutlak güç sahibidir, hüküm ve hikmet sahibidir." (Rum Suresi 27. Ayet)

"Sonra ölümünüzün ardından sizi DİRİLTTİK Kİ, şükredebilesiniz. " (Bakara Suresi 56. Ayet)

"Geceyi gündüze bağlarsın, gündüzü de geceye bağlarsın, diriyi ölüden çıkarırsın, ölüyü de diriden çıkarırsın." (Al-i İmran Suresi 27. Ayet)

"Yerinize benzerlerinizi getireceğiz ve bilemeyeceğiniz bir şekilde sizi yeniden oluşturacağız." (Vakıa Suresi 61. Ayet)

"Dediler: Rabbimiz, bizi iki kez öldürdün, iki kez dirilttin. Artık günahlarımızı itiraf ettik. Buradan çıkmak için bir yol daha var mı?" (Mümin Suresi 11. Ayet)

"Sizi tek bir canlıdan vücuda getiren O'dur. Bu oluşumda bir karar kılma yeri var, bir de emanet olarak kalma yeri. İyice araştırıp kavrayan bir topluluk için, ayetleri biz tam bir biçimde ayrıntılı kıldık." (Enam Suresi 98.Ayet)

Son yazdığım ayetteki karar kılma yeri, daha önce bahsettiğim vecit katı; emanet olarak kalma yeri de tüm geçmiş hayatımızı gözden geçirdiğimiz, rehberlerimizle kendi filmimizi izlediğimiz ışık katı olabilir mi acaba? Bence öyle...

Ve bu konuya vereceğim son örnek ayet:

"Ölü iken diriltiğimiz ve kendisine insanlar arasında yürüyeceği bir nur verdiğimiz kimsenin durumu, hiç karanlıklar içinde kalmış, bir türlü ondan çıkamamış kimsenin durumu gibi olur mu?" (Enam Suresi 122. Ayet)

İnsanlar arasında yürümekten bahsedildiğine göre ayet, dirilişin pek çoğunun inandığı ahiret hayatında değil de dünya hayatı üzerinde olacağını vurgulamaktadır.

Bu örnek ayetlerde ve daha yazmadığım birçok ayette reenkarnasyonla, tek bir ruhtan var olmamızla, tekâmülle ilgili çok derin bilgi var KUR'AN-I KERİM'de. Ancak ben, hem din alimi olmadığım hem de bunu bir başlangıç kitabı olarak düşündüğüm için bu kadar ayeti paylaşmayı yeterli görüyorum. Daha önce de dediğim gibi bilgiler aşama aşama verilsin ki ruh hazırlansın öğreneceklerine.

Bu kadar ayetten sonra gelelim benim bu konuyla ilgili açıklamalarıma:

Reenkarnasyonla ilgili merakım ve araştırmalarım on iki on üç yaşlarımda kafamdaki sorgulamalarla başladı. İçimde her zaman derin bir Allah sevgisi vardı. Evimizde o zamana kadar oruç tutan, namaz kılan, Kur'an okuyan kimse olmamasına rağmen ben ilk orucumu on iki yaşımda kendi kendime edindiğim bilgilerle (o zamanlar bilgi edinmek şimdiki kadar kolay değildi, zira internet bu kadar gelişmemişti ve evlerde bilgisayarlar yoktu), gece kendi başıma kalkıp hazırladığım sandviçimle tutmaya başladım. Her zaman insanların duygularına, mutsuzluklarına çok duyarlı biri olduğumdan, herkesi mutlu görmek istediğimden, ruhumda hissettiğim ama sebebini bilmediğim derinlikten ötürü yaşıtlarımdan çok daha olgundum. İnsanlara, hayvanlara hep iyi davranan ve her fırsatta Allah'ı zikreden bir çocuktum; fakat bu yaşlarda yaşadığım büyük bir travma ile bir süre Allah'a küstüm. Ben iyi, akıllı, uslu bir çocuk olduğum halde beni neden korumamış ve bunların başıma gelmesine neden izin vermişti anlayamamıştım. Yıllar geçtikçe daha detaylı düşünmeye, o zamana kadar bana öğretilenleri sorgulamaya başladım. Bir hesap günü anlatılmıştı hep Din Kültürü ve Ahlak Bilgisi derslerinde. Ailem de doğruluyordu bu anlatılanları. Herkes sorguya çekilecekmiş mahşer yerinde ve sevapları fazla olanlar, Sırat Köprüsü diye ince bir ipin üzerinden geçip cennete ulaşacaklarmış. Eğer köprüden düşecek gibi olursan, kurban bayramlarında kestiğin kurbanlar ya da doyurup baktığın hayvanlar sana yardımcı olacakmış karşıya geçebilmen için. Günahları fazla olanlar ise bu ağırlık ile düşeceklermiş cehennem çukuruna. Orada cayır cayır yanacaklarmış affedilene kadar, hatta bazıları hiç çıkamayabilirmiş. Lakin bunlar sadece Allah'tan korkmama, küçücük aklımla günah sandığım şeylerden suçluluk duymama sebep oluyor ve sistemi anlamama yardımcı olmuyordu. Ben günahsız bir çocukken, dört yaşımdayken cinsel tacize uğramış ve korunmamıştım, buna izin verilmişti. Bunun hesabını önce bana sonra Allah'a kim verecekti? On iki yaşlarımda yaşadığım daha büyük bir travmayla artık emin olmuştum ki zarar görmemek adına iyi olmak yeterli değildi. Peki, adalet bunun neresindeydi? Herkes kendi ektiğini biçiyorsa ben ne ekmiş olabilirdim dört yaşımda, on iki yaşımda? Üstelik değil kötü bir çocuk olmak; okulda iftihar tablosunda olan, arkadaşları tarafından çok sevilen, kısacası İYİ ÇOCUK olan ben, bunları nasıl hak etmiş olabilirdim? Mahşer gününde vereceğimiz bir hesabımız varsa böylesine ayrı şartlarda yaşadığımız bu dünyadan göç ettikten sonra hepimiz nasıl aynı şartlarda sorgulanabilirdik? Beş yaşında ölen bir çocuğun günah işleme potansiyeli ile seksen yaşında ölen birinin günah işleme potansiyeli aynı olamazdı. Üstelik açlık içinde yaşayan onca insan ve hatta ülke varken, zenginlik içinde çok rahat yaşayan insanlar vardı. İkisi de cennete gidecekse, neden dünyada eşit değildi koşullar? Biri cezayla sınanırken, diğeri prens ya da prenses gibiydi. Ailesi olmayan, öksüz yetim büyüyen bireylerin suça yatkınlık durumu ile sevgi dolu bir ailede yetişmiş bireylerin suça yatkınlığı aynı olamazdı. Peki, yaşamlarımız neden bu kadar farklıydı? Yok, yok, böyle bakıldığında dünya hiç de adil değildi; bilmediğim başka bir şey olmalıydı. Adil olmayan bir dünyadan ayrılan ruh, hangi sorgulamanın sonucunda cennetle ödüllendirilip cehennemle cezalandırılacaktı? Ancak, tamamen aynı şartlarda yaşayan insanlar arasında bir muhakeme yapılabilirdi; ama durum hiç de böyle değildi.

İşte bütün bu sorgulamalar beni ebedi gerçeklikle tanıştırdı: Varoluş, reenkarnasyon ve kuantum. Şimdi çok iyi biliyorum ki hiç kimseye, bir hardal tanesi kadar bile haksızlık yapılmıyor. Çünkü gerçekten herkes, kendi ektiğini biçiyor. Her birimiz tekâmül okulunda, öğrenme yolculuğunda olan ruhlarız. Yaşam derslerimiz, öğrenmek istediğimiz konular ve oluşturduğumuz karmalarımızla hayatlarımızı yaratıyoruz.

Ruhumuz, dünya katında tekâmül edebilmek için birçok farklı yaşamı görüp her şeyi deneyimlemeliydi. Bu yüzden her birimiz, dünyanın pek çok ülkesinde, pek çok kez, farklı rollerde ve cinsiyetlerde bedenlendik. Ben bunu, giysi dolabımızı açıp her sabah kendimize bir kıyafet seçmeye benzetirim. Hepimizin reenkarnasyon dolabında her kıyafet mevcut: Çingene, prenses, kral, dilenci, şair, matematik dehası, filozof, şifacı vb. yüzlerce elbiseden, binlerce kostümden neyi deneyimlemek, bilmek, hangi konuda zenginleşmek istiyorsak onu alıp giyeriz ve canımız istediğinde kıyafeti değiştiririz.

Düşünsene kimilerinin yükseklik korkusu var, ama bu korkunun oluşmasına sebep olabilecek hiçbir şey yaşamamış ya da kimileri araba kullanmaktan çok korkuyor, sorduğunda daha önce hiç kaza geçirmediğini, sebebini bilmediği bir korku duyduğunu söylüyor. Kimimizin ise hayvanlardan ödü patlıyor. Kedi yaklaşınca korkuyla masadan kalkan pek çok insan görmüşüzdür. Nedeni sorulduğunda "Sebebini bilmiyorum aslında, uzaktan seviyorum ama yaklaşınca içimde garip bir korku oluşuyor." ifadelerini pekçok kez duymuşuzdur. İşte bunlar, aslında reenkarnasyonun en basit delilleri...

Bir danışanım uçak korkusu için gelmişti. Uçağa hiç binmemiş, korkusu yüzünden en uzak yerlere bile araba ya da otobüsle gitmeyi tercih etmişti. Bu durumdan çok muzdaripti ve yakın zamanda iş için İstanbul'dan Gaziantep'e gitmesi gerekiyordu. Kuantum drama yöntemi ile danışanımın bilinçaltını tahlil ettim ve bu korkusunun sebeplerini bulmaya niyet ettim. Öncelikle, aslında korktuğu şeyin uçak olmadığını esasında kendi hayatında yükselmek, hem maddi hem manevi açıdan olduğu halinden çok daha güçlü biri haline gelmekten korktuğunu anladım. Buna sebep olan da bu hayatında annesinden edindiği "Fazla para insanı bozar" inancıydı. En önemli sebep ise pilot olduğu geçmiş hayatında çok mutlu bir aile yaşantısına sahipken uçuş esnasında yaptığı ufak bir hata yüzünden yolculara büyük bir tehlike yaşattığını, ihmalin kendisinde olduğu için suçlandığını, mesleğinin elinden alınarak dışlandığını ve bir zaman sonra da karısının onu terk ettiğini deneyimlemiş olmasıydı. Şimdiki hayatında uçağı her düşündüğünde, hem suçluluk duygusu hem de kaybetme korkusu hissediyordu.

Tekrar başarılı olup aynı hayal kırıklıklarını yaşamaktan korkuyordu. Bilinçaltındaki bu duygular yüzünden uçağa binemiyordu. Yaptığımız seanstan üç gün sonra uçakla Gaziantep'e gitti ve iner inmez beni havaalanından arayıp çok rahat bir uçuş yaşadığını söyleyerek teşekkür etti. İşte korkuların ya da sorunların geçmiş hayatlara bağlı sebebi bulunup temizlendiğinde, sonucun değişmesi bir mucize değil kuantum gerçeğidir.

TÜM GEÇMİŞ YAŞAMLARINI ŞİFALANDIRABİLECEĞİN BİR MEDİTASYON ÇALIŞMASI

Bu uygulamayı sessiz sakin bir ortamda, loş bir ışıkta ve meditatif bir müzik eşliğinde yapmalısın. Üzerinde rahat bir kıyafetle, sırtını bir yastığa ya da rahat bir yere dayamalı ve gevşeyebilecek bir pozisyonda oturmalı ya da uzanmalısın. Aşağıda yazacağım metni çalışmaya başlamadan önce okuyarak telefonuna kayıt edip o anda gözlerin kapalı olarak ses kaydını dinleyerek yaparsan çok daha etkili olur, ama bunu yapamıyorsan da oturduğun yerde metni okurken aynı zamanda da hayalinde canlandırarak uygulamayı yapabilirsin.

Önce niyetini bildirmelisin. "Şimdi, tüm geçmiş hayatlarımdaki negatif durumları temizlemeye, dönüştürmeye, o hayatlarımdan almam gereken bilgelikleri alarak bırakmam gereken, bugünümü mutsuz eden tüm kalıplarımı, bakış açılarımı, duygularımı, düşüncelerimi, inançlarımı, yargılarımı, zanlarımı bırakıyorum. Beni kısıtlayan, "ben" olmamı engelleyen, tekâmülümü geciktiren tüm geçmiş negatif yeminlerimi bozmaya niyet ediyorum. Artık kendimle ve tüm deneyimlerimle barışıyorum."

Niyetini yüksek sesle söyledikten sonra çalışmaya başlayabilirsin. Şimdi senden bir pist hayal etmeni istiyorum, doğrusal bir şekilde düzenlenmiş, engebesiz, başka hiçbir aracın olmadığı, sadece senin için yapılmış özel bir pist. Sen başlangıç noktasını belirleyen bir afişin altında duruyorsun. Orada "YARATILIŞ ANI" yazıyor. Yazının hemen altında, kırmızı bir çizgi üzerinde duran kırmızı renkte bir araba görüyorsun. Yalnız değilsin, rehberlerin, meleklerin senin yanında ve senin bu yolculukta ihtiyacın olan tüm gereçleri sana veriyor; kaskını, eldivenlerini giymene yardımcı olarak seni yolculuğa hazırlıyorlar. Hazırlıkların tamamlandıktan sonra arabana heyecanla biniyorsun. Motoru çalıştırdığında çıkan sesten bu motorun çok güçlü olduğunu anlıyorsun. Üstelik tarifsiz bir güven ve bilirlilik hali içindesin. Belki o ana kadar hiç araba kullanmamış olabilirsin, ama şu anda bunu nasıl yapacağını bildiğinin çok net olarak farkındasın. Farlarını açıyorsun; farlar bir tuhaf, adeta sihirli gibi... Gibisi fazla evet farlar sihirli, aydınlattığı her yeri o arabayı kullanan kişinin niyetine uygun olarak değiştirip dönüştürüyorlar.

Görevli bayrağını salladı ve sen hızla hareket ettin. İlerliyorsun ve ilerlerken fark ediyorsun ki farlar gerçekten aydınlattığı yerleri değiştirip dönüştürüyor. Ağlayan bir çocuğun artık gülümsediğini, virane bir yerin saraya dönüştüğünü, solmuş çiçeklerin yeniden açtığını, öfkeyle bakan birinin suratını huzur ve sevgi kapladığını görüyorsun. Yol aldığın her kilometrede kendini daha özgür ve hafiflemiş hissediyorsun. Arada bir dikiz aynasından baktığında geçmiş yaşamlarının hepsinin niyetine uygun olarak şifalandığını, değiştiğini görüyorsun. Artık hızla şimdi ve bugüne geliyorsun. Kendini rahat ve güvende hissediyorsun.

"BUGÜN" ve "ŞİMDİ" yazan mavi renkli afişin altına doğru ilerliyorsun. Varış noktasına geldin, artık durabilirsin. Arabadan indiğinde büyük bir coşkuyla karşılanıyorsun; kutlamalar, tebrikler, elini sıkarak, sarılarak seni karşılayan sevdiklerin orada. Tebrikleri mutluluk gözyaşları ile kabul ederken içinden bir ses tekrar arabaya binmeni, yapman gereken bir şey daha olduğunu söylüyor. Yeniden arabaya biniyorsun ve bu kez geleceğine doğru yol alıyorsun. Bu defa farklı renkte ve çok daha güçlü farların olduğunu fark ediyorsun. Bu farların aydınlattığı her yere, gelecekte yaşamak istediğin duyguların tohumlarını ekiyorsun. Sevgi, aşk, başarı her ne istiyorsan özgürsün. O tohumları senin için meleklerin sulayacak, büyütecekler ve zamanı geldiğinde sen onları gerçekliğin olarak yaşayacaksın. En çok istediğin iki şeyin tohumunu ise arabandan inerek kendi ellerinle yolun sağında ve solundaki toprağa ekiyorsun. Onları da meleklerine emanet ederek tekrar arabana biniyor ve vitesi geriye alarak gelecekten şimdiye, geriye dönüşe geçiyorsun. Tekrar "ŞİMDİ" yazan mavi afişin altına geliyorsun. Arabadan indiğinde tanıdığın tanımadığın birçok kişi seni alkışlıyor. Etrafta büyük bir sevgi ve coşku hâkim. Herkes seni tebrik ediyor. Bu defa daha dinginsin; çünkü artık sadece geçmişi düzelttiğini değil, geleceğinde de seni nelerin beklediğini çok iyi biliyorsun. Kalbinde tam bir iman var, Allah'ın dileklerini gerçekleştireceğini biliyorsun; çünkü bunun için elinden gelenin en iyisini yaptığının ve kalanı O'na tevekkül ettiğinin bilincindesin. Şimdi biraz daha kutlamaları kabul edebilir ve hazır olduğunda gözlerini açabilir, çalışmayı bitirebilirsin. Şifa olsun güzel dost, oldu bile!

KARMALAR VE YAŞAM DERSLERİ

Karma, kişiler arasında ilk tanıştıkları andan ilişkinin şimdiki anına kadar yaşanmış her şeyi kapsar. Bir kişiyi gördüğün andaki ilk negatif fikrin bile bu süreci başlatır. "Keser döner sap döner, gün olur hesap döner" sözü karmayı çok güzel tarif eder. "Eden bulur" gibi sık sık işittiğimiz cümleler, aslında hep karmayı vurgulamaktadır. Çünkü karma gerçeğinin ne olduğu birçok kişi tarafından henüz bilinmese ve kabul edilmese de yaptıklarının kimsenin yanına kâr kalmayacağı düşüncesi herkesin ortak kabulüdür.

En önemli karma dosyaları, yüklediğimiz ve yüklendiğimiz suçluluk ve değersizlik duyguları, haksızlık ettiğimiz ya da haksızlığa uğradığımız olayların dosyalarıdır. En büyük karmalar, cinayetler, tecavüzler, tacizler, şiddet, haksızlık, iftira, hırsızlık gibi olaylar sonrasında oluşturulur. Şunu bil ki sevgili okurum, hiçbir ruh yaptığı kötülükten sonra mutlu olamaz. Yaradan'ın kendisini cezalandırmasına gerek duymadan kendi infazını kendisi yapar. Hâkim de tanık da suçlu da kendisi olur ve mutlaka ya o hayatında ya bir sonraki hayatında, yaşattığı kötü duyguları kendisine de deneyimletmek ister. Çoğu zaman bu karma, o iki kişi arasında temizlenene kadar, olaya karışan ruhlar birbirlerinin hayatında başka başka rollerde var olurlar veya kötülük yaptığına inanan kişi kendisini o kadar suçlu hisseder ki, türlü hastalıklar ve acılarla kendini cezalandırır. Karmaların sonlanması, kişilerin hayatlarına mutlu ve özgür devam edebilmeleri için esastır.

Aranda karma olduğuna inandığın kişilerle yüz yüze olmasa dahi zihinsel olarak özgürleşme çalışması yapmanı öneririm. Aşağıda bunu nasıl yapabileceğini anlatacağım.

Bazen sadece zanlar yüzünden kendimizi suçlu hissederiz. Özgür iradeyi unutarak başkalarının kendileri hakkında verdikleri kararlar ve seçimlerinden kendimizi sorumlu tutarız. Oysaki her ruh Yaratıcı'ya doğrudan bağlıdır ve kendi yaşam planını O'nunla birlikte, yaşam dersleri doğrultusunda yürütür. Sence neden aynı evde, aynı şartlarla, aynı anne ve baba tarafından büyütülen kardeşler birbirinden farklıdır? Örneğin ben, aramızda sadece iki buçuk yaş olan ağabeyimle çok farklıyım. Belki tanısan asla kardeş olduğumuza bile inanamazsın. Hayat görüşlerimiz, karakter özelliklerimiz tamamen farklı. Eminim ki birçoğunuz kendi hayatlarınızda bunu gözlemleme fırsatına sahip olmuşsunuzdur. İşte sevgili can, herkesin yaşam yolculuğu farklıdır; inanmak istedikleri, başarmak istedikleri, olmak istedikleri farklıdır. Frekanslarımız ayrıdır. Seçimlerimiz kendi yolumuza özeldir. Hepimiz parmak izlerimiz gibi birbirimizden farklı ve özgünüz.

İşte danışanlarımdan bir karma hikayesi örneği: Karşıma oturduğunda yüz ifadesi oldukça tedirgin ve gergindi. Alımlı, hoş bir kadındı. Kahverengi uzun saçları o anda tedirginliğinin verdiği sıkıntıyla onu rahatsız etmiş olmalı ki, hışımla çantasını açıp içini epeyce karıştırdıktan sonra bulduğu saç tokası ile onları ensesinde topladı. Siyah kısa eteğini çekiştirdi, kendini bedensel olarak rahat ettirmeye çalışıyordu. Kollarını önünde birleştirdiğinde hâlâ mevzuya girmemişti. Konuşmak için ona cesaret vermemi bekliyor gibiydi. Oysa benim seanslarımın en güzel taraflarından biri konuşmaya, detaylı anlatmaya zaten hiç ihtiyaç olmamasıdır. Çünkü kuantum drama yöntemi ile bizler zaten bilinçaltını okuyor, en derin yerlere gidiyor ve olayı bilinçaltında ilk oluştuğu anda temizliyorduk. Danışanın hiçbir şey yapmasına gerek yoktu. Kendi derinlikleri ile yüzleşebilmek ve bunu, onu hiç tanımayan kişilerin yani ben ve ekip arkadaşlarımın ortaya çıkarması çok şaşırtıcı ve etkileyici oluyordu her bir danışan için.

Her danışanıma olduğu gibi ona da geliş amacını sorduğumda, sıkıntısının eşiyle ilgili olduğunu anlatmaya başladı. Eşi çok iyi bir insandı. Birçok açıdan avantajlı yönleri vardı. Onu seviyordu bir kere. Tamam, eksiklikleri de vardı ama seviyor oluşu, iyi bir insan oluşu baskındı. İçkisi, kumarı, aldatması da yoktu çok şükür. Bunları sevgiyle anlatırken sevgisini bir eşe değil de yakın bir dosta duyar gibi olduğu beden dilinden, gözlerindeki bakıştan çok belli oluyordu. Olsun, her evlilik aşkla devam edecek diye bir kural yoktu. Sağlam dostluk ve vefa temeline dayanan birçok evlilik de ömür boyu sürebilirdi, bu da bir seçimdi. Ama danışanımda bir sorun olduğu aşikârdı. Birkaç rahatlatıcı telkinimden sonra derdini söyledi. Eşiyle kendini mutlu hissetmiyordu. Cinsel isteği ve arzusu kalmamıştı. Sadece görev gibi aynı yatağı ve bedenlerini paylaşıyorlardı. Hayata bakışları, yaşamak istedikleri farklıydı birbirinden. Eşi, evden işe işten eve sürdürdüğü hayatından mutluyken; kendisi gezmek, görmek, hayatı keşfetmek istiyordu eşiyle birlikte. Sürprizler yaşamak istiyor; rutin, durağan bir hayat onu boğuyordu. Kendini kadın gibi hissedemiyordu. Aşk ve tutku kalmamıştı aralarında, kim bilir belki de hiç olmamıştı! Üstelik evdeki sorumlulukların çoğu da onun üzerindeydi. Evde sadece çocuğunun değil, tüm ev halkının annesi gibiydi. Bunları defalarca dile getirmesine, birlikte birçok terapiste gitmelerine rağmen pek bir şey değişmemişti hayatlarında. Çünkü ikisini mutlu eden şeyler birbirinden farklıydı. Biri iyi, diğeri kötü olduğundan değildi bu; hayatı yaşama stillerinin farklı oluşundandı. Doğal yapılarından kaynaklanan bir uyuşmazlık gibiydi gözüken. Ayrılmak istiyor, ama bir yandan da eşine kıyamadığını üzgün bir surat ifadesi ile söylüyordu. Öyle ya, toplumun kabul ettiği ayrılma sebeplerinden biri yoktu ortada: şiddet, kumar, aldatma vb. Çevresindekiler onu bu isteğinden ötürü şımarık buluyorlardı. Bununla birlikte, eşinin onsuz yapamayacağını düşünerek bir türlü adım atamadığını, kendini seçemediğini ifade ediyordu; bu konudaki yorgunluğu omuzlarının düşüklüğünden belli olan duruşu ile.

Yapacağımız çalışma belliydi. İlişki karması seansımız ile şimdiden geçmişe doğru giderek birbirlerini neden seçtiklerini, ne yansıttıklarını ve hangi karmaları taşıdıklarını, kuantum alan çalışması ile kendisine gösterdik. Bu teknikte birimiz danışanın bilinçaltını, bir diğer eğitmen arkadaşım ise eşinin bilinçaltını temsil eder. Şu andan başladık. Evet, danışanım boşanmaktan korkuyordu. Bir şey, bunu yaparsa kendisini suçlu hissedeceği duygusunu yaratıyordu. Eşi ise boşanmak istemese de karı koca ilişkisini çoktan arkadaşlığa çevirmişti ve bunda bir yanlışlık görmüyordu. Karısını annesi gibi görüyor ve bu anlamda evet, onu seviyordu. Evlilik kararının alındığı ana gittiğimizde ise danışanımın evlenmeden önce aslında başka birine âşık olduğunu ama o kişi kendisini terk ettiği için gerçek anlamda âşık olmadan, kendisini sevdiğine emin olduğu eşine, kendini güvende tutmak ve sevilmek ihtiyacından evet dediğini söylediğimizde, önce bunu bilmemize şaşırdı; sonra başıyla bizi onayladı. Eşi de annesinden alamadığı sevgiyi ve anaçlığı danışanımda bulduğu için o da bu duyguyu aşkla karıştırıyordu. Bütün ilişkiler her zaman tencere kapak gibi uyumludur sevgili okurum. Ama görünen duyguların, davranışların arkasında görünmeyen pek çok sebep saklıdır. Danışanım bundan önceki hayatında çocuğunu üç dört yaşlarında iken bırakıp âşık olduğu biriyle uzaklara yerleşmişti. Buradan getirdiği, evlat sevgisiyle birlikte derin bir suçluluk duygusu ve aynı hatayı bir daha yapma korkusuydu. Bu sebeple eşini sanki çocuğuymuşcasına seviyor, ancak doğal olarak tutku hissetmiyordu. Eşinden boşanmayı her düşündüğünde kendini suçlu hissediyordu. Üstelik aşktan da bu sebepten korkuyordu. Çünkü aşkı uğruna çocuğunu bırakacak kadar gözü kararmış olduğundan aşkın insanı bozacağı, onu kontrolsüz bırakacağı duygusu hâkimdi. Bu sebepten, bilinçli olmayarak âşık olmadığı bir insanla evlilik yapmıştı. Âşık olduğu adamdan kendisini terk ettiği için yıllar önce ayrılmıştı. Fakat sevgili okurum, bir ilişkide önce terk edilen taraf gider ilişkiden. Aşk ile ilgili korkusu yüzünden bu sonu danışanım kendisi yaratmıştı. Eşiyle karmasını temizleyerek ayrılsa bile bu inancı temizlenmedikçe aşkı hep ıskalayacaktı. Fakat biz iki ruhun birbirleri ile ilk tanıştıkları ruhsal boyuta giderek onlara birbirlerini seçme sebeplerini hatırlatıyoruz. Tüm açık kalmış dosyalarını şifalandırıyor ve bu konudaki negatif inançlarını iyileştiriyoruz. Seans bitiminde, danışanımın yüzündeki o üzerinden büyük bir yük kalkmış ifadesini görmek paha biçilmezdi. Bu seanstan kısa bir süre sonra eşiyle sorunsuz, anlaşmalı bir şekilde boşanarak gerçek bir aşka yelken açtığı müjdesini bize iletti. Şunu unutmamak gerekir ki birimizin en yüksek hayrına olan gelişme, aslında her birimizin en yüksek hayrınadır. Bu evlilikte de boşanma, her iki tarafın da gerçek aşkla buluşması adına elzemdi. Çocukları için de zaten bu enerji içinde büyümektense anne babasını mutlu ve gerçek hâlleriyle görmek çok daha verimli olacak ve onlara "Sen de her zaman önce kendi mutluluğunu seç, kendini sakın feda etme" öğretisini verecekti.

Karma konusunda şunu vurgulamak isterim ki tekâmülde suç ve suçlu yoktur, günahkâr ve masum da olmadığı gibi; karmik dersler, sınavlar, öğrenilecek yaşam dersleri vardır. Her olay, mutlaka önceden yapılmış ruhsal bir kontrat neticesinde gerçekleşir. Yaklaşık yirmi beş otuz kişilik ruh ailemizle bu kontratları yaparız. Sonra dünya üzerinde sayısız kere enkarne olarak birbirimize öğrenmek istediğimiz pozitif negatif tüm duyguları, dersleri öğretiriz. Her birimiz hem öğrenci hem öğretmenizdir bu diyarda. Yapılan tüm seçimlerde varılacak tek bir sonuç vardır: Kendi içimizdeki YARATICIYI bulmak, O'nu kabul etmek ve sevmek; kimseye ve hiçbir şeye ihtiyacımız olmadığını, asla yalnız olmadığımızı ve olmayacağımızı bilmek. Dinimizde "Hidayete ermek" ile anlatılmak istenilen de budur. Tüm arayışlarımız ve deneyimlerimiz, ALLAH'ı bilinir kılmak, O'nu kalbimizde hissetmek ve O'nunla bir olduğumuzu bilerek yaşamak içindir. Hem kendimizin hem yaratılmış her şeyin O'nun eseri olduğunu anladığımızda dünyadaki tüm ayrılıklar son bulacaktır.

Yaşam dersleri bireysel ve çok çeşitlidir. Kişilerle olan karmaların bitse dahi o konuda alman gereken dersleri almadıkça aynı tarz kişilerle sınanmaya, tekrar eden olayları yaşamaya devam eder durursun. Örneğin yaşam dersin, olduğun halinle değerli olduğunu bilmekse bu duygunun tersini sana hissettiren X kişisi hayatından çıksa dahi, aynı tarzdaki Y kişisi yaşam alanına girer ve sana kendini yine değersiz hissettirir. Öğrenmen gereken şey, değerli olduğun duygusunun sana dışarıdan verilmeyeceği, hiç kimsenin sevgisine, statüye, paraya, sahip olduğun dünyevi şeylere bağlı olmadığı, Allah'ın ruhu olarak oluş hâlinin çok değerli olduğu yani bu duygunun içten geldiğini bilmek, anlamak ve hayatına geçirmektir. İçinde kendini nasıl hissediyorsan, dışındaki hayat ona göre şekillenecektir. Kişi, bu öğretiyi kabul edip değerlilik bilincine vardığında hayatına ona değer verecek insanlar girecek, etrafındaki kişiler ona değer göstermeye başlayacak ve gitmesi gerekenler de gideceklerdir. Yani sen değişirsen, dünyan değişir.

Kişileri zorlayan, üzerinde en çok durulması gereken yaşam derslerini şöyle özetleyebiliriz:

* Suçluluk duygusu (Hiçbir şeyden suçlu olmadığını, her şeyin sadece bir deneyim olduğunu fark etmek.)
* Yalnızlık duygusu (Asla yalnız olmadığını, ALLAH'ın sana şah damarından yakın olduğunu anlamak.)
* Alma-Verme döngüsü (Almanın da vermenin de dengede olması gerektiğini, fazlasının özgür iradeye ve tekâmüle zarar vereceğini görmek.)

* Özgür irade (Senin ve herkesin seçme hakkı olduğunu hatta tekâmülün buna bağlı olduğunu anlamak.)
* Güç-Bilgi-Yaratıcılık-Güzellik-Bolluk-Sevgi kaynaklarını deneyimlemeyi öğrenmek
* Ait hissedememe (Sen her neredeysen yuvanın orası olduğunu bilmek.) duygusunu aşmak
* Ruh-Zihin-Beden dengesini öğrenmek
* Dişil-Eril Dengesi (Bunun cinsiyet ayrımı olmadığını, herkesin kendi içinde bu dengeyle tam olduğunu bilmek.)
* Yargıları, ayrımları, ayrılıkları aşmak, hepimizin Allah'tan geldiğine, O'na ait olduğumuza, aramızda eksiklik ya da fazlalık olmadığına uyanmak
* Suçlamayı bırakıp kendi yaşam sorumluluğunu almak
* Kurban bilincinden çıkmak, uyanmak ve yüce bir varlık olarak ALLAH' ın yeryüzündeki halifesi olarak yaşamak
* Kendi tamlığına ulaşmak, özgün halinle ortaya çıkmak
* "Elalem ne der?" diye yaşamayı bırakmak
* Kendini ve başkalarını affedebilmek
* İlişkilerde bağımlı değil bağlı olmak
* Kendini koşulsuz sevmek (Kendini sevmeden başkalarını sevemeyeceğini öğrenmek.)

İşte her birimiz, bunları öğrenmek adına yüzlerce kez geliriz dünyaya.

ARANIZDA NEGATİF KARMA OLDUĞUNU DÜŞÜNDÜĞÜN KİŞİLER İLE YAPACAĞIN BİR ÇALIŞMA

Bu çalışmayı şu anda hayatta olan veya vefat etmiş herkesle yapabilirsin. Annen, baban, kardeşin, eşin, ayrıldığın sevgilin, çalışma arkadaşın, çocuğun vb. aklına gelebilecek, sorun yaşadığın herkes için evinde uygulayabileceğin güzel bir çalışmadır.

Öncelikle alanda üç tane sandalye ya da koltuk olmalı ve bunları bir üçgen şeklinde yerleştirmelisin; yani ikisi karşı karşıya, biri ise ikisini de görür pozisyonda durmalı. Üç tane kağıt alıp birinin üzerine kendi adını ve soyadını, birinin üzerine çalışma yapacağın kişinin adını ve soyadını, birinin üzerine de GÖZLEMCİ (YARADAN PERSPEKTİFİ) yazmalısın. Bu kağıtlardan üzerinde isimler yazanları karşılıklı olan sandalye ya da koltuklara, Gözlemci yazanı ise tek olan sandalyeye koymalısın. Gözlemci olarak kastettiğim, senin yüksek benliğin yani ALLAH'ın sendeki veçhesi olan özün, ruhundur.

Çalışmayı yapacağın ortam sessiz ve sakin, televizyon vb. aygıtlar varsa kapalı olmalı, telefonunu da sessize almalısın. Bu hazırlıkları tamamladıktan sonra şu niyetle çalışmaya başlayabilirsin:

"...... (çalışma yapacağın kişinin adı ve soyadı) ile aramdaki tüm negatif karmaların şifalanmasına, aramızdaki gerçek bağların ortaya çıkmasına, yaşadıklarımın nedenini anlamaya ve bu nedenleri iyileştirmeye niyet ediyorum. Sevgili Allah'ım lütfen tekâmülümde bu kişiyle aramda hiçbir negatif etkinin kalmaması için aramızı şifalandır.

Ben artık .... ile aramdaki olumsuz karmayı bitirmeyi ve bu ilişkiden almam gereken yaşam dersini almayı seçiyorum."

Bu niyeti tüm kalbinle yaptıktan sonra önce kendi adının yazılı olduğu kağıdın bulunduğu yere oturmalısın. Orada otururken karşındaki sandalye/koltukta ismi yazılı olan kişiye baktığını hayal etmelisin. En çıplak halinle o kişiye bakıyorsun. Orada ona karşı olan duygularınla yüzleş, acele etme. Sonra o kişinin adının yazılı olduğu yere otur, bu sefer sen artık o oldun ve onun gözüyle kendine bak, kendi adının yazılı olduğu yere bakarken. Örneğin; bu çalışmayı annen için yapıyorsan annen olarak kendine bak, o neler hissediyor bununla yüzleş. Burayı da anladıktan sonra üçgenin birleşme noktası olan Gözlemci yazan kağıdın olduğu yere geç ve tanrısal perspektiften bu iki kişiye nötr, yansız olarak bak. Zaten o enerji sana bunu hissettirecektir. Bu bakış açısından bakarken ummadığın şeyler göreceğine, fark edeceğine, şifanın başlayacağına emin olabilirsin. Sonra tekrar kendi adının yazılı olduğu yere otur ve kendin olarak karşındaki kişiye bak, ilk baktığın zamankinden farklı duygular gelmeye başlayacak. Bu işlemi yedi kez tekrar et. Yedinci turun sonunda kendi adının yazılı olduğu yerden kalk ve "OLDU BİLE" sözleri ile çalışmayı tamamla. Emin ol çoğu zaman yedinci tura gerek kalmadan aradaki bağlar çözülüyor ve en başta hissettiğin duygulardan eser kalmıyor. Eğer duyguların daha önce nötrleşirse üç turdan sonra da istediğin zaman çalışmayı bitirebilirsin, ama en az üç tur yapmalısın ve bitirirken mutlaka kendi adının yazdığı yerden kalkarak uygulamayı tamamlamalısın.

Kalktıktan sonra "Sevgili...... seni benden, beni senden negatif anlamda tüm zaman ve boyutlarda özgürleştiriyorum." diyerek karma çalışmasını bitirebilirsin. Özgürleşmek ayrılmak demek değil, birbirinize karşı olan negatif duygu ve düşüncelerinizden arınmak, bunlardan bağımsız hale gelmek demektir. Unutmamalısın ki, kişilerle arandaki negatif duygular, tüm hayatın boyunca senin yüklerin olacaktır. Bu yüzden o duygulardan arınmaya, affetmen gereken kişileri ve hatta kendini affetmeye gönüllü olmalı, bunu en başta kendi mutluluğun adına yapmalısın. Şimdiden şifa olsun, oldu bile!

NE ZAMAN BAŞLAR BU KARMALAR PEKİ? İLK KARMAMIZ DÜNYA İLE OLABİLİR Mİ?

Geldik yine derin mevzulara... En başta demiştim ya bu kitap öyle bir çırpıda okunacak ve rafa kaldırılacak bir kişisel gelişim ya da farkındalık kitabı değil. Sana, ruhunun bildiği ama unuttuğu ya da unutmuş gibi yaptığı gerçek bilgileri başlangıç seviyesinde hatırlatacak, seni sana uyandıracak bir kitap bu. Belki bazı bölümler ağır gelebilir ama yılmadan, anlamaya çalışarak okumaya devam ettiğinde emin ol hayatında çok şey değişmeye başlayacak.; çünkü sen uyanmış, hatırlamış ve en değerli parçan olan ruhuna ve ruhundaki bilgeliğe "Merhaba" demiş olacaksın. Artık kendini sadece yaşam sorumlulukları içinde kaybolmuş, zorunluluklar yüzünden yok olmuş, mutsuz, yalnız, değersiz hissetmeyeceksin. Çünkü sen bu değilsin! Hiçbir zaman çaresiz ve güçsüz olmadın, sadece öyle olduğunu sandın. Çevrendekilerin hatta bazen en yakınlarının, ailenin, sevgilinin, çocuğunun, annenin, babanın, arkadaşının, kocanın, karının, toplumun, patronunun vb. kişilerin ve yaşadığın olayların seni buna ikna etmesine izin verdin. Sen izin verdin ey dost, sen! Çünkü korktun kendi gücünden, yapabilirliklerinden, arzularından, tutkularından, bilgeliğinden, farklı oluşundan, uyumsuz gözükmekten, herkes mutsuzken kendini mutlu hissetmekten, bencil bulunmaktan, yalnız kalıp dışlanmaktan, suçlanmaktan kısaca kendinden korktun sen, kendi içindeki Yaradan'dan. Tıpkı birçoğu gibi... Peki, soruyorum sana "Kendinden korkanın kendine faydası olur mu ya da başkalarına?"

Evet, neden bu başlığın altına yazdım bunları? Yazacak yer bulamadığım için değil elbette. Tüm bunlar, senin dünyada bedenlendiğin ilk an'a ve birçok geçmiş yaşantına bağlı olduğundan...

Dünyada bedenlendiğimiz ilk anlarda oluşan fikir ve izlenimlerimiz çok önemliydi. Çünkü bizler, düşüncelerimiz ve onların yaydığı enerji frekansı ile kendi hayatlarımızı, gerçekliklerimizi, yaşayacaklarımızı yaratıyoruz.

İlk bedenlendiğimiz hayat ve sonraki birkaç hayat, bizim dünya ve insanlarla ilgili temel yargılarımızın, fikirlerimizin, bakış açılarımızın yani aslında egomuzun oluşmaya başladığı önemli hayatlardır. Ego, çoğu insan tarafından yanlış algılansa da aslında hepimizde olması gereken önemli bir niteliktir. İlerleyen bölümlerde egoyu detaylı anlatacağım. Öncelikle şunu anlamalısın: Çevrende gördüğün, dokunduğun, dokunamadığın yani soyut ya da somut var olan her şey enerjiden oluşur. Bu enerjiyi de senin düşüncen var etti. En başta da söylediğim gibi her şey düşünce ile başladı. Dünyada yaşadığın her şey, her deneyim, düşüncelerinin ve enerjinin maddeye dönerek tezahür etmesinden başka bir şey değildir. Düşünce dediklerimiz ise senin bakış açıların ve inanç haline getirdiğin zihinsel tutumlarındır. Hani derler ya "İlk izlenim önemlidir" diye, bu sebeple ilk buluşmalarımıza, iş görüşmelerimize giderken özenle hazırlanırız. Çünkü birbirimizin ilk tepkilerine hatta kıyafetlerine göre kararlar verir, tavırlar takınır, fikirler üretiriz. İşte dünyada var olduğumuz ilk birkaç hayatımızda insanlık, hayat ve dünyayla ilgili edindiğimiz ilk fikirlerimiz bizim bugünümüzün temellerini atmıştır.

Bir danışanım kilo problemi olduğu için gelmişti. Yaklaşık yirmi kilo fazlalığı vardı ve bunu, tatlı düşkünlüğüne bağlıyordu. Boyu da çok uzun olmadığı için kilosu onu, olduğundan daha da kısa gösteriyordu. İri, çekik gözleri ve kalkık burnu ile yüz hatları oldukça güzeldi ama çıkan gıdığı ve dolgun yanakları belli ki onu rahatsız ediyordu. Kilosunu saklamak için neredeyse kendine iki beden büyük bir tişört giymişti, ancak bu seçimi onu olduğundan daha da kilolu gösteriyordu. Elbette renk olarak seçimi de siyahtan yanaydı, üzerindeki siyah bol tişört ve siyah pantolonla bedenini adeta saklamaya çalışıyordu. Gün içinde çok yemek tüketmediğini ama tatlısız duramadığını ve yoğun çikolatalı, şerbetli tatlıları çokça yediğini anlatıyordu. Bunun sağlıksız ve yanlış olduğunu düşünse de kendine engel olamadığını, birkaç gün irade gösterse de sonra pes ettiğini üzgün ve çaresiz bir yüzle ifade etmişti. Elbette kilo için izlediğimiz çalışma adımları var. Bilinçaltında kilo sorunu ile bağlantılı olan tüm duygu, kişi ve olaylara çalışıyoruz ki ben de bu seanslarla doğumdan sonra aldığım yirmi yedi kiloyu verdim. Ancak danışanımda tatlı krizleri çok belirgin olduğundan önceliğimizi bunun sebeplerini bulmaya ve bunları dönüştürmeye verdik. Yaklaşık elli beş yaşlarındaydı. Bu soruna bağlantılı en yoğun duygusu yapmak istediği, ona heyecan verecek bazı yenilikleri, bu yaştan sonra "Elalem ne der?" diye ertelemek ve arzularını bastırmaktı. Hayattan tat alacak şeyleri, yaşı gereği kendisine uygun görmediği gibi kızını ve birtakım ufak tefek bedensel rahatsızlıklarını da buna bahane ediyordu. Söylediklerimizin hepsini başını sallayarak onayladığında, bunların daha en basit sebepler olduğunun farkında değildi. Zamanda geriye doğru gitmeye başladığımızda ise çocukluğunda babaannesinin onu otoriter bir tutumla, sevgi ve şefkatten yoksun bir şekilde büyütüp büyütmediğini sorduk. Şaşkınlıktan açık kalan ağzıyla "Evet, bana babaannem baktı ve çok sert bir insandı. Evin işlerini de hep bana yaptırırdı. Oyun oynamama (yani hayattan tat alacağı şeyleri yapmasına) izin vermeyip yaşımdan büyük sorumluluklar yüklemişti Anıl Hanım." dedi bana. Evet, ama daha bitmemişti. Onun bir gerisinde annesinin vefat ettiği an vardı. Henüz yedi yaşındayken annesini kanser hastalığından kaybetmişti. Annesi hayatı boyunca çok çileler çekmiş, kendisi için hiç yaşamamış ve en sonunda bedeni buna dayanamayıp hastalanarak bu diyardan ayrılmayı seçmişti. Bu erken kayıp yüzünden mutlu olduğunda, hayattan zevk aldığında annesine karşı kendisini suçlu hissediyordu. Öyle ya, annesi acılar içinde ölmüşken ve o annesini çok severken şimdi hayatı doyasıya yaşasa, mutlu olsa nasıl rahat edecekti? Ne yazık ki bilinçaltı, hem annenin kurban rolünü benimsemiş, kendine rol model almış hem de mutlu olup tat aldığı şeyler yaptığında annesine ihanet ettiği sonucunu çıkarmıştı. Danışanımız artık gözyaşlarını tutamıyordu. Bir sonraki sebebe gittiğimizde esas kilit noktanın dünyaya geliş anı olduğunu gördük. Allah'ın yanından ayrılıp dünyaya insan olarak başladığı hayatında Allah'ın onu sevmediği için dünyaya yolladığını, sevseydi yanından ayırmayacağını, mutlaka bir hatasının karşılığı olarak dünya hayatı ile cezalandırıldığını düşündüğü ortaya çıktı. Şaşkınlıktan kocaman olmuş gözleriyle "Evet zaten ben her zaman her şeyde kendimi suçlarım ve küçüklüğümden beri de haklı haksız defalarca cezalandırılmışımdır. Eğer şükretmezsem Allah'ın verdikleri her ne kadar az da olsa onları da benden alacağı korkusunu taşımışımdır hep içimde." dedi. "Annemin ölmesini bile yaramazlık yaptığım için bir ceza olarak algılamıştım" sözlerini ekledi. Eşinden de aldatıldığı için boşanmış, aşkı hiç yaşamamış, kısacası maddi manevi açıdan yaşamla boğuşur haldeydi. Neden? Çünkü hayatla, insan olmakla ilgili ilk fikri, cezalandırılmış olmasıydı. Allah onu dünyaya yollayarak terk etmişti. O da kendisine, bu yargısına uygun kişileri ve olayları çekmişti. Hatta bu planı buraya gelmeden önce yapmıştı. Tabi ki hayatındaki insanlar, ona inandığı şekilde davranarak aslında tekâmülüne hizmet ediyor, bunlara sebep olan bu ilk duygusunu, yargısını, düşüncesini fark edip değiştirmesini sağlamaya çalışıyorlardı. Danışanım bu yorucu, tatsız, ceza gibi gördüğü hayatın içinde ruhunun açlık çektiği tadı ve hazzı da tatlı yiyerek karşılamaya çalışıyordu. Tatlı yemek konusunda kendisine engel olamamasının sebebi bilinçaltında sevgiye, şefkate, hayatın gerçek tatlarına duyduğu açlıktı. Elbette ne yerse yesin ruhu doymuyordu, çünkü o bunlara kanmıyordu!

Biz tüm bu çıkan verileri kuantum alanda temizledik ve danışanım yaklaşık altı aylık bir süre sonunda fazla kilolarından sağlıklı bir şekilde kurtuldu. Beni ziyarete geldiğinde üzerinde mor , v yaka dar bir bluz ve altında krem rengi kalem etekle şahane gözüküyordu.

Kader örgüsü dediğim şeyi şimdi anlıyor musun sevgili dost? Dünya, Allah ve kendinle ilgili fikirlerin, senin yazgını oluşturacak. İnsanlar sana, senin inançlarına göre davranacak, senin düşüncelerin doğrultusunda yaydığın frekansa uygun kişiler yaşam alanına gireceklerdir. Benden sana bir öneri: Al kalemi kağıdı eline ve hemen şimdi yazmaya başla; kendinle ilgili fikirlerini, sonra da dünya ile ve en sonunda da Allah ile... Göreceksin ki yaşadıklarınla fikirlerin birebir örtüşüyor.

Dünya ile tanıştığımız ve ruh-beden-zihin üçlemesinden oluşan çok boyutlu bir varlık olarak kendimizi deneyimlemeye başladığımızda edindiğimiz en derin zanlarımız, negatif duygu ve kodlarımızı şöyle özetleyebiliriz:

* Allah beni sevmiyor ve yanında istemiyor (istenmeme duygusu), sevseydi beni kendinden ayırmazdı (var olmayı kendimizin seçtiğini unutuyoruz).
* Allah yukarlarda bir yerde, bense dünyada yapayalnızım.
* Ben cezalıyım, dünya bir ceza alanı, bedene ve dünyaya hapisim.
* Dünyada görevliyim, yaşam amacım insanlara istediklerini vermek, mutlu etmek, iyileştirmek.
* Diğerlerinden daha özelim, akıllı ve farklıyım, onlar beni anlamaz, insanlara ihtiyacım yok. Ya da tam tersi, diğerlerinden eksik ve kusurluyum, beni beğenmez ve istemezler.
* Bir yanım eksik, ben eksik başladım, asla o olmadan tamamlanamam (ruh ikizinle birlikte dünyaya gelmediğin için).
* Dünyaya ait her şey maddeseldir. Ben ruhsal bir varlıksam maddeyle işim olmaz (bu kişiler parayı, cinselliği pek sevmezler).

* Dünya ve insanlar tehlikelidir, her an her şey olabilir, hayatımı ve insanları kontrol etmeliyim.
* Yanlış bir karar vererek dünyaya geldim. Bir daha hatalı kararlar vermemeliyim, hatalı seçimlerin bedeli ağırdır. İsteklerimi her zaman yapmamalı, onları iyice tartmalıyım (kişi, en derinde var olmayı seçmekten pişmanlık duyar ve bu sebeple, hayatında hata yapma korkusu yüzünden, karar almakta zorlanır ve kendini affedemez).
* Dünyada isem ben dünyevi bir varlığım. Burada ruh değil, beden önemli ve sadece dünyevi şeyler yaşam amacım olmalı.

İşte karmalar, önce dünya ve insanlıkla ilgili genel fikirlerimizle başlar. Biz bu sebeple danışanlarımıza sadece kişilerle değil, duygular ve dünya ile de karma çalışması yapıyoruz.

Hayatımızdaki her insan ve her olay,
bize yol gösteren trafik levhaları gibidir.
Yolun sonu kendine varmaktır.

KİŞİLERLE ARAMIZDAKİ BAĞLAR KARMANIN TA KENDİSİDİR

Tekâmül yolculuğumuzda bir kişiyle ne kadar çok bir araya gelmeyi planladıysak, aramızda o denli yoğun ve güçlü bağlar oluşur. Bu, bazen pozitif duygular içerir, bazen de yaşanmış deneyimlere bağlı olarak negatif duygular barındırır. Sana ruhsal ailemizden de söz etmiştim. Yaklaşık yirmi beş otuz kişiden oluşan ruhsal ailemizle tekrar tekrar dünyaya gelerek farklı rollerle birbirimizin tekâmülüne hizmet ederiz ve elbette aramızda da karmalar oluştururuz. Bir hayatımızda annemiz olan, bir başka hayatımızda oğlumuz olabilir. Her hayatın başrolleri, yan rolleri ve figüranları vardır; tıpkı filmlerde olduğu gibi. Zaten dünyaya her gelişimizden önce, vecit katındaki rehber meleklerimizle birlikte, hayatımızı tıpkı bir film senaryosu gibi yazarız, yani oluştururuz. Derslerimizi ve bu dersleri bize öğretecek kişileri seçeriz. Anne babamız en önemli seçimimizdir elbette.

Kardeşler, eşler, çocuklar, dostlar ve bazı aşklar da başrollerde olacaktır hayatımızda. Atalarımız da önemlidir, çünkü genetik tekâmül mirası dediğimiz önemli bir konu vardır. Senin yaşam dersinle, atalarının çözemediği bazı yaşam dersleri ortaktır ve onların yarım bıraktıkları bazı konuları, sen kendi tekâmülün için çözdüğünde, dönüştürdüğünde onların da tekâmüllerine katkı sağlamış olursun. Bu sebeple vecit katında hayatını planlarken yolculuğuna uygun ata mirasına sahip aileyi seçersin. Örneğin yaşam dersin, hak konusu ve adaleti öğrenmek ve sağlamak ise, seçtiğin ailenin ataları arasında bir haksızlık örneği yaşanmış olabilir ve bu sorunu senin çözmen, hakkı olana ya da onun yaşayan ailesine hakkını teslim etmen hem kendi yolunu, hem enerjisel olarak senden önceki ve sonraki aile üyelerini olumlu etkileyecektir. Hak bazen maddi olarak yenmiş olabilir, bazen de manevi olarak. Sadece "Üzgünüm, dedem senin anneannene haksızlık yapmış. Tüm ailem adına sizden özür dilerim." demen bile bu sorunu çözebilir. Haksızlık enerjisi aile sistemini etkilemeyi bırakır. Elbette o haksızlığı yapan kendi reenkarnasyonun da olabilir. Böylece geçmiş hayatındaki sen'i ve şimdiki sen'i şifalandırmış olursun.

Bir deneyde akvaryumlara balıklar konulmuş ve yeme erişmeleri için de alana bazı engeller yerleştirilmiş. Bu engelleri geçemeyen balıkların, daha sonra doğurdukları yavruların da engelleri geçemedikleri, ancak engelleri geçen balıkların yavrularının da geçebildikleri ve yeme ulaştıkları gözlemlenmiş. Bu deney, hayvanlarda dahi bir nesildeki gelişimin, evrimin ondan sonraki nesilleri nasıl etkilediğini ortaya çıkaran bir araştırma olmuştur.

Bazen de seni uyarmak, uyandırmak, direndiğin değişimlere dikkat çekip seni değişime zorlamak adına, bazı kişiler yaşamına girip çıkacaklardır. Bunlarla karmaların çok yoğun değildir. Belki sadece o hayatla, belki de birkaç hayatla bağlantılı olabilir. Ancak başrol dediğim, yukarıda yazdığım kişilerle, belki de dünyaya ilk bedenlendiğin hayatına kadar uzanan yaşanmışlıklar olabilir ve yüzlerce hayatta karşılaşmalar...

Hani bazı kişilere karşı ilk gördüğün anda sebebini bilmediğin bir çekim ve onu hiç tanımadığın halde bir sevgi ve yakınlık hissedersin ya, anla ki o kişi senin ruhsal ailenden ve onunla birçok yaşanmışlığın var. Ruhsal ailenden olan kişilerin bazıları doğduğun andan itibaren hayatında olacak, bazıları ise zamanı geldikçe yaşamına dahil olacak ve bazıları da zamanı gelince yaşamından ayrılacak, uzaklaşacaklardır. Yalnız şunu unutma: Bu kişilerle aranda yaşadığın kötü deneyimler, onların seni sevmediğini göstermez; tam tersi, onlar bu rolü üstlenecek kadar senin ruhunu çok sevmektedir ve tekâmülün için kötü polisi oynamayı seçmişlerdir. Ne yazık ki biz insanoğulları, harekete geçmek için yumurtanın kapıya gelmesini beklediğimiz gibi düşmeden de kalkıp sıçrayamıyoruz. Gücümüzü kendimize bile kanıtlamak adına hep zorlukları başarmayı, savaşlar vermeyi seçiyoruz. Onun için zor hayatlarımızı, acılarımızı, zorluklara rağmen başardıklarımızı ballandıra ballandıra anlatmayı seviyoruz. Ben şöyle güçlü kadınım, tek başıma çocuk büyütüyorum veyahut ben şöyle güçlü erkeğim, bütün aileme ben bakıyorum, hayatla savaşıyorum ama yenilmeyeceğim sözleri, insanların ne yazık ki gurur duyarak söylediği şeyler. Oysa bunlardan gurur duydukları ve ancak böyle kendilerini güçlü hissettikleri sürece, bu yazgılarını sürdürüp her zaman zorluklarla karşılaşacaklarının farkında değiller. Üstelik kimse de onlara bunun için bir apolet, madalya ya da herhangi bir ödül vermeyecek.

Oysaki gücümüzü kanıtlamak için zor deneyimlere ihtiyacımız yok ya da sonunda güzel şeylere kavuşabilmek için baştan acı çekmek zorunda değiliz. İyi şeyleri hak edebilmek için çok çalışmak, hep vermek, insanları mutlu etmek değil bizim görevimiz.

Allah'ın gözüne girebilmek için kendini sınavlara tabi tutup onları geçmene gerek yok. Sen, ben, her birimiz zaten O'nun ruhuyuz, gözünde olmaya neden ihtiyacın olsun? Yüce ALLAH seni koşulsuz seviyor, olduğun halinle, zaten seni senden iyi tanıyor, biliyor. O'nun gözünde hepimiz eşitiz. ALLAH da bizleri iyi-kötü diye ayırmadan seviyor, her deneyimin ruhun tekâmül etmesine yani öğrenmesine katkı olacağını biliyor. Seçimlerimize müdahale etmiyor. Ancak yüzyıllar içinde yolladığı kutsal metinler, kitaplar ve elçilerle, neleri yaparsak tekâmülümüzü uzatacağımızı, negatif yüklü karmalar yaratacağımızı, ruhumuzun o yaptıklarından sonra kendini suçlu hissederek cezalandıracağını anlatıyor.

İşte tüm bunlara rağmen hangi duyguyu yaşayarak öğrenmek istiyorsak buna uygun deneyimleri oluşturuyor ve rolleri dağıtırken kendi tekâmüllerine de katkı olacağını düşünen ruhlarla senaryolarımızı birleştiriyoruz. Örneğin bir ruh "Ben bu yaşamımda affetmek nasıl bir eylem, nasıl bir duygu? Bunu deneyimlemek, öğrenmek istiyorum." derse ruhsal ailesinden biri, ona olan sevgisinden, o ruhun bu deneyimi yaşayarak ruhsal bilgeliğine bir zenginlik daha eklemesi için bu role talip olur. Onu üzeceğine, kötü bir şey yaparak affetme duygusunu öğretmeye çalışacağına dair onunla bir kontrat imzalar. Muhakkak kendisi de bu rolden bir kazanım elde edecektir. Tekâmül yolculuğunda oyuna katılan herkes mutlaka öğrenir ve zenginleşir. Kazan-kazan olarak çalışan bu sistem kusursuzdur. Annenle, babanla, eşinle, sevgilinle öyle bir acı deneyim yaşarsın ki sistem senin o merak ettiğin duyguyu deneyimlemene olanak yaratmış olur. Tabii bu kontratlar doğum anından itibaren hatırlanmadığı için böyle bir durum yaşandığında büyük bir hayal kırıklığı, acı ve öfke hissedersin. Çok da normaldir bunları hissetmen; çünkü affedebilmen, affetmenin anlamını öğrenebilmen için zaten önce bu duyguların oluşmuş olması gerekir. Tüm yaşadığın zorluğa rağmen, sonunda o kişiyi bağışlıyor ve affediyorsan kendi tekâmülüne büyük bir katkı sağlayarak yükselişini gerçekleştiriyorsun demektir. O yüzden affet, özgürleş, hafifle ve yüksel sevgili dost! Bunu baştan planladığını, bu deneyimle ruhuna büyük bir evrim imkanı oluşturduğunu ve her şeyin tam da olması gerektiği gibi olduğunu bil.

NEGATİF DUYGULAR HİSSETTİĞİN KİŞİLER İÇİN YAPACAĞIN MİNİK BİR ÇALIŞMA:

Bu çalışmayı tek tek kişiler için yapmalısın. Yani bir anda negatif duygular hissettiğin tüm kişiler için değil. Bir kağıt ve kalem alarak o kişiye olan tüm duygularını, sana yaşattıklarını uzun uzun mektup yazar gibi üşenmeden yazmalısın. Bunu yaptığın ortam sessiz olsun ve kendinle baş başa ol. Yazmayı bitirdikten sonra kağıdı ister bir tencerenin içinde, ister bir tabağın içinde küle dönüşene kadar yak. Yakmadan önce de "(kişinin adı-soyadı)....... karşı olan tüm negatif duygularımın şifalanmasına niyet ediyorum. Onu ve kendimi affediyorum." diyebilirsin. Sonra bulunduğun yerin camını açarak küllerini dışarı savur. Şifa olsun, oldu bile!

SANA "YAPAMAZSIN" DİYENLER, YA BAŞARMANI SAĞLAMAYA ÇALIŞIYORLARSA?

Karma konusunu anlatırken bu konuya da bir vurgu yapmak gerektiğini düşündüm. Kuantum dünyası ile tanışmadan önceki kendimden, sonrasında ise seansa gelen yüzlerce danışanımdan bildiğim, duyduğum, gördüğüm şey yapamadıklarımız, beğenmediğimiz halimiz, sahip olamadıklarımız ya da sahip olduklarımız için hep başkalarını suçladığımız oldu. Öncelikle anne, baba, eş, sevgililer sonra kardeşler, atalar, toplum ve en derinde ALLAH'a kadar uzanan bir suçlamalar silsilesi... Sahip olmak istediğin şeyler neden olmuyor ve bunu değiştirmek için neler yapabilirsin? Kitabın ilerleyen bölümlerinde bu konuyu detaylıca anlatacağım. Fakat burada, karmayla bağlantılı olarak en büyük rehberlerin olan annen, baban, eşin gibi ruhların sana engel olmaya çalıştıklarında aslında nasıl da başarmana katkı sağladıklarını göstermek istiyorum. Haydi örnek bir yaşam hikayesi ile işleyelim konuyu!

Danışanım, yaşadığı hayattan çok şikayetçi bir halde gelmişti. Koltuğa oturduğu anda üzerindeki yaşam yorgunluğu, isteksizliği hemen belli oluyor; enerjisiyle bunu ilk dakikada hissettiriyordu. Omuzları yılgınlıkla çökmüş, bakışlarında "size bakıyorum ama sizi göremiyorum" ifadesi vardı. Aslında boyu oldukça uzun ve fiziği de gayet güzeldi, ama iki büklüm oturuşu onu olduğundan daha ufak tefek gösteriyordu. Üzerinde koyu renk ve onu oldukça ciddi gösteren bir döpiyes vardı, içinde de beyaz bir gömlek. Ama sanki bu kıyafet tarzı ona ait değildi, üzerinde eğreti duran bir hali vardı. "Çok isteksizim Anıl Hanımcım, uzun zamandır çalıştığım işime bile gitmek istemiyor, yaşamdan zevk almıyorum." oldu ilk cümleleri. "Bunun düzelmesi lazım yoksa işimi dahi kaybedebilirim. Hatalar yapmaya başladım ki ben kolay kolay hata yapan biri değilimdir." diye sözlerine devam etti. Özellikle vurgulayarak ve gururlanarak söylediği bu cümle aslında en büyük kapanlarından biriydi onun. Ancak biz, konuşarak terapinin çok az etkili olduğunu bildiğimizden, öncelikle konuyla ilgili kuantum alan çalışmasına başlar; sorunla bağlantılı olaylar, kişiler yani gerçek sebepler ortaya çıkmaya başladıkça yorum yaparız.

Danışanım büyük bir şirkette yönetici olarak çalışıyordu. Birçoğuna göre kazancı da statüsü de oldukça iyiydi. Tabii fazlaca sorumluluğu da vardı. Ancak yakındığı şey sorumluluk değildi. Yıllardır aynı şirkette oldukça başarılı olmasına rağmen ruhunda bir ses ona, oraya ait olmadığını fısıldıyordu. Bize en büyük sorununun isteksizlik olduğunu söylediği için bu duygusunun bilinçaltındaki sebeplerini bulmaya ve dönüştürmeye niyet ettik tabii ki çalışmamıza başlarken. Şimdiki zamandan başlar hep çalışmamız ve en derinlerdeki ilk sebep ne zaman oluştuysa oraya kadar kuantum alanda yolculuk yapar, geçmişe gideriz. Aslında danışanımızın en yoğun duygusu, isteksizlikten çok ait hissetmemekti. Bunu söylediğimizde çok şaşırmadı, çünkü kalbinin derinliklerinde bunun zaten farkındaydı ama kendine ve bize itiraf etmek zor gelmişti. Sonrasında kuantum alanın verdiği bilgiye göre on yedi on sekiz yaşlarındayken en büyük ideali bale yapmaktı. Kendisine, babası karşı çıktığı için üniversite tercihini onun onaylayacağı bir eğitimle değiştirip değiştirmediğini sorduk. Yine görmeye çok alışık olduğumuz şaşkınlık dolu bakışlarla, hiç konuşamadan, başıyla onayladı bizi. Alanın bu bilgiyi vermesi karşısında adeta donmuştu. Şaşırmasına iki şey sebep oluyordu: İlki biz bunu nasıl bulabiliyorduk, ikincisi ise yıllar öncesindeki bir olay, onun şimdiki sorununu hâlâ nasıl etkiliyordu? "Artık geçmişte kaldı. Ben yeni bir yol çizdim ve başarılı da oldum. Evet, babam istediği için işletme okudum ama sonuçta yöneticiliğe kadar yükseldim." demişti hep kendi kendine. Aslında bale yapmayı hatta dansın her çeşidini çok sevdiğini, dans ettiğinde ruhuyla bütünleştiği için tarifsiz bir mutluluk yaşadığını söylediğimizde, daha fazla dayanamayıp ağlamaya başladı. "Hep babamın yüzünden, bana inanmadı. Balede başarılı olacağıma hem inanmadı hem de 'Balerinlik gerçek bir meslek değildir. Senin statüsü, maaşı, zamanı belli olan ciddi bir işin olmalı!' diyerek sevdiğim şeyi aşağıladı." sözleri sinirle döküldü ağzından. Hayatı ile ilgili en önemli seçimlerinden birini yaparak kaderini şekillendireceği tam o anda babasını dinlemiş ve tercihini, ait hissetmeyeceği bir mesleki eğitime başlamaktan yana yapmıştı. Böylece kendinden vazgeçmişti. O, bu konuda sadece babasını suçlarken aslında kendi içindeki bir korkuyu yansıttığını fark etmemişti. Tekâmüldeki her şey zıddıyla vardır gerçeğine bağlı kalarak babasının "Yapamazsın!" derken aslında "Ortaya çık, engel tanıma ve başar!" dediğini de normal olarak anlamıyordu. Evrensel yasaları, tekâmülü, karmaları, geçmiş hayatları bilmeyen kişilerin birilerini suçlaması gayet doğaldır.

Konunun daha derin sebebine indiğimizde ise, geçmiş yaşantısında sirklerde akrobatik dansçı olarak çalışan biri olduğunu tespit ettik. Büyük bir gösterinin ortasında bir hata yaparak doğru hareketi yapamamış, hem kendisinin hem diğer dansçı arkadaşlarının düşmesine sebep olmuştu. İzleyenler tarafından şiddetli bir şekilde yuhalanmışlardı ve bütün sorumluluk kendisindeydi. Hata yapmıştı, eli kaymıştı; kendini, bedenini kontrol edememişti! O günden sonra kovulduğu için işini de kaybetmişti. Diğer dansçı arkadaşları da kendisini suçladıkları için ondan uzaklaşmışlardı. Yaşadığı hayal kırıklığı ile kendisine, yeteneğine küsmüş; bir daha işine geri dönmemiş, acı ve yalnızlık içinde, sadece geçimini sağlamak için bazı işler yapmış ve o şekilde hayatını sonlandırmıştı.

Bu hayatından getirdiği birçok korku, duygu ve inanç vardı. Birincisi, hata yapma korkusuydu. İkincisiyse dans ederse, kendi ruhundan gelen yeteneğini kullanırsa zarar göreceği inancıydı. Bu yüzden böyle meslekler de ona güvenli gelmiyordu, çünkü tek hatasının bedeli çok ağır olmuştu. Özellikle de yuhalanmak, dışlanmak bilinçaltında derin yaralar açmıştı. Babasının, sevdiklerinin, toplumun onayını ve sevgisini kaybetme korkusu da taşıyordu. Tüm bunların sonucunda daha kabul görür bir meslek seçmişti. İşte kendinden vazgeçmesinin en derin sebebi, ruhundan geleni seçerse geçmiş hayatındaki bu durumu tekrar yaşama korkusu idi. Böyle bir babayı, aynı duyguları tekrar yaşamamak adına kendi seçmişti. Ancak babası, tekâmülünde görmesi gereken önemli bir noktaya ışık tutuyordu: "Ben sana yapamazsın demiyorum, sen yapmak istemiyorsun ve bunu fark etmek için engelleyici bir baba faktörü seçtin." diyordu. Bu çalışmanın sonunda, bu hayatlardan aldığı tüm etkileri temizleyerek onu en büyük kapanından biri olan hata yapma korkusundan arındırdık. Zaten o hayatından alması gereken bilgelik; aslında kim ne yaparsa yapsın, ne söylerse söylesin kendi isteklerini gerçekleştirmek, hata yapma hakkına sahip olduğunu bilmek ve kendinden vazgeçmemekti. Geçmiş yaşamında bunu anlayıp yine dansa ve işine başka bir yerde devam edebilirdi. Ancak o, küsmeyi seçip egosuna yenilmiş ve özünden uzaklaşmıştı. Bununla bağlantılı olan tüm inanç ve duygularını iyileştirdik. İkinci seansında ise baba ile karma çalışması yaparak birbirlerine, içlerindeki korkulara nasıl aynalık yaptıklarını gösterdik ve aralarındaki ilişkiyi şifalandırdık. Danışanım işini bırakmadı, ama hobi olarak dans kursuna gitmeye başladı. Bunun onda yarattığı aidiyetlik duygusu hayat motivasyonunu o kadar arttırdı ki işindeki başarısının yanında, bir süre sonra hayatına aşk da dahil oldu. Çünkü parıldamaya başladı!

Sevgili dost, şunu iyi anlamalısın: Engellendiğin, üzüldüğün, sınandığın her konuyla ilgili senin bir yaşam dersin ve karman var; çünkü mutlaka o konuyla ilgili negatif bir yaşam tecrüben var. Buna istinaden aldığın her karar senin en büyük engelin ve sen bunu fark edip şifalanmayı seçtiğinde, o kararları değiştirdiğinde, kısacası kendi önünden çekildiğinde yaşamında mucizevi değişimler ardı ardına gelir. Hayatındaki kişiler farklı davranmaya başlar. Engelleyenler en büyük destekçine dönüşebilir, çünkü ruhuna söz verdiğin evrimi yaşıyor olursun. Uyanır ve başkalarını suçlamayı bırakıp kendi tekâmülünün sorumluluğunu eline alırsın. Allah daima iyileşmeyi, değişimi, gelişimi destekler ve bu konuda ilerlemeye karar veren, niyet eden herkese yol gösterir ve yardımcı olur; çünkü sen kendi devrimini başlatmış olursun. Nice danışanlarımın anne babaları, eşleri, sevgilileri, çocukları ile olan ilişkilerinin değiştiğini, şifalandığını görmek, beni her zaman çok mutlu etmiştir.

Sosyal medyada boy boy mutluluk fotoğrafları paylaşan insanların hayatlarına baktığında genel olarak mutsuzluğun, hüznün, acının hâkim olduğunu görürsün. Çoğumuz acıdan beslenmeye alışmış, sorunlara bağımlı hale gelmiş durumdayız. Biz ve atalarımız "Çok gülme, ağlarsın!" sözleriyle yetiştirilmiş nesilleriz. Bu sebeple azıcık mutlu olunca bile, kötü bir şey olacak korkusuyla daha fazla mutluluğu kendine çok gören bizler, bu yasaklayıcı hâkimlerin kendimiz olduğunu bile bilmiyoruz, fark edemiyoruz çoğu zaman.

Mutsuz olduğu halde sevdiklerini ya da tanımadığı kişileri bile mutlu, başarılı görmekten rahatsız olmayan, onlardan ilham alan, başarısına sevinen insanların sayısı maalesef çok azaldı. Artık ya saçma sapan eleştirilerle seni manipüle etmeye uğraşıyorlar, ya kendi doğrularını dayatarak onların yürüdüğü yoldan yürümeni sağlamaya çalışıyorlar, ya sorunları ile kafanı doldurarak enerjini çalıyorlar, ya da dertleşme bahanesiyle seni tüketiyorlar. Ancak onlar bu şekilde de tekâmüle hizmet ediyorlar. Nasıl mı? Sen, herkesin özgür iradesi yani daima bir seçeneği olduğu bilincine geçerek kendine ve onlara acımayı bıraktın mı? Gerektiği zaman "hayır" diyebilmeyi öğrendin mi? Kurtarıcının, sadece kendin ve ALLAH olduğunu içselleştirdin mi? Yoksa kendini görevli, kahraman zannederek mi yaşamaya devam ediyorsun? Yükselişin için gereken herkesi geride bırakmaya hazır mısın? Tüm bunlar gibi soruların cevaplarını nasıl verdiğini görmen için, bu tarz kişilerle sınanabilirsin; çünkü yaşam yolunda ilerlerken kendine adım attığın andan itibaren evren senin iradeni sorgulayacaktır. Hayatında her zaman, seni yukarıya çekmeye gönüllü, sana ışıkları ile ilham olanlar, bir de seni aşağı çekmeye, ilerlemeni durdurmaya çalışanlar aynı anda var olacaktır. Hep diyorum ya "Tekâmül zıddıyla var olur, pozitif varsa negatif de vardır. Önemli olan senin neyi seçtiğindir." İlerlemeye devam mı yoksa başkaları için yoluna ara mı?

Boşuna kendinden vazgeçme! Çünkü güzel dostum şunu bil ki başkaları için kendinden vazgeçmen, ne sana ne onlara fayda sağlayacak. Sadece kendinden çalmış olacaksın. Öncelikle şunu anla ki iyileşmek istemeyeni iyileştiremezsin. Mutlu olmayı seçmeyeni, saatlerce konuşsan da mutluluğa ikna edemezsin. Ne yaşarsak yaşayalım, geçmişte kim olursak olalım hepimizin, "şimdi"de kim olmayı seçme hakkımız, birçok olasılığımız ve potansiyelimiz var. Ama kişi bunu görüp yaşamına yeniden yön vermeyi seçmiyorsa, buna cesaret edemiyorsa ne yazık ki senin elinden hiçbir şey gelmez. Anlık faydalar sağlayabilirsin belki onlara, kısa vadeli çözümler üretebilirsin ama bir süre sonra, o kişilerin yine benzer sorunlar ve sıkıntılar içinde olduğunu görürsün. Bir kişi, sorunuyla ilgili bakış açısını dahi değiştirdiğinde hayatı yerinden oynar, büyük değişimlere uğrar. Ama alışkın olduğu yolun dışına çıkmak, başka yollar olduğunu görmek ve kabul etmek, sorumluluk ve azim istediğinden, bazılarına zor gelebilir.

Toplumda sanki her şeyi belli bir sırayla yapmaya zorunluymuşuz gibi, bir takım beklentilerle karşı karşıyayız. Önce okulunu bitirmen beklenir. Sonra işe başlaman... Mümkünse biraz birikim yapman. Bunların ardından evlenmen ve çocuk sahibi olman istenir çevren tarafından. Çocuğun olur, "İkinci çocuk ne zaman? Sakın yalnız bırakma!" derler. Bu böyle sürer gider. Halbuki evlen diyen kişilerin çoğu, kendi evliliklerinde mutsuzdurlar. Eşiyle aralarında aşktan, tutkudan eser olmayan bu insanların ilişkilerinde sevginin bile olmadığını, sadece alışkanlık ve düzenin var olduğunu görürüz. Bu çiftlerin enerjilerini harcadıkları en büyük eylem ise birbirlerine tahammül etmeye çalışmalarıdır. Bu gerçeklerin patlak verdiği anlarda kopan büyük kavgalar, artık onların rutinleri arasındadır. Buna rağmen yine de "İlla ki evlen!" diyorlar. Neden biliyor musun? Aslında burada amaç, "Ben evlendim mutsuz oldum, sen de evlen mutsuz ol." değil elbette. "Sen de evlen ki tek başına olmanın çok da keyifli olabileceğini fark etmeyeyim. Çünkü ben yalnız kalmamak için evlendim veya başlarda eşimi seviyordum üstelik; ama sonra yalnız kalmamak için düzenimi bozmadım, bozmuyorum. Şimdi sen bana yalnızken de mutlu olunabileceğini, hatta benim yaşamımdan daha iyi bir hayat sürülebileceğini gösterirsen ben nasıl baş edeceğim bununla?" İşte bu sebeplerden kendi seçimlerine ikna etmeye çalışırlar etraflarındakileri. Korktukları, mutlu olmanın zamanında cesaret edemedikleri başka bir yolu olduğunu görmektir. Bir iş yeri açmış ve iflas etmiştir mesela. Sana da "Açma, batarsın!" der; zira açıp da başarılı olursan o zaman "Demek ki ben başaramadım, isteyen başarıyor." demek zorunda kalacaktır, hem de en yakınındaki örnek gözünün içine bata bata! Şartları, ekonomiyi, doların yükselişini suçlayamayacaktır. İşte bu durumu ne yazık ki herkesin yüreği kaldırmıyor. Kişi, başına gelenden sorumlu olduğunu kabullenmek istemiyor. Halbuki kabul ettiğinde tekâmül edeceğini ve kendine daha iyi olasılıklar yaratabileceğini bilmiyor. O iş yerinin batmasında negatif duygusunun, inancının, düşüncesinin, paraya olan bakış açısının olduğunu fark eden kişi, bunları iyileştirerek çok daha iyisini yapabilir.

Her birimizin en büyük sınavı kendi olmakla ilgilidir. Bu yüzden senin dünyandaki her şey, pozitif ya da negatif şekilde bile olsa gelişimine, ruhsal evrimine hizmet eder. Seçimler sana aittir. Yaşamındaki herkes ve her durum, bir şekilde bu sürecin bir parçasıdır. Tesadüf, rastlantı, şans ya da şanssızlık gibi şeyler yoktur. Kişi inandıklarını yaşar ve evren, bu inançların olumlu mu olumsuz mu olduğuna bakmaz. Sana içindeki seni verir, bunu yansıtacak, ayna olacak ya da seni sınayacak kişiler gönderir. Sen, sen ol sevgili okurum, kendinden sakın vazgeçme! Hiç kimseyi kendinin önüne koyma, kendinden çok önemseme! Toplumu, başkalarını, onların doğrularını bırak! Elalem ne der hapishanesinden çık! Elalemi, sevdiklerini farkında olmadan putlaştırma! Kimseye haksızlık yapmadıktan sonra, Allah seni dilediğin gibi yaşamakta özgür bırakmışken ve iç sesin aracılığı ile rüyalarınla sana defalarca bunu hatırlatmaya çalışırken senin başkalarını dinlemen neden? En sevdiğine bile en büyük faydayı ancak KENDİN olarak sağlayabilirsin, senin sandığın şekilde saçını süpürge ederek değil. Ona mutlu olmayı, kendin mutlu olarak öğretebilirsin. Mutsuz annelerin çocukları, anneleri onlar için her ne fedakârlıkta bulunursa bulunsun, yaşamlarında ne yazık ki mutlu olamamaktadırlar. Ya özel hayatlarında, ya mesleki hayatlarında ama mutlaka bir alanda annelerini takip ederler. Oysa sen lider olursan yani kendini mutlu edecek bir hayat sürersen, çocuğuna ve herkese gerçekten mutluluk diye bir şeyin var olduğunu ve ona nasıl ulaşıldığını gösterebilir; iyi bir rehber, önder olabilirsin. Lütfen ilerlemeyi seç, mutlu olmayı seç, yükselmeyi seç, ilham olmayı seç! Bunu, ister emekleyerek yap, ister yürüyerek, istersen koşarak. Herkesin hızı kendine göredir. Ama mutlaka adım at! Yeterince yerinde saydın zaten, hatta kimi zaman geriledin. Bu kadar zorluk, bu kadar acı, bu kadar kendinden sürgün yeter sana. Vaktini kendine ada ve sonuçlarını mucizelerle yaşa... Ait olduğun yegâne yere, ruhuna geri dön!

İNSANIN ÜÇ BOYUTLU YAPISI: RUH-BEDEN-ZİHİN

İnsan dediğimiz, ne sadece bazılarının sandığı gibi bedenden oluşur, ne de bazı mistik olduğunu söyleyenlerin sandığı gibi ruhtan. İnsan üç boyutlu bir varlıktır: ruh, beden ve zihin. Dünyayı deneyimlerken hiçbirini yabana atamayız. Özellikle son dönemlerde, insanların bu konuda gruplara ayrıldıklarını görüyorum. Bir grup, işin sadece maddesel boyutu yani bedensel boyutu ile ilgilenmekte, soyut şeylere çok inanmamakta ve dünyevi hırslarına, bedenlerinin arzu ve ihtiyaçlarına göre yaşamaktalar. Kendini spiritüel gören bir diğer grup ise insanı sadece ruh sanmakta, dünyevi hiçbir şeye, bedensel hazlara hiç önem vermemektedirler. Ruhsal dünyaya yeni adım atan çoğu kişi bu tuzağa ne yazık ki düşmektedir. Kuantum eğitmeni olarak uzun bir süre çalıştığım kurumdan ayrılıp kendi ofisimi açmaya karar verdiğim zaman çok heyecanlıydım. Bin bir hevesle, her şeyiyle kendim ilgilenerek açtım halen çalışmalarımı devam ettirdiğim merkezimi. Ancak açtıktan sonra çok büyük sıkıntılar yaşadım. Para kazanmıyordum. Seans isteyenler vardı ama gelen taleplerin hemen hemen yarısından fazlası ücretsiz çalışmalar istiyordu. Ben de kıramayıp herkesi kabul ediyordum. Hatta bazılarına, seanslardan sonra okusunlar diye kitaplarımı ödünç veriyordum. Hiçbir kitabım geri gelmedi ne yazık ki. Ofis, yarım yamalak kazanılan paralarla dönmüyordu. Çünkü aybaşı oldu mu; faturalar, kira, stopaj, vergi vs. üst üste geliyordu. Üstelik benim öyle birikmiş bir sermayem de yoktu. Biriktirdiğim bir miktar para vardı, ama o da ofis açılış masraflarından sonra en fazla iki üç ay dayanabilecek kadardı. Üçüncü aydan sonra borç yapmaya başlayınca "Bu işte bir tuhaflık var." dedim. "Neden para kazanamıyorum?" diye düşündüm ve kendime bir çalışma yaptırdım. O dönem ruhsal yeteneklerim de oldukça artmıştı. İşimle o kadar yoğundum ki her bulduğum fırsatta da değişik workshoplara katılıyor ve spritüel kitaplar okuyup filmler izliyordum. Bunlar elbette faydalı şeylerdi, ama bende bir ikaz lambası yanmaya başlamıştı. İzlediğim yolda sanki bir hata vardı. Böyle giderse ofis kapanacaktı.

Kuantum alanda yapılan bir çalışmayla fark ettim ki ben, şifa verdiğim yani ruhsal olduğunu düşündüğüm bir iş ile maddesel olan para kazanmayı birleştiremiyor, hatta kendime yakıştıramıyordum. Başka birinin yanında çalıştığımda, maaşlı olduğum için, bilincim bunu sorun haline getirmemişti. Ama şimdi bütün sorumluluk bende olup da çok para kazanma şansını yakalayınca korkmuş ve ruhsallığa sığınarak, parayı yaşam alanıma almamaya başlamıştım. Bu yüzden, para vermeden seans almak isteyenlere çekiliyordum. Yalnız ne yazık ki kıymet de bilinmiyordu. Çünkü sonradan öğrendim ki bedava olan şeyler çoğu kimseye (elbette herkese değil) değerli gelmiyordu. Ben iyi bir şey yaptığımı zannederek aslında dengeyi bozmuştum. Maddeselliği dışlamaya başladığım için tüm hayatım allak bullak olmuştu. Oysaki işin şu tarafı da vardı: Birine bedava bir şey verdiğinizde, kendini size borçlu hissetmeye başlayabiliyordu. Evrende her şey bir denge üzerine kuruluydu. Ruhsal ve maddesel denge, dengelerin en önemlisiydi. Çok şükür ki o seansla hem idrakim hem enerjim değiştiği için bu sorunu geride bıraktım.

Bizler, bedeni giysi olarak kullanan ruhsal varlıklarız. Ancak nasıl ki dışarıya çıplak çıkamıyorsak beden olmadan da dünya üzerinde var olamayız. Bu sebeple hem ruhumuzun hem bedenimizin ihtiyaçlarını karşılamalıyız ve bu konuda bize dengeyi sağlayacak zihnimizle de sağlıklı iletişim kurmalıyız. Akıl bizim en büyük hazinelerimizden biridir. Sezgilerimizle, aklımızı ve arzularımızı orta yolda buluşturmalıyız.

Şunu da bil ki sevgili okurum, aslında dünyada ne varsa hepsi zaten ruhsal. Çünkü her şey YÜCE YARATICI'dan yani BÜYÜK RUH'tan gelen ilhamla yapıldı, icat edildi; para da dahil. Bir değiş tokuş aracı olan para, icadından bir süre sonra araç olmaktan uzaklaştırılıp amaç haline getirilince bazılarımız ona tepki gösterir olduk, kirli bir şey olduğuna karar verdik. Oysa onu kirleten insandı. Yani kötü olayların gerçek sebebi para değil, insanın öz varlığındaki sevgiden uzaklaşması ve duygusal yoksunluklar içine düşmesiydi. Bu yüzden de çözüm, paranın ortadan kalkması ile değil, herkesin sevgiyi hatırlaması, yaşaması ile gerçekleşecektir.

İlişkiler, aşk, cinsellik ve para bazen sadece dünyevi gözükse de hepsi ruhsaldır. Ancak herkesin bunlara verdiği anlam, bakış açısı, önem farklıdır. Ruhunu katarak denge içinde yaptığın her şey sana olumlu geri dönüşler sağlar. Bir şeylerin aşırı olması kadar hiç olmaması da doğru değildir. Yani dünyada olgunlaşmak için ıssız bir adaya gidip günlerce meditasyon yapmana gerek yok. Allah senin dünya hayatına katılmanı, üretmeni istemese seni bir amip olarak yaratırdı. Sen aklınla, ruhunla, bedeninle, yeteneklerinle var olmak; üremek, üretmek, yaratmak, mutlu olmak, haz almak, kendini keşfetmek için geldin dünyaya. Bunun için de hepsini dengeyle kullanacaksın yaşam yolculuğunda.

BİLİNÇ NEDİR, NASIL BİR GÖREV ÜSTLENMİŞTİR?

Doğduğumuz andan itibaren, beş duyumuzla algılayarak oluşturduğumuz günlük yaşam aktivitelerimizi, yaşamsal fonksiyonlarımızı, beynimizle iş birliği içinde planlayıp sürdürdüğümüz yer, zihnin bilinç dediğimiz kısmıdır. Eleştiren, yargılayan, neden-sonuç ilişkileri kuran, karar veren, muhakeme eden taraftır. Ben, bilinci buzdağının görünen kısmı olarak tanımlarım. Düşünceler zihinde depolanır ve istediğin hayatı yaratmanın sırrı, zihnini hayaline odaklamaktır. Fakat biz zihnimizi daha çok, güvende olmak adına kullanıp mucizelerini fark edemiyoruz. "Yaratım Gücü" bölümünde, zihnini bilinçli farkındalıkla hedefine odaklayarak istediğin sonucu nasıl elde edeceğini anlatacağım. Fakat önce zihnin yapısını anlamanı istiyorum. Bu kitapta edindiğin her farkındalık, yaşamına dönüşüm olarak yansıyacak.

Özellikle bırakman gereken kalıpların en önemlilerinden biri olan yargılama eylemi, bilinçte gerçekleşir. Doğru-yanlış, iyi-kötü, güzel-çirkin gibi yargılar bilincin ürünüdür. Yani sana göre güzel olan bana göre olmayabilir. Senin doğrun benim doğrumla belki bir değildir ve bu birimizi haklı, diğerini haksız; iyi veya kötü yapmaz. Eğer sen, sadece kendi fikirlerinin doğru olduğuna, yalnızca senin güzel bulduklarının şahane olduğuna inanırsan insanlarla aranda büyük bir ayrım yapmış olursun. Savaşların ve anlaşmazlıkların en temel sebeplerinden biri budur ve artık bunun değişmesi gerekiyor sevgili okurum. Çünkü böyle yaparak hem bireysel olarak kendine hem de kolektif bilince yani evrensel bütünlüğe zarar veriyorsun, bilerek ya da bilmeyerek. Doğrular, yanlışlar, iyiler, kötüler; olaylara, durumlara, kişilere göre değişebilirler. Ne insanlar senin fikrine, ne sen onlarınkine uyum sağlamak zorundasın. Sadece saygı duymalısın. Farklılıklara saygı gösterdiğinde, aslında kendine de izin vermiş olacaksın. Ne alaka dediğini duyar gibi oldum. Kendi düşüncen dışında başka bir düşünceye saygı gösterdiğinde, kendine de düşünceni değiştirebilme, olaylara geniş açıdan bakabilme hakkı tanıyacaksın ve bu, gerçek bilgeliktir. Düşüncede direnmek, sabitliktir ve çoğu zaman faydadan çok zarar verir. Yeniye açık olmak, sana büyük ve bambaşka olasılıkları getirir, vizyon katar, perspektifini genişletir. Her şey senin düşündüğün gibi olmayabilir.

Bilinçten gelen uyaranlar yani yaşanmışlıklar karşısında hissedilen duygular ve bilincin uygulamaya koyma emri verdiği kararlar bilinçaltında yer alır. İkisinin arasında sürekli devam eden bir alma-verme döngüsü söz konusudur. Bilinçaltı, zihin arşivimizin saklı olduğu en önemli bilinç alanı olduğu için onu ayrıca anlatacağım. İkisi arasındaki ilişkiye dönersek, birçok bastırılmış duygu, unutmak veya yok saymak istediğimiz anılar bilinçaltına depolanır. Ancak bir süre sonra bu bastırılan duygular, er ya da geç tekrar bilince çıkar. Baskılama şiddetine ve olayın, travmanın yarattığı etkinin büyüklüğüne göre birtakım psikolojik (panik atak, anksiyete, manik depresif vb.) rahatsızlıklar eşliğinde de geri gelebilir. Asıl yapılması gereken, bilinci serbest bırakmak ve hissettiğimiz duygu her ne ise -acı, hayal kırıklığı, korku, endişe, öfke- biriktirmeden yaşayarak tüketmektir. Duygulardan kaçmak, bunları bastırmak, yok saymak, sağlıksız bir bilinçaltına ve sonuçta da sağlıksız bir ruh haline sebep olarak ömrümüz boyunca yaşam kalitemizi düşürecektir. En sonunda da psikolojik ve fizyolojik hastalıklara dönüşeceklerdir.

Hayatının yönetmeni sensin.
Senaryonu değiştirme yetkisine sahipsin.
Yaşantından memnun değilsen
belki artık başka bir filme geçmelisin.

BİLİNÇALTI

Bilinçli zihne, doğduğumuz andan itibaren sahip oluruz fakat bilinçaltımız, anne karnına düştüğümüz andan itibaren gelişmeye başlar. O anda ses kayıt cihazının "play" tuşuna basar gibi kayıt alma işlemini başlatırız. Olumsuz anne baba ilişkisi, annenin kaygıları, korkuları, yalnızlık gibi negatif duyguları, babanın bebekle ilgili his ve tutumları, özellikle istenilen bir bebek olup olmaması ya da kız ve erkek beklentileri, hamilelik sürecinde yaşanılan ciddi hastalıklar ya da kazalar, bebeklerin bilinçaltını yoğun derecede etkiler. Elbette geçmiş yaşamlarımızdan getirdiğimiz duygusal blokajlarımız da bilinçaltımızda mevcuttur. Fobilere dönüşen korkularımız, buradaki anılardan kalan duyguların eseridir. Bilinçaltı, ucu bucağı olmayan dev bir kütüphane gibidir; ilk kez dünyaya bedenlendiğin hayatından, şu ana kadar yaşadığın her durumu, duygular eşliğinde kayda alır ve kütüphaneye yerleştirir. Bilinçaltı sınırsızdır. Örneğin bir odaya girdin, beş dakika boyunca odanın içinde neler var diye baktın ve odadan çıktın. Bir saat sonra sana "Odada neler vardı?" desem, gördüklerinden bazılarını söylersin; birkaç gün sonra sorsam, ilk söylediklerinin ancak yarısını hatırlarsın ki bu çok doğaldır. Zihin, rahatlamak adına kendini sürekli boşaltır. Ancak sana hipnoz yaparak zihnini devreden çıkarsam ve bilinçaltına bağlansam, ne kadar zaman geçmiş olursa olsun odadaki her şeyi sayabilirsin. Çünkü bilinçaltındaki bilgiler asla kaybolmaz, olaylar yok olmaz. Danışanlarımıza yaptığımız bilinçaltı çalışmalarımızda, olayların ve kişilerin bıraktığı izler, duygular, negatif inançlar temizlenir, dönüştürülür.

Kişiler, birbirleriyle konuşarak iletişimi bilinçli zihinleri ile kurarlar. Ancak bilinçaltlarımız, sadece duygularla iletişim kurar ve söze gerek duymaz. Birine kızgınlık hissediyor ve bunu ona söylemiyor olsan bile, bilinçaltın ona bu duyguyu, yine onun bilinçaltı vasıtasıyla mutlaka aktaracaktır. Bu yüzden gerçek duygular hiçbir zaman saklanamaz. Sadece saklıyor rolü yaparız, sakladığımızı zannederiz. Karşı taraf da bilmiyormuş oyunu oynar, eğer kendisine karşı hissettiğin duygular onun işine gelmiyorsa. Elbette sadece negatif değil, sevgi gibi pozitif duygularımızı da bilinçaltımız kanalıyla karşımızdakine hissettiririz. Yalnız bizler değil hayvanlar da bu alandan beslenirler. "Kedi, duraktaki onca kişinin arasında hemen benim yanıma geldi. Sevildiğini anladı galiba!" gibi cümleler, bu gerçeğin kanıtıdır.

Bir de kolektif bilinçaltı vardır, buna toplumsal bilinçaltı da denir. Doğduğun bölgede ve ülkede yaşayan insanların, geçmişten bugüne kadar beraberce yaşadıkları tüm duygulara, bu alan kanalıyla erişiyoruz. Buna milliyetçi duygular dahil olduğu gibi, ne yazık ki yaşanmış kötü olaylar sonucu oluşan korkular, çaresizlikler yani kısacası negatif duygular da dahildir.

Bilinçaltımızda saklı duran korkularımızın, duygularımızın ve bunlara bağlı olarak aldığımız kararların çoğu zaman farkında olmayız. Egomuzun hamuru bilinçaltımızdır.

Ego, başlı başına önemli bir konu, bu yüzden onu ayrıca anlatacağım. Şimdi sana, bilinçaltının önemini anlatan bir danışan örneği aktaracağım:

Danışanım, "Sevgilim beni sevmiyor, ayrılmak istiyor, çok çaresizim, onu çok seviyorum, neden ilişkilerim hiçbir zaman evlilikle sonuçlanmıyor? Daha önceki ilişkilerimde de hep yarı yolda bırakıldım; hem de anlayamadığım sebeplerle, daha doğrusu sebepsizliklerle." sözlerini, artık bu durumdan bıkmış bir yüz ifadesi ile anlatmıştı. "Bu kısır döngüyü neden yaşıyorum? Lütfen bana yardımcı olun!" diyerek ona yardımcı olmamızı istiyordu. Hemen kuantum alan çalışmasına başladık elbette. Ne yazık ki bu ilişkisine de "Acaba bu da ansızın biter mi?" korkusuyla başlamıştı, alanın verdiği ilk bilgi buydu. "Evet, doğru." dedi. "Çünkü daha önceki iki ilişkimde de terk edildim." Öncelikle şunu bilmelisin ki sevgili okurum, korktuğun şeyi yaratırsın. Zaman yolculuğumuzda diğer ilişkilerinde de terk edildiği anlar bir bir ortaya çıktı. Ancak ilk ilişkisine bile "Ya ayrılırsak, ya beni istemezse..." duygusuyla başladığı açıktı. "Evet, nedenini bilmiyorum ama çok seviyordum, ya bir gün beni istemez de bırakıp giderse ne yaparım diye aklımdan geçiriyordum hep." dedi. Esas kilit noktasına, bilinçaltında daha derine giderek ulaştık. Annesi kendisine hamile olduğunu öğrendiği anda, küçük bir bebeği daha olduğu için onu istememişti. Aldırılmaya karar verilen bir bebekti. Ancak son anda annesi kıyamamış ve doğurmaya karar vermişti. Yine de tüm hamileliği boyunca iki çocuğa nasıl bakacağını düşünüp kaygılanmış ve bu hamileliğin çok zamansız olduğunu düşünmüştü. Bu bilinçaltı kaydını söylediğimde danışanım birden "Aaaa, evetttt! Annem bunu bana hep anlatır ama ben, ilişkilerimdeki sorunun bununla bağlantılı olduğunu hiç düşünmemiştim." sözleriyle beni onayladı. Evet, sevgili danışanımın kader duygusu "istenmemek" idi. Bu duyguyu, hem anne karnında hem de doğumdan sonraki süreçte ailesinden alıp bilinçaltına kaydetmişti. Bu yüzden, onu istemeyecek kişileri yaşam alanına kabul ediyordu. İsteyen biri olsa dahi danışanımın "Nasılsa elbet bir gün beni istemeyecek!" inancı ile yaydığı enerji, onu bu sona farkında olmadan hazırlıyordu. Biz alanı temizledik ve anne karnında şifasını gerçekleştirdik. Yaşadığı şeyin gerçek sebebini görmek, fark etmek bile terk edilmenin kaderi olmadığını anlamasına yetmişti.

Bilinçaltı doğru kullanıldığında, size istediğiniz her şeyi verebilecek sihirsel bir alandır; çünkü tüm evrenle, Allah ile iletişim halindedir. Temiz bir bilinçaltı, evrenden sık sık ilham alır ve kişi, aldığı ilhamı bilincine taşıdığında o şey gerçek olur. Görünmeyeni görünür kılmak dediğimiz şey tam olarak budur. İstediğimiz şeyleri nasıl yaratırız konusunu daha sonra detaylı anlatacağım. Ancak şunu bilmeni isterim ki dileğin her ne ise, bununla ilgili bilinçaltında negatif bir inanç, blokaj yoksa yirmi bir günlük bir programlama sonrasında bilinçaltı ve bilincini iş birliğine sokarak o şeyi yaşamına dahil edebilirsin.

EGO

Tam bir şeylere adım atacakken, yeni bir karar alacakken, kabuğunun dışına çıkacakken, kulağına bir ses fısıldar: "Yapamazsın, başaramazsın, yapacaksın da ne olacak, elindekini de kaybedeceksin." ve daha birçok olumsuz cümle... Ve kalakalırsın öylece. Bazen geri adım atarsın, bazen de yerinde saymaya devam etmeyi seçersin bu zihinsel konuşmalar neticesinde. Araf halidir bu aslında, ne oradasındır ne de olmak istediğin yerde.

Bazı kişiler içinse durum tam tersidir: "Bir tek sen yaparsın, bu sadece senin başarın, sen değerlisin diğerleri beş para etmez, sen çok akıllısın onlar aptal, sen olmazsan onlar bir hiç, en iyi sensin..." ifadeleri çınlar kulaklarında. Uzar gider bu kibire bulanmış kelimeler, cümleler... Ve yine bazen fısıldar sana masumca "Sen suçlusun, sen değersizsin, mutluluğu hak etmiyorsun, sen şanssızsın, başarısızsın, sevilmiyorsun, yapayalnızsın..."

Kimdir bunları söyleyen? Beyninin içinde konuşup duran o ses, kimin sesidir? Ne zaman gelip kafanın içine yerleşmiştir? Davetsiz bir misafir midir kalkıp gitmek nedir bilmeyen? Sensin bu misafir! Senin sahte benliğin, aslını yani özünü ortaya çıkarmamak için taktığın masken, doğru bildiğin yanlışların, öğrenmiş olduğun yanılgıların, yargıların, sınırların, inanç kalıpların, kısacası hayatının gerçek vampiri, kaderinin yöneticisi, hilecisi, oyun kurucusu olan EGON...

Çoğu kişi gibi belki sen de egoyu ya da egolu olmayı, sadece kendini beğenmiş, bencil, başkalarını önemsemeyen biri olmak zannediyorsun. Elbette bu da egonun bir çeşididir; ama sadece bu değildir, bu kadar değildir! Aşırı mütevazılığın da bir ego yansıması olduğunu söylesem, bakış açını biraz genişletebilir miyim?

Nasıl biri olduğunu keşfetmen için,
önce nasıl biri olmadığını anlaman
gerekir bazen.

ÖZ-EGO

Ego, özünü yani aslını ortaya çıkardığında zarar göreceğine inandığın ve onu saklamak adına oluşturduğun ikinci kimliğindir. Peki, öz nedir? Öz, annenin karnından çıkıp yaşama "merhaba" dediğin andan itibaren, çocukluğunun ilk yıllarında daha çok hâkim olan, senin Tanrısal tarafındır. Ruhunla iş birliği yapan, Allah'ın sana verdiği sevgiyi ve armağanları bilen, taşıyan, O'nunla bir olan gerçek sendir. Seni sen yapan her şey, özünde kayıtlıdır. Öz, her koşulda değerli olduğunu bilen, mükemmelliğinin farkında olan, istediği her şeyi yapabileceğine inanan ve hayatı koşulsuzca deneyimlemek isteyen yanındır. Özüyle bir olan kişi, ruhuyla dans edercesine yaşar hayatı; keyifle ve coşkuyla, yaşamın armağanlarını kucaklayarak, kendini olduğu gibi severek ve sadece sevdiği şeyleri yaparak. O sebeple çocukları mutlu görürsünüz. Sadece oyun oynamak, eğlenmek isterler. Büyük hedefleri yoktur, an'da mutludurlar. Heyecan peşindedirler ve sınırsızca kahkaha atarken "Kim ne der?" diye düşünmezler. Ta ki ilk egosal kayıtlarını oluşturmaya başlayıp insanları umursamaya, onlardan zarar göreceklerine inanmaya başladıkları zamana kadar…

Danışanım, "Beni kimse anlamıyor. İlişkilerimde iletişim problemim yüzünden sorunlar yaşıyorum. Anlatmak istediklerimi sanki anlatamıyorum, A diyorum ama Z anlaşılıyor. Bu yüzden artık kendimi ifade etmek bile istemiyorum." demişti bu sorundan bıkmış bir ses tonuyla. Siyah kalın kaşları çatık bir haldeydi. Koltuğa adeta gömülürcesine oturmuş, çantasını yere sinirle bırakmış, yumruk yaptığı elini çenesinin altına koyup kolunu da koltuğun yanına dayamış öylece benim onu anlamamı bekler bir halde oturuyordu. Tiroit rahatsızlığı yaşıyordu. Bu bizim için şaşırtıcı bir durum değildi elbette. Çünkü tiroit; kendini, duygularını ve düşüncelerini, herkese olduğu gibi ifade edememekle bağlantılı bir hastalıktır. Danışanımın, insanlarla arasına bir mesafe koyduğu, beden dilinden de anlaşılıyordu. Artık anlaşılamamaktan sıkılmış ve onlardan uzak durma kararı almıştı. Yaşadığı acıları ya da üzüntüleri bile kolay kolay kimseyle paylaşmıyor ve kendi başına çözmeye çalışıyordu. Bu haliyle de mutlu değildi; çünkü özünde, insanlarla bir arada olmayı seviyordu. Bilinçaltına bakmaya başladığımızda, bunlar bir bir ortaya dökülmeye başladı. Anlaşılmadığı için kendini yapayalnız hissediyordu, dünyada bir başınaymışçasına... Sorunun esas sebebine gittiğimizde kuantum alan bize, çocukluk dönemine ait bir bilgi verdi. Kendini ifade ettiği bir anda beklemediği bir tokat yediğini söylediğimizde, danışanımız birden geçmişe dönmüş ve o anları hatırlayarak anlatmaya başlamıştı bile. Çocukken çok neşeli, bıcır bıcır bir kız çocuğuymuş. Yaklaşık beş altı yaşlarında, bir akşam evlerinde ailesinin yakın dostlarıyla yemek yerken onu çok güldüren, eğlendiren babasının arkadaşı olan bir beyefendiye "Amca, sen ne kadar şapşalsın." demişti. Aslında "Şapsalsın." derken, "tatlısın, eğlencelisin, beni güldürüyorsun" demek istemişti. Ama çocuk aklıyla "şapsal" kelimesini kullanmıştı. İçinde hiçbir kötü niyet yoktu. Kendini olduğu gibi ifade etmişti. Ancak bunu der demez, babası, ağzına şiddetli bir tokat atmış ve "Sen ne biçim konuşuyorsun amcanla!" diye çıkışmıştı. Birden şok olmuştu ki buna amigdala sıçraması denir. Amigdalamız, beynimizin en küçük ve en ilkel parçasıdır, duyguların merkezidir; ve ani olaylar karşısında, yaşamsal bir tehdit hissederek güvende olmadığı zannına kapılır. Buna amigdala sıçraması adı verilir. Hemen, güvende olabilmek, hayatta kalabilmek adına, beynin diğer ilkel parçası olan ve karar merkezi görevini üstlenmiş sürüngen beyne uyarı sinyalleri gönderir. Amigdala, sadece yaşamı devam ettirmeye, güvende olmaya odaklıdır. Mutluluk ve haz onun için elzem duygular değildir. Sürüngen beyin ise aldığı uyarılarla amigdala ile iş birliği yaparak, ona kendini güvende hissettirecek yeni kararlar alır. Örneğin bu danışamızda o anda oluşan kararlardan biri, "Bir daha kendini olduğu gibi ifade etme!" olmuştu. Evet, o güne kadar babasından fiske yememişti ve babasının onun canını acıtabileceği gerçeği ile karşılaşmıştı. İlk egosal kalıbı, "hayatta en yakınlarına bile güvenme, yeri geldiğinde canını acıtabilirler" olmuştu. İkinci kalıbı, "kendini doğal bir şekilde ifade edersen yanlış anlaşılırsın, zarar görürsün" idi. Üstüne üstlük kendini suçlu hissetmiş, babasını ve bahsi geçen beyefendiyi utandırdığını düşünmüştü. Öyle ya, o güne kadar kendisine el kaldırmamış babası, böyle bir olay yüzünden ona vurduysa demek ki çok kötü bir şey yapmıştı. Hata yaptım – ben suçluyum inancı, kişinin bütün hayatını, ilişkilerini farkında olmadan sabote edebilen yegâne inançların başında gelir. Üçüncü ve belki de en önemli kalıbı, "hata yaparsam sevilmem, sevdiklerimi kaybederim" inancıydı. Tüm bu inançları, zamanla yaşadığı benzer deneyimlerle de perçinlenerek danışanımızın bugün bize gelmesine sebep olan sorunlarını yaratmıştı. Çalışmasında çıkan verilere hayretle eşlik etmiş ve biz kuantum alanda gerekli değişimleri yaptıktan sonra, çatık kaşları normal bir hale gelmiş, suratında ise rahatlamış bir ifade oluşmuştu. Gözlerinde yeniden yaşam çoşkusu okunmaya başlanmıştı, çünkü artık bu sorunu tekrar yaşamayacağının derin farkındalığı içindeydi.

Negatif inanç tohumları bilinçaltına bir kez ekilmeye başlandıysa, mutlaka benzer benzeri çekecek ve kişi o inançları pekiştireceği deneyimleri yaşamaya devam edecektir. Bu egosal kimliğin oluşum sürecidir. Bir süre sonra ego genelleme yapmaya ve bazen bazı konuları çarpıtmaya başlayacaktır. Kendini haklı çıkarmak adına, deneyimleri bile değişik algılamanı sağlamaya çalışacaktır. Bu danışan örneğinde de gördüğün gibi sevgili okurum, işte özünle hareket edip sonunda zarar gördüğüne, acı çektiğine, hayal kırıklığına uğradığına inanan herkes, her birimiz, kırılmamak, incinmemek, zarar görmemek adına ikinci bir kimlik oluştururuz ki buna ego denir.

Ego aslında seni sen olmaktan alıkoyan, ruhunun sesini baltalayan, ben ve biz dengesini görmeni engelleyen bir kişilik parçasıdır. Sadece bencil olmak değil; değersizlik, suçluluk, hak etmeme, yalnızlık gibi pek çok duygu da egonun eseridir. Bu anlattıklarıma bakarak egoyu, ortadan kaldırılması, yok edilmesi gerekli bir parçan sanma lütfen. Sağlıklı ego dediğimiz, özümüzle iş birliği halinde olan bir parçamız olmalıdır. Egonu sağlıklı egoya çevirdiğinde, kalbinin ve beyninin dengeli hali gibi iş görecek, hem kendin olmanı hem de zarar görmemeni sağlayacaktır. Sen, egonun hizmetkârı değil; egon senin hizmetkârın olduğunda, istediğin şeylere sahip olabileceksin. En önemlisi, kendini sabote etmeyi bırakacak, kendinin en iyi dostu haline geleceksin.

Bir kere deneyip yapamadığında bu, bir daha yapamayacağın anlamına gelmez. Ailen sana yeterince değer vermediyse bu senin değersiz olduğunu göstermez. Kendini ifade ettiğinde tepki aldıysan, bu susman gerektiğini ifade etmez. Korku veren bir travma yaşadıysan, bu aynı şeyi tekrar yaşayacağın anlamına gelmez. İstediklerini gerçekleştirmek için o anda cesaretin yoksa bu güçsüzlük değildir. Sana, seninle ilgili kim olumsuz bir şey söylediyse bu onların haklı olduğunu göstermez. Biri seni aldattıysa, bu diğerlerinin de seni aldatacağı anlamına gelmez. Egon seni bunların tersine ikna etmeye çalışacaktır sevgili okurum, ama şu satırları okuduğun andan itibaren artık bu tuzağa düşmeyeceğine eminim. Çekil artık kendi önünden! Deneyimlerini bilgelik olarak kat ruhuna, onlara tutunup şimdini kurban bilincinde yaşama. Belki sana değersiz olduğunu hissettiren annen, değerli olmanın kişilerin sana göstereceği sevgiye ve değere bağlı olmadığını öğretmek üzere dahil olmuştur yaşam yolculuğuna. İşlere bir de büyük plandan, resmin bütününden bakmaya başla…

ÖZ VE EGO NASIL AYIRT EDİLİR?

Öz; sevecendir, dinginlik, huzur ve güven verir. Ego; korkutucudur, serttir, sevgisiz ve güvensizdir.

Öz, seni yaşam amacına, kendi özel yoluna yönlendirir. Ego, yaşam amacını ertelettirir; senin sürüye uymanı sağlamaya çalışır.

Öz, bolluk bereket bilincindedir. Allah'ın ve evrenin seni destekleyeceğini hissettirir. Ego, kıtlık bilincindedir. Yokluk, yoksunluk duyguları hissettirir.

Öz seni düşünür, ama seninle birlikte herkesin en yüksek hayrını amaçlar. "Önce ben." der, "sadece ben." değil. Bu ikisi farklıdır: ilki bencillik olmasına karşın ikincisi, benden sonra seni vurgular ki kişisel hayatlarımızda olması gereken denge budur. Ego ise bazen "sadece ben." bazen de "sadece onlar"diyerek ben-biz dengesini bozar.

Öz; ilişkilerinde güven duyar, sevgisinde koşul aramaz, sevdiği kişilerin yokluğu onu üzse de korkmaz. Çünkü en sevgili olan ALLAH'ın, her zaman kendisiyle olduğunu bilir. Bu yüzden rol yaptırmaz, maske taktırmaz, ilişkilerinde kendin gibi olmanı ve içinden geldiği gibi davranmanı sağlar. Ego terk edilmekten, yalnız kalmaktan, suçlanmaktan, dışlanmaktan korkar. Bu yüzden, sevgi ve onay alabilmek adına maskeler taktırır, dilencilik yaptırır. Sahtedir. Kendin olduğunda sevilmeyeceğine inandırır, hatta kendin olmanın bencillik olduğunu bile düşündürterek şaşırtır seni. Allah'ın çok uzaklarda olduğunu ve seni yapayalnız bıraktığını söyler. Kendini dünyada terk edilmiş hissedersin.

Öz, geçmiş ve gelecekle ilgilenmez. Geçmiş deneyimlerinden referans almaz, sadece şimdiki an'da ne hissettiğine odaklanır. Ego, ya geçmişe takılıdır ya da gelecek kaygıları taşır. Kişileri ve durumları, geçmişte başına gelen olaylara bakarak değerlendirir ve yargılar.

Öz, tutarlıdır. Seni aynı isteğe, aynı yola yönlendirmeye devam eder. Ego,her gün değişebilen, farklı farklı duygu ve düşüncelerle seni kararsızlığa sürükler.

Öz, rehberlerinin daima seninle olduğunu ve seni koruduğunu hissettirir. Ego, her an tehdit altındaymışsın duygusunu verir sana ve bu tehdit karşısında korunmasız, yalnız, kimsesiz olduğunu düşündürür. Bu yüzden, yaşamında güçlü bulduğun, sana güven veren kişi, durum ve ortamlara tutunmanı sağlar. Melekler ve rehberler ona hayal ürünü gelir.

Öz, seni tehlikeli bir kişiye ya da duruma karşı uyarırken bile sevgi doludur, korkutmaz. Ego ürkütür, korkutur ve bu korkuyla ani hareket etmene, sabırsız olmana yol açar. Öfkeli ve hırslıdır.

Öz, cömerttir. Verirken alma hesabı gütmez ama alma-verme dengesi içindedir. Ego, ya çok verdirtir ve almaz ya da çok almana ve vermemene sebep olur.

Öz, gerekli adımları atıp hemen harekete geçmeni ister. Uyuşukluğu ve durağanlığı sevmez. Ego, ertelettirir, sürüncemede bıraktırır ve tembelleştirir. Bağımlı olduğun kişi ya da durumlar geliştirir. Kendine adım atmanı istemez. Sürekli bahaneler üretir ve sorunlar yaşamana sebep olur. Örneğin, spor yapmaya niyetlenip türlü bahanelerle ertelemeye çalışırken ayağının kırılması egonun işidir.

Öz, güçlüdür ve sana kendi gerçek gücünü hatırlatmak ister. Kimseye muhtaç ve bağımlı olmadığını bilir, herkesin de aynı güce sahip olduğunun farkındadır. Kimseyi kendinden aşağı ya da üstün görmez. Ego, sana kendini ya çok güçsüz ve zavallı hissettirir ya da ormanların kralı olduğunu düşündürür.

Öz, seninle konuşurken sana isminle hitap eder, sen diliyle konuşur. Ego ise "ben" dilini tercih eder.

Öz, sevgi dolu olduğundan seni sarar ve kucaklar. Onun yolundan gittiğinde, midende kelebekler uçuşur. Ego ise iğne batması gibi acı veren duygular hissettirir.

Öz, destekleyicidir. Örneğin seni, evliliğinin biteceği konusunda uyarması gerekiyorsa bunu hissettirir ama beraberinde desteklendiğini ve bunun dünyanın sonu olmadığını da bilmeni sağlar. Ego ise telaş ve panik yaratır. Seni kurban bilincine sokar. Felaket senaryoları ürettirir.

Öz, ferahlık duygusu uyandırırken ego, sıkışmışlık duygusunun içine hapseder seni.

Öz, aniden ve tam olarak belirir, güçlü bir hisle gelir. Ego ise düşünceler silsilesiyle karışık bir ruh hali yaratır ki bu halin bağlı olduğu yer aslında senin zihnindir.

Öz, aynı konuda sana hep aynı şeyi söyler, fikrini değiştirmez. Ego, aynı konuda farklı farklı tezler üretir. Hatta konuyu bile unutturarak seni şaşkına çevirir.

Öz; hemen, şu anda mutlu olmanı ister. Ego ise mutluluğu hep ertelettirir.

ÖZ VE EGO İÇSESLERİNE ÖRNEKLER

ÖZ: Hemen o adamı ara ve duygularını belli et! En azından içinde kalmamış olur.

EGO: Arasam ne olacak, ilk ben ararsam hakkımda kötü düşünür. Ayrıca beğenseydi arardı şimdiye kadar.

ÖZ: Haydi bir kitap yaz, buna hazırsın!

EGO: Bir sürü yazar ve kitap var, alıp benimkini mi okuyacaklar? Hem hâlâ yeterli bilgiye sahip değilim. Ne yazacağım ki?

ÖZ: Artık ayrılmalısın, bu ilişkide mutlu değilsin!

EGO: Ayrılacağım da ne olacak? Sanki bundan daha iyi birisi mi çıkacak karşıma? Yalnız kalıp pişman olmaktansa bu ilişkide kalmak daha iyi.

ÖZ: Daha fazla para kazanabilirsin. Konforlu bir yaşam senin hakkın!

EGO: Para bana mı gelecek? Bu devirde nasıl daha fazla kazanayım? Zaten ekmek aslanın ağzında. Hem ben o kadar şanslı mıyım? Benim çok param olamaz.

SANA ÖZ'ÜNÜ TEKRAR HATIRLATACAK, ONUNLA BİRLİKTE HAREKET ETMENİ SAĞLAYACAK BİR NİYET :

"BEN (adın ve soyadın)....... Tüm boyutlarda ve zamanlarda olan, ancak şu anda benim iyiliğime hizmet etmeyen tüm anlaşmalarımı iptal ediyorum. Şu anda fiziksel, zihinsel ve ruhsal olarak Öz varlığım ile tam ve bütün olmayı seçiyor, tüm varlıklardan bu konuda bana yardımcı olmalarını talep ediyorum. Yaşamımı ilahi sevginin idrakine açıyorum. Egomu özümle işbirliğine sokuyor ve Allah ile birlikte hayatımı yeniden, beni mutlu edecek seçimlerle şekillendirmeyi seçiyorum. Beni tutsak eden, korkutan tüm egosal kalıplarımdan şimdi, şu anda, tüm boyut ve zamanlarda özgürleşiyorum."

Bu niyeti yedi gün boyunca sabah ve akşam birer kez, kulağının duyacağı bir sesle yapmanı tavsiye ederim.

NEGATİF İNANÇLAR NE ZAMAN OLUŞMAYA BAŞLAR?

ANNE KARNI

Daha önce değindiğim gibi anne karnı, geçmiş hayatların dışında, bu yaşamında negatif duygularla ilk kez karşılaştığın yerdir. Sanıldığından çok daha önemlidir. Annenin hamilelik sürecinde yaşadığı tüm olumsuz duygular, korkular, travmalar, eşiyle arasındaki ilişki, anneliğe hazır olup olmaması, kısacası her şey bebeği çok etkiler. Anne ve babanın bebekle ilgili duyguları, istenilen, planlanan bir bebek olup olmaması, kız ya da erkek beklentisi, kişinin yaşam kodlarını oluşturacak temel duyguların bu yaşamındaki başlangıcıdır. Annenin senden önce kürtaj olması, düşük ya da ölü doğum yapması kaygılı bir hamilelik süreci yaşamasına sebep olur. Kalbinde onların yasını tutması ve buna bağlı olarak seni tam olarak benimseyememesi, senin kendini yok gibi hissetmenin ve hayata güven duymamanın nedenleri arasındadır.

İlişkilerinde her şeyi düşünen, olduran, akıl eden, sorumluluk alan, kısacası veren taraftı. Sevgililerine karşı maddi manevi oldukça cömertti. Ancak buna rağmen değeri bilinmemiş, hep terk edilmişti. "Üstelik hiçbiri kadınlığımı onurlandırmadı, kendimi hiçbir zaman bir prenses gibi hissedemedim. Romantizme, sürprizlere açım." demişti içli içli, sevgili danışanım bana geldiğinde. Sorunu ikili ilişkilerle ilgiliydi. Artık tekerrür eden bu kalıptan kurtulmak, bunları neden yaşadığını anlamak istiyordu. Bununla beraber ailesinin sorumluluğunun da kendi üstünde olduğunu belirtmişti. Sadece ilişkide olduğu kişiye değil; annesine, babasına ve erkek kardeşine karşı da oldukça cömertti. Onların ihtiyaçlarını karşılamaya çalışıyordu. Kendini bildi bileli çalışıyor, kazandıklarını sevdiklerine harcıyor kısacası ayakları yere sağlam basıyordu. Onca senenin emeğine bakıldığında evi, arabası, birçok yatırımı olabilirdi ama hep başkalarına bakmaktan, onların borçlarını ödemekten, ihtiyaçlarını karşılamaktan, bunları yapamamıştı. Bir tek arabası vardı kendine ait olan. Bunları duyduğum anda "Acaba kadınsal bir hastalığı var mı?" diye içimden geçirirken seans formuna, rahimden kist aldırdığını yazmış olduğunu gördüm. Beklenilen bir şeydi. O henüz farkında olmasa da dişil enerjisi ile ilgili sıkıntısı olduğu apaçık ortadaydı. Dişil enerjisiyle ve cinsellikle ilgili problemi olan kadınlarda rahim sorunları, göğüslerde kitleler olması ne yazık ki çok olasıdır.

Bu kadar özverili olmasına rağmen neden değer görmüyordu? Kuantum alan çalışmasında, bunun bilinçaltındaki nedenlerine gitmeye karar verdik. Öncelikle ilişkilerdeki temel inancının, "ancak onlara istediklerini verirsem sevilirim" olduğunu söyledik. Buna bağlantılı alanları taradığımızda önümüze gelen ilk yer, erkek kardeşinin kendisinden daha çok ilgi gördüğü anların toplamıydı. Kardeşi şimdilerde bile çalışmadığı halde, özellikle annesi tarafından el üstünde tutuluyor ve onun maddi ihtiyaçlarını ablasının karşılaması gayet normal gibi davranılıyordu. İlk aşkının onu terk ettiği ana gelmiştik. "Bir ilişkide iki erkek fazla." demişti sevgilisi ona ve gitmişti. Danışanım kendisine neden böyle söylendiğini anlayamamıştı. Güzel, hoş, bakımlı bir kadındı ve daima öyle olmuştu. İlişkide tüm sorumluluğu üstlenmesi karşı tarafa kendisini yetersiz ve değersiz hissettiriyordu. Bu şekilde davranarak erkek rolünü de üstlendiğinin farkında değildi. Çocukluğunda ise annesinden öğrendiği şey, kadınların erkeklere hizmet etmesi gerektiğiydi. Annesi köle misali yaşamış, deyim yerindeyse eşi ve çocukları, özellikle de oğlu için saçını süpürge etmişti. Atalarından aldığı bu öğretiyi kızına da aktarmıştı. Onun doğrusu buydu. Ah o saçlar! Süpürge kadar bile değeri yoktu. Veee geldik en önemli sebebe: Danışanım ilk çocuktu ve anne karnındayken ne yazık ki erkek beklenmişti. Ona, bu durumu bilip bilmediğini sorduk. "Aaa evet, özellikle de babam erkek beklemiş beni. Hatta ismim bile belliymiş, kardeşimin ismi olan Ahmet, ben erkek doğsaydım bana verilecekmiş." dedi. Babası, kadınların erkeklere göre ikinci sınıf vatandaş olduğunu düşünen bir babaydı. Yüz ifadesinden zihninde bazı bağlantılar kurmaya başladığı çok belli oluyordu. Evet, erkek beklendiği halde kız doğduğu için, daha yolun en başında ailesinin beklentisini karşılayamamış, kendini onlara karşı yetersiz ve kusurlu hissetmişti. Anne ve anne atalarından "Kızlar erkeklere hizmet etmelidir" kodunu, babasından aldığı "Kadınlar, erkeklerden daha değersizdir" inancı ile birleştirmişti. Değer görmek adına hep iyi çocuk olmayı seçmiş, eril enerjisi yüksek bir dişi haline gelmişti. Yani erkek gibi bir kadın olmuştu. İlişkide olduğu erkeklere karşı onların beklentilerini yerine getirme isteği hep bundandı. Kadın olduğundan kendini yetersiz ve değersiz görüyor ve bunu kapatmak için de olağanüstü bir çaba sarf ediyordu. Hem ailesi hem de erkek arkadaşlarının sevgisini ve onayını kazanmak adına saçını süpürge ediyordu, tıpkı annesi gibi... Yaptığımız birkaç seans sonrasında bu duygular tamamen değişti ve danışanım dengeli eril-dişil enerjiye kavuştuğundan, alma-verme döngüsü de düzene girdi ve ilişki sorunu tamamen sona erdi.

0-6 YAŞIN ÖNEMİ

Bu yaş aralığı kendinle, insanlarla ve dış dünya ile ilk temasları kurduğun zaman dilimidir. Minicik bir çocukken atılır kaderinin örgüsünü oluşturacak olan motifler. Temeli oluşturan bu ilk duygular ve inançlar, kaderini şekillendireceği için çok önemlidir. Özün daha aktif olduğu bu yaşlarda yaşanılan deneyimler, şahit olunan olaylar ve çevredeki ebeveyn ilişkileri sonucunda ne yazık ki öz daralmaya ve ego oluşmaya başlar. Değersizlik, yalnızlık, suçluluk, sevilmeme, hak etmeme gibi duygularla yine bu yaş aralığında tanışırsın. Negatif bir duygu sana bulaşırsa, tıpkı bir virüs gibi her hücrene yayılır ve zamanla seni hasta eder. O duygunun hücrelerine, DNA'na, bilinçaltına yerleşmesine ve senin kendini, ona inandırmana sebep olur. Bu yaş aralığında seni en çok etkileyen tutumlar anne ve babanın sana yaklaşımları, kardeş doğumları ya da var olan ablaların, ağabeylerin davranışları, birlikte yaşadığın diğer aile üyelerinin aktarımları ve ilk deneyimlerindeki istemediğin sonuçlar olacaktır.

"Çok istediğim şeyler hiç olmuyor Anıl Hanım." olmuştu ilk cümlesi. "İlişkilerimde bile benim istediğim adamlarla olamıyorum, ya beni terk ediyorlar ya da baştan istemiyorlar. Şu andaki erkek arkadaşımla, beni çok sevdiği ve ilişkiyi o istediği için birlikteyim. Aslında ben çok da aşık değilim." demişti. Ses tonu dingin ve netti. Bakışlarındaki donukluk, içindeki çocuktan bir yerlerde vazgeçtiğini anlatır gibiydi. Saçlarını tepesinden gelişi güzel bir at kuyruğu yapmış, üzerine de kahverengi bir kazak giymişti. Seçtiği renk tonu bile yaşamın renklerinden uzak olduğunun göstergesiydi. Böyle bir durumda, mutlaka istediği bir şeyin olmadığı, hayal kırıklığına uğradığı bir ilk deneyim kaydı olmalıydı bilinçaltında, yani ilk virüsü aldığı yer. Virüsun başladığı yer bulunursa ve nedeni anlaşılırsa, o hastalıkların aşıları geliştirilebiliyor tıp dünyasında da. İşte kuantum alanın mucizelerinden biri de şu ki her zaman bize, sorunların ilk başladığı anları veriyor ve böylece temizleme imkanı yaratıyor. Hemen bu sorunun başladığı ilk yere gitmeye karar verdik danışanımızın bilinçaltında ve kuantum alanı bize yine bilgiyi verdi. Yaklaşık dört beş yaşlarında, çok istediği bir bebeğin ona değil de başka birine alınıp alınmadığını sorduk kendisine. Uzun bir "Evvveetttttt!" oldu ilk kelimesi yine şaşkın bakışlarla. O yaşlarda ailesi, ekonomik durum yüzünden pahalı oyuncaklar alamıyorlarmış. Yurtdışından gelecek olan halasından bebek istemiş. O da alırım diye söz vermiş yaptığı telefon konuşmasında. Halasının nihayet İstanbul'a geldiği gün, babasının işi dolayısı ile havaalanına karşılamaya gidememişler. Yine babasının işlerinden dolayı bir iki gün görememiş halasını, yanına gidememiş. İçten içe büyük bir heyecanla bebeğine kavuşmayı bekliyormuş. Birkaç gün sonra halası ziyarete gelmiş onların evine. Danışanım heyecanla halasının getirdiği hediye torbasını karıştırmış ve kendisine getirdiği bebeği bulmuş. Ancak bu isteği narin güzel bebeklerden değilmiş. Kendisinde zaten çokça olan küçük şişko bebeklerdenmiş. "Hala, hani benim senden istediğim ince güzel bebeğim?" diye sorduğunda halası, kendisinden istediği bebeği aslında getirdiğini, ama diğer yeğeni evde onu görüp isteyince dayanamayıp ona verdiğini söylemiş. İşte burada yaşadığı hayal kırıklığı, üzüntü ve çok istediği bir şeyin olmaması, onda bu konuyla ilgili ilk derin inancını oluşturarak, isteklerinin olmayacağına dair yaşamsal kehanetlerini başlatmıştı. O da ona gelen bebeğe razı olarak, şimdi de onu seven erkeklerle ilişki kurmaya ve sürdürmeye razı olma yolunu seçmişti, kendi sevdikleriyle değil. Bu olayın onun bilinçaltında bıraktığı etkiyi temizlediğimizde bakışlarında donukluk gitmiş, yüzüne sebepsiz bir gülümseme gelmişti. Çalışmanın sonunda oturduğu koltuktan kalkarken hızlıca kafasındaki saç tokasını çekip çıkardı ve omuzlarına dökülen saçları daha o anda ona bir canlılık kazandırdı. İçindeki çocukla yeniden barıştığı çalışması, onun hayatında pek çok şeyin değişmesinin başlangıcıydı.

"Herkes beni terk ediyor; dostlarım, sevgililerim... Ya uzak bir yere taşınıyorlar ya sebepsiz yere ilişkiyi bitiriyorlar, bir şekilde benden uzaklaşıyorlar ve sonunda kendimi yapayalnız hissediyorum." yakarışı çok içliydi danışanımın. Üstelik oldukça zarif ve güzeldi. Ortalama bir boyu ve kilosu vardı. Sarı renk ve neredeyse beline kadar uzanan saçları ona ayrı bir hava veriyordu. Bal rengi gözleri ise saç tonuyla oldukça uyumluydu. Giydiği dar kot pantolon ve mavi renkteki bluzuyla oldukça hoş gözüküyordu. Ancak neden terk ediliyordu? Acaba ilk ne zaman ve kim onu terk etmişti ya da kendisi öyle olduğuna inanmıştı. Hemen bilinçaltının derinliklerine doğru yol almaya başladık, sorunun temelinin atıldığı an'a doğru. Kuantum alan bizi, danışanımızın üç yaşına getirmişti. "Kardeşinle arandaki yaş farkı üç mü?" oldu ilk sorumuz. "Evet." cevabını verdi, devamını merak eden bakışlarla. "Peki, kardeşin doğduğunda sizi bir yere mi bıraktılar, anneanne babaanne gibi?" dedik. Çünkü alan, çok sık ve uzun süreli bırakıldığı bilgisini net olarak veriyordu bize. "Evet, beni anneannemlere bırakmışlar. Anne diye ağladığım ve istemediğim halde. Epeyce bir süre onlarla kalmışım." dedi gözleri dolarak. "Peki, altı yaşında okula başladığında ne oldu? Yalnızlık duygusu var burada." dedik. Alan bize okulun ilk gününü veriyordu. "Tek başıma okula gittim Anıl Hanım." dedi. Anneannesi ve dedesiyle yaşamaya devam ettiği bir dönemdi. Zaten küçük bir yerde yaşıyorlardı ve okul da eve yakın diye tek başına yollamışlardı danışanımı. "O gün çok ağlamıştım, çocukların anne babalarını yanlarında görünce." dedi hıçkırıklarını tutamayarak. Kardeşinin doğumu sonrası ve okulun ilk gününde yaşadıkları, onun kader motifini şekillendiren zamanlardı. Öncelikle, ailesinin kendisini sevmediğine ve kardeşini ona tercih ettiğine inanmıştı. Bu inancı, okulun ilk günü yoğun olarak hissettiği yalnızlık ve değersizlik duygusu ile bütünleşmişti. Öyle ya, ailesi için değerli olsa onu yalnız bırakırlar mıydı? Üstelik anneannesinin evi epeyce uzakta, ailesinin yaşadığı ilin dışındaydı. Bu kadar uzağa yollandığına göre muhakkak sevilmiyordu. Çocuk olarak, bilinçaltı, yaşadığı deneyimlerden bu sonuçları çıkarmıştı ve sevilmeme, değersizlik, sevdiklerim beni terk eder virüsleri hücrelerine bulaşmıştı. Tabii ki bundan sonra hayatına, bu inancına uygun kişileri çekmiş, yalnızlık ve değersizlik duygusunu çoğaltmış ve kaderine dönüştürmüştü. Elbette biz alanı temizledik, varlığının her halinin değerli olduğu bilgisini yükledik. Üstelik ailesi bunu onu sevmediği için değil; mevcut şartları dahilinde, kendilerince en iyisinin bu olduğuna inandıkları için yapmışlardı. Aileden özgürleştirme çalışması ile danışanımla, anne babasının arasındaki bağı şifalandırarak birbirlerini anlamalarını sağladık. Bundan sonra kendini terkedilmiş hissetmeyecek ve bunu yaşayacağı kişileri yaşamına çekmeyecekti, çünkü artık buna sebep olan travması kuantum alanda iyileşmişti.

6-12 YAŞ ARASI BİLİNÇALTI

0-6 yaş aralığında kendinle, ebeveynlerinle, hayatla aranda başlayan duygularını, inançlarını ve fikirlerini, yine bu yaş aralığında karakterine, kararlarına ve davranışlarına dönüştürmeye başlarsın. Yani egon şekillenir. Artık dünya, senin için bilinmez olmaktan çıkıp sana çizilen ve senin çizdiğin sınırlara göre şekillenen bir algıya dönüşür. Bu yaş aralığında netleşme hali vardır, yani daha önce tanıştığın duygularla ilgili tekrar eden olaylar yaşarsın. Artık o duygular ve onların dönüştüğü negatif inançlar, senin karakterini oluşturmaya başlar. Kendini bulmaya başladığın bu zaman aralığında ailen dışında, okul hayatında ve sosyal ortamlarda yeni tanıyacağın insanlar ve karşılaşacağın olaylarla bakış açın netleşir.

Danışanımız son zamanlarda yaşamaya başladığı panik atak ve nefes alamama duygusu ile gelmişti. Geceleri dişlerini öyle sıkmaya başlamıştı ki sabahları çene ağrısıyla uyanır olmuştu. Son bir ayda iki kez nefes alamama ve ölüm korkusu nedeniyle hastaneye gidilmiş, serumlar takılmış ve sakinleştiriciler yapılmıştı. "Tamam, ara sıra üzgün olduğumda, işler ters gittiğinde daralırdım ama hiç böyle sorunlarım yoktu. Kendimi bir şekilde ayakta tutmayı başarırdım, son bir aydır bedenimi kontrol edememeye başladım." demişti, yaşadıklarından çok korkmuş bir surat ifadesiyle. Hemen kuantum alanda bu sorunları yaşamasının bilinçaltı sebeplerine gittik. İlk çıkan duygu, anne karnında almış olduğu istenmeme duygusuydu. Planlanan bir bebek değildi. Kendisi de bu bilgiyi doğruladı. Annesi bu hikayeyi ona defalarca anlatmıştı, ama bununla başlayan bu sürecin nereye gittiğinin, hayatında neleri yarattığının farkında değildi. Çocukluğunda, sevdiklerinin ihtiyaçlarını karşılayıp onlara istediklerini vererek, kendini vazgeçilmez kılmaya çalışmıştı ve başarmıştı. Altı yaşındayken erkek kardeşi dünyaya gelmişti ve aileden bolca ilgi görmüştü. Bu defa da kız olduğu için kendini değersiz hissetmişti ve yine değerli olabilmek, sevgi alabilmek için fazlaca olgun davranarak daha o yaşlarda kardeşiyle ilgilenmeye, ona bakmaya başlamıştı. Aslında farkında olmadan ailesine vermeye çalıştığı mesaj, "Hey lütfen beni görün ve sevin! Bakın başta beni istemiyordunuz biliyorum, ama ben sizin tüm işlerinizi hallediyorum, çocuk gibi sizi yormuyor, olgun davranarak size yük olmuyorum." idi. Erkek kardeşinin, doğumunda gördüğü ilgi üzerine de "demek erkek olsaydım onları daha mutlu ederdim ve sevilirdim" inancı oluşmuştu. Kuantum alan, on iki yaşını önemli bir karar anı olarak göstermişti. Bir kayıp ve bunun sonrasında verilmiş hayati bir karar olduğunu söylediğimizde şaşkınlıktan küçük dilini yutacak bir bakışla "Evet, babamı kaybettim on iki yaşında ve okulu bırakıp çalışmaya karar verdim, aileme bakmak için." dedi. Anne karnından başlayarak altı yaşına kadar aldığı duygular, zaten bir şeyler vermeden sevilmeyeceği, istenir olabilmek için çaba sarf etmesi ve kendinden ödün vermesi gerektiği, üstelik kız olduğu için değersiz olduğu yönündeydi. Bu olayla birlikte, bu duyguları ve inançları bir karara dönüşmüştü. Bilinçaltında bu kodlar olmasaydı belki de bu kararı almayacak, ailenin başka bir çözüm bulması için bekleyecekti. On iki yaşında büyük bir sorumluluk altına girmişti. Aslında çok da pişman değildi, çünkü kendisini değerli ve önemli hissetmeye başlamıştı. Öyle ya, bütün aile ona muhtaçtı ve aile reisi gibi olmuştu. Bu karardan sonra bununla bağlantılı pek çok seçimi olmuştu. On sekiz yaşında evlilik kararı alırken bile, ailesine maddi olarak yardımcı olabilecek bir eş seçmiş, onu da mutlu etmek için kendini fazlaca yormuştu. Ancak yakın zamanda, ne yazık ki eşi onu başka bir kadınla aldatmıştı. Üstelik yıllar geçip yaş aldıkça fark ettiği şey, sevgi dilenciliği yaptığıydı. Annesine, yaşarken babasına, erkek kardeşine, eşine, onun ailesine, kızına ve tüm dostlarına kendini sevdirmek için her şeyi yapan, kendinden başka herkesi düşünen taraf olmuştu, yine de hiçbir zaman kıymeti bilinmemişti. Aldatılma olayından sonra artık bilinçaltı iyice ayaklanmış, bu inançları yüzünden kendine daha ne kadar haksızlık yapacağını sormaya başlamıştı. Fakat bunlarla yüzleşmek kolay değildi ve bastırmaya çalışıyordu; su yüzüne çıkmaya çalışan içsel isyanını, sevdiklerine ve kendine karşı duyduğu öfkeyi. Çünkü korkuyordu; hayatının altının üstüne gelmesiyle yüzleşmekten, düzen değiştirmek zorunda kalmaktan ve bir daha hiç sevilmemekten. Bu yüzden de boğuluyor gibi hissediyordu hayatın içinde ve bu, nefes problemi olarak yansıyordu bedenine. Duyguları baskılanınca da dişlerini sıkmaya ve hatta panik atağa yol açıyordu. Patlamak istiyordu içindeki volkan. O buna engel olmaya çalıştıkça kendiyle savaşıyor ve kaybediyordu. Sonunda kendini hasta ediyordu. En çok da "Neden okuluma devam etmedim? Belki o zaman erken yaşta bu evliliği bile yapmazdım." diye kendi kendini yiyordu. Alanı temizledim, şifalandırmaları yaptım ve ona, tüm seçimlerinin kendi olma yolculuğunda tekâmül planına hizmet ettiğini, bunları, gücünü tanıyabilmek için fırsatlara dönüştürebileceğini anlattım. Danışanım birkaç çalışma sonrasında bir daha öyle bir sorun yaşamamaya başladı. Bilinçaltını değiştirdik, gerekli özgürleştirmeleri de yaptık. İşte on iki yaş, hayatımızda bu kadar önemlidir!

12-18 YAŞ ARASI BİLİNÇALTI

Bu yaş aralığında, artık nihai sen olmuşsundur. En büyük değişimler, ilk aşklar ve üniversite seçimleri bu döneme rastlar. Muhakkak her birimizin, platonik dahi olsa, masumca yaşadığı o ilk duygular, karşılık bulup bulmamasına, yaşanılan sonuçlara göre evlilik seçimlerine hatta evlenmek istememeye kadar devam eden önemli bir sürecin başlangıcıdır. Mesleki ve ilişkisel olarak şekillendirmelerimizin yaşandığı bu zaman dilimi kadersel seçimlerimizin de yapıldığı yıllardır. Karşımıza pek çok yol ayrımı çıkar ve bir yolu seçtiğimizde diğerinden tamamen vazgeçeriz. Sonra seçimimizi değiştirmek istesek bile, başta karar verdiğimiz yoldan dönemeyeceğimizi düşünürüz. Böyle yaparak yarattığımız hapishaneye kendimizi mahkum ederiz. Oysa kendinden vazgeçmek insanın sevdiklerine, hayata, dünyaya ve Allah'a karşı duyduğu en büyük küskünlüktür. Yüce

Yaradan bize yol değiştirme şansını her zaman verir. Zaten dünyada bulunuş amacımız, bilinmeyeni ortaya çıkarmak yani içimizdeki ilahi gücü, Allah'ın veçhesini görünür kılmaktır. Bunu eylemlere dökebilmek adına önce, ne olduğunu anlaman için ne olmadığını deneyimlemen gerekir. Senin hata olarak gördüğün, sonuçları yüzünden kendine kızdığın birçok deneyim, tekâmül planında son derece doğru ve tam da olması gerektiği gibidir. Yani senin gerçek bilgeliğindir. Sevgili Nelson Mandela şu sözüyle bu anlattıklarımı ne güzel özetlemiş: "Ben hiçbir zaman kaybetmem. Ya kazanırım ya da ders alır, öğrenirim." Yaşadığın her deneyim, yaptığın her seçim, seni sana yaklaştırmak içindir. Denemek ve yanılmak ise bu uygulamanın içeriğidir. Bu sebeple büyük plandan baktığında kaybetmek diye bir şey yoktur. Sevdiğin bir kadını yıllar sonra artık sevmediğini anlaman yanlış değildir. Sen de duyguların da zaman içinde değişebilirsiniz. Bir ömür sevmeye dair verilen sözler ne kadar trajikomiktir ve çoğu kişinin içsel mutsuzluğunun en derin sebeplerinden biridir. Elbette bir ömür sevebilirsin, ancak bunun için söz vermeye ihtiyaç duymak neden?

Aslında parasal bir sorununu çözmek için gelmişti. İstediği miktarda parayı kazanmadığını, kazandığı paranın da bir şekilde elinden çıktığını, yatırım yapamadığını anlatmıştı sıkıntılı bir tonlama ve gergin bir beden dili ile. Koyu renk, kısacık saçları ile kadından çok erkeksi bir görüntü sergiliyordu. Omuzları dik ve gergin, boynu upuzundu. Tüm odayı ve beni didik didik tarayan bakışları ile kontrolcü bir yapıda olduğunu belli ediyordu. Yayından fırlamaya hazır, gergin bir ok gibiydi. Parayla ilgili sorunu için gelmiş olsa da beden dili bile sorunun çok farklı bir konuyla ilgili olduğunu belli ediyordu. Birilerine kızgın, yaşama karşı güvensiz, kendine karşı da özensizdi. Elbette her danışanımıza, ilk seansında mutlaka ruhsal check-up adını verdiğimiz genel bir bilinçaltı taraması yapar; tüm negatif kodlarına, duygularına bakarız. Böylelikle yol haritamızı çıkarırız. Danışanlarım, çoğu zaman maddesel görünen sorunlarının arkasında manevi şeyler de olabileceğini düşünmeden gelirler. Örneğin parayla ilgili sorun yaşıyorsa sebebinin sadece iş dünyasıyla, koşullarla, ekonomik krizle ilgili olduğunu zanneder; ancak her zaman durum böyle olmaz.

Ona da ilk seansında asıl sorunun aşk hayatı ile ilgili olduğunu söyledik, çünkü bilinçaltı böyle bilgi veriyordu. On yedi yaşlarında ilk ve son kez aşkı yaşadığı ve bu ilişkisinde terk edildiği için aşka kendisini kapattığı, artık erkeklere ve gerçek aşka inancının kalmadığı bilgisini vermişti bilinçaltı check-up'ı bize. Kendisi şu anda otuz yaşındaydı. Büyük bir öfke ile "Evet!" dedi. " Çok sevdim, her şeyimi verdim, yaralarını sardım, ama ansızın beni bırakıp gitti. Neymiş, dinlerimiz farklıymış, evlenemezmişiz, daha da uzamadan ayrılmalıymışız." derken, hem kızgınlıktan sesi titriyor hem de ağlamamak için kendini zor tutuyordu. "Sanki en başında bunu bilmiyordu, o zaman hiç başlamasaydı. Demek ki amacı sadece beni kullanmaktı." diyerek ayağa fırladı. Bize parayla ilgili tıkanıklığını çözmek amacıyla geldiği için, bu sorunla yüzleşmek elbette aklında yoktu. Hem şaşkın, hem gergin, hem kızgındı. "İyi de Arıl Hanım, ne alakası var şimdi bunun, parasal sorun yaşamamla?" dedi, anlamaya çalışan ama durumdan oldukça rahatsız bir ifadeyle. Oturmasını rica ettik. Derin nefesler aldırtmaya başlayarak ve bilinçaltına yaptığımız enerji uygulaması ile yeniden sakinleşmesini sağladık. Daha sonra, kuantum alana geri dönerek çıkan bilinçaltı bilgilerini anlatmaya devam ettik.

Üç yıl süren bu ilişkinin aniden ve kendince haksız şekilde bitirilmesinden sonra danışanım, aslında sadece aşka olan inancını değil, yaşam coşkusunu da heyecanını da kaybetmişti. Kendini erkeklere kapatmış ve işine adamıştı. Ondan sonra hiçbir ilişki yaşamamıştı. Önceleri para kazanmıştı, fakat zaman ilerledikçe kazandığı para da anlamsız gelmeye başlamıştı. Zaten kazanıp da kardeşine, anne babasına verdiği parayı, "Ne için kazanıyorum ki?" diye sorgular olmuştu. Epeydir bu sorgulamayı yaptığını kabul etti. Görev gibi yaşıyordu ve sanki aybaşı gelip de maaşını ailesine aktardığında, görevini yerine getirmiş hissediyordu. Kendisi için yaptığı tek şey, arada sırada birkaç kız arkadaşı ile yemeğe gitmekti. Ama o yemekler bile çok keyifli değildi. Kendisini duygusuz bir robot gibi hissediyordu. İşte tam da bu yüzden para enerjisinin ona akışı kesilmişti. Evet, para da bir enerjidir sevgili okurum ve senin enerji frekansına uyumlu olduğu sürece sana gelir. Danışanımın yapması gereken ilk şey, ayrıldığı sevgilisini affetmek ve aşka, duygulara, yaşam coşkusuna kalbini yeniden açmaktı. Parayı kendi hedefleri, bireysel planları için de istemesi gerekiyordu, sadece ailesi ya da başkaları için değil. Danışanım hayatı görev gibi gördüğü, kendisiyle ilgili hiçbir hedefi olmadığı için bu durumu yaratacak frekansı yaymaya başlamıştı. Her şey birbirine bağlıdır; duygularına küsen, aslında kendine küser ve önünde sonunda hayatın içindeki araçlarla sorun yaşamaya başlar. Bir hafta sonra ona ayrıldığı aşkıyla ilişki karması yaptık. Seansı büyük bir rahatlama ve anlayışla sonuçlandı. Enerjisinin değiştiği o anda bile fark ediliyordu ve seanslarına devam etti. Aşka, erkeklere, ilişkilere, paraya en önemlisi de kendisine olan bakış açısı değişti. Yaklaşık üç ay sonra birine aşık oldu ve parasal sorunları da çoktan hallolmaya başlamıştı. Nihayet mutluydu, artık kendini görevli gibi görmüyor, yaşamın tadını çıkarıyordu. Unutma, bakış açın değiştiğinde sen değişirsin ve sen değiştiğinde hayatın değişir!

İlk deneyimlere bakarak kararlar aldığımızda hayatı ıskalamaya başlarız. İlk aşkında terk edildin diye "Aşk yok!" diyemezsin, dememelisin. Bu, kendini sabote etmekten başka bir işe yaramayacak. Belki istediğin bir okula gidemedin, ailen ya da şartlar buna engel oldu. Hiçbir zaman hayallerini gerçekleştirmek için geç değildir. Yeniden başlayabilir ve yapmak istediğin her neyse onu gerçekleştirebilirsin. Gerçekten ister ve kendi önüne çizdiğin o olmazlık sınırlarını kaldırırsan, emin ol isteğinin yaratacağı güçlü frekans ile evren seninle iş birliğine girecek ve mucizen gerçekleşecektir. Ya da evlendin ve artık mutlu değilsin, ayrılabilirsin. Severek başladığın işinde artık çalışma şevki duymuyorsan, işini değiştirebilirsin. Yeter ki o deneyimlerindeki kazanımlarını cebine koy ve ruhuna kattığı bilgelik ve farkındalıkla ilerlemeyi seç ve şunu unutma: Seni mutlu edecek, ruhuna iyi gelecek her seçimin, sevdiklerine ve tüm dünyaya da iyi gelecektir.

KADER DEDİĞİMİZ ÖNEMLİ YOL AYRIMLARI

Ruhsal yolculuğuna bir bedenle devam ettiğin dünya hayatında, bu yaşamına doğmadan önce verdiğin tekâmül sözleri, yaptığın planlar ve kontratlar, yaşam misyonun ve amaçların bellidir. Elbette ki daha önce de belirttiğim gibi dünyaya gelmeden önce bu sözleri verdiğin vecit katında, bu planları seninle birlikte yapan ve dünyada bunları uygulayabilmen konusunda sana yardımcı olacak rehberlerin, meleklerin de var. Onlar, sen minik bir bebek olarak dünyaya gelmeden ve kendini unutmadan önce, senden almış oldukları talimatlar üzerine, bu yolculukta bazen sevgiyle yumuşakça, bazen de sertlikle zorlayarak seni uyandırmaya; yoldan çıkmışsan, uzaklaşmışsan, seni tekrar kendi yoluna çevirmeye çalışacaklardır. Rehberlerimiz bazen rüyalarımızla, bazen önümüze çıkan kitaplarla, o akşam seyrettiğimiz kanalda denk gelen filmlerle, insanlarla, hayvanlarla, olaylarla bizimle irtibat kurmaya ve bizi uyarmaya çalışırlar. "Hey Anıl bir dakika! Senin kendin olma, kendini gerçekleştirme sözün vardı, bize ve Allah'a. Uzaklaştın sözünden, unuttun her şeyi, annen baban olmaya başladın. Dostum, sen onlar değilsin!" derler kendi dillerinde. O yüzden, hiç kimse sebepsiz yere girmez hayatına, tesadüf diye bir şey yoktur. Senin rastgele zannettiğin her durum, çok önceden planlanmıştır. Gelen mesajları alıp almamak sana bağlıdır. Her durumda seçim hakkın vardır. Kimi zaman ruhuna iyi gelecek olanı seçersin, kimi zaman korkularını besleyen egonla hareket edersin. İşte bu ikisi arasındaki fark, senin kaderini oluşturur. Özünü dinlemek mi yoksa egonu tercih etmek mi? Bu tamamen sana bırakılır Yaradan tarafından. Elbette her seçimin sonuçları vardır ve bu sonuçlardan da yeni olasılıklar doğar. Hayat sana her zaman yeniden seçme hakkı tanır. Uyanmış biri olarak seçimlerini özünle yapmaya niyet etmen önemlidir, çünkü bu niyet seni mutluluğa götürür. Seçimlerinin sorumluluğunu almak da bir tekâmül konusudur. On sekiz yaşımız ve bundan sonraki yedişer yıllık dönem sonlarında, genellikle önemli seçim ve kararlar karşımıza çıkar. Bu yaşlara dikkat etmek gerekir.

Danışanımın mesleği bayan kuaförlüğü idi. İşlerinin yeterince iyi olmaması ve bunu düzeltmek için ne yapacağı sorusu ile karşıma gelmişti. Mutsuzluğu ve isteksizliği yüzünden okunuyordu. Somurtarak mor koltuğa oturmuş ve bıkkın bir ses tonuyla konuşmaya başlamıştı. Belinde bir sorun olduğu oturma şeklinden belliydi, arkasına yastık koyarak rahat etmesini sağladık. Ama belli ki aldığı fazla hayat yükü ve sorumlulukları belini zorluyordu. Boyu uzun olmasına rağmen yeterince dik duramadığı için olduğundan daha kısa gözüküyordu. Küçük ve çekik gözleri, meraklı bakışlarla ne yapacağımı bekleyen bir ifade ile bana bakıyordu. Biraz da ürküyordu belli ki. Alanda ne çıkacağını hafif bir heyecan ve korkuyla bekliyordu. Kuantum alanda tarama yapmaya başladığımda alan, on yedi on sekiz yaşlarında, okulla ilgili bir seçim yaptığını ve istemediği bir duruma evet dediğini gösteriyordu. "Okumak istedin ve istediğin üniversiteye gidemedin mi?" diye sorduğumda, üzgün bakışlarla ve çaresizlikle "Evet." dedi. Girdiği üniversite sınavında, yaşadığı şehrin dışında bir okul kazanmıştı ve çok da istediği bir bölümdü. Ancak babası, yalnız başına olmasının çok zor olacağını, onlardan ayrılırsa sıkıntılar yaşayabileceğini söyleyerek şehir dışında okumasına izin vermemişti. Zaten, kız olduğu için okumasını da çok gerekli bulmuyorlardı. Danışanım, ne yazık ki o anda içindeki ruhsal ÖZ'ünden gelen "Kimseyi dinleme, istersen başarırsın, onların söylediği gibi zor değil; bu, seni güçlendirecek ve mutlu edecek kendi gerçek yolun." sözünü dinlemeyi reddetmiş ve babasına hak verip, ona yalnız kalma korkusu yaşatan egosunu dinleyerek okula gitmeme kararı almıştı. Ama bir tarafı bu kararından pişman olduğu için, farkında olmadan kendini cezalandırarak bir daha üniversite sınavına da girmemiş, bir süre sonra da bir kuaförün yanında çalışmaya başlamıştı. Alanda çıkan tüm bilgileri gözyaşları ile doğruladı. Elbette kurban bilinci ile "Ama Anıl hanım, kimse bana destek olmadı, 'Yapabilirsin kızım' demedi. Babam beni korkuttu, gitmemi istemedi. Ben nasıl onları çiğneyebilirdim ki!" dedi, ona hak verip kendisini iyi hissetmesini sağlamamı isteyen bakışlarla. "Peki" dedim, "Hadi seninle birlikte o ana gidiyoruz. Kapat gözlerini ve babasıyla, ailesiyle o konuşmayı yapan genç kızı gör, hisset oradaki seni ve içindeki sesleri... Kapat kulaklarını dış seslere ve içine yönel, ne diyor sana kalbin?" diye sordum.

"Yapabilirsin, mutlaka gitmelisin, bu senin kaderin diyor Anıl hanım." dedi. "Peki, bir ses daha var mı seninle konuşan?" diye sordum tekrar. "Evet, var! Hayır, yapamazsın; yapayalnız kalırsın, sen o kadar güçlü değilsin, boş ver, burada ailenin yanında kal diyor benim kendi zihin sesim." dedi. "Demek ki" dedim, "Ailenin sözleri değil, kendi korkuların engel olmuş sana. Sor o genç kıza, gerçekten gitmek istese gider miydi, ailesini ikna eder miydi, edemese bile bu benim kendi kaderim ve peşinden gideceğim diyebilir miydi?" diyerek ekledim. "Evet, cesaret edip de giderek yapabileceğimi gösterseydim, babamı ve tüm ailemi de ikna edebilirdim aslında, ama bu bana zor geldi." dedi, artık gerçekle yüzleşmiş olmanın verdiği o tuhaf rahatlıkla. Aslında başkalarını ya da durumları suçlamak daha kolaymış gibi gözükse de en zorudur. Birincisi, bu gerçek değil yalandır ve yalanlar her zaman boşa kürek çektirir. İkincisi de suçlu onlar olsaydı, çözüm de onların elinde olacağı için durum içinden çıkılmaz bir hal alırdı. Hayatının kontrolü senin elinde olmasına rağmen, ihtimalleri değiştirebilmek için hep birilerine bağlı kalırdın. Yaşamındaki herkes, senin içindeki ego konuşmalarına dış ses olur. Yani onların sana söylediklerini, sen içinde kendine söylüyorsundur aslında. Egon ve özün, tıpkı filmlerdeki melek ve şeytan figürleri gibi, içinde kavga ediyordur. Kazanan seçimlerinse, senin kaderini oluşturuyor sevgili okurum. Biz danışanımızın seçim anına kuantum alanda giderek orayı şifalandırdık. Otuz iki yaşındaydı ve sevmediği, kendini mecbur zannederek seçtiği mesleği ona istediği parayı kazandırmıyordu. Bu sıralar iyice zorlanmaya başlamıştı, çünkü yedi yıllık döngüsünün sonuydu ve bilinçaltı ondan, on sekiz yaşındaki karar anını hatırlamasını ve oradaki blokajı çözmesini istiyordu. Birlikte alanı temizledik ve gerçeği anlamasını sağladık. Birkaç ay sonra danışanım, hem gelirinin arttığını hem de gençken okumak istediği okulun uzaktan eğitimine kayıt yaptırdığını sevinçle ve teşekkürle bildirdi. Kuantum gerçekliği ile tanışmasıydı yaşadığı para sorununu, mevcut ekonomik şartlara ve kadersizliğine bağlayacaktı. Sadece faturalarını ödeyecek kadar para kazanmaya devam edecekti. Ama o uyanmayı ve sorunlarına tutunmayı bırakıp gerçek şifayı istediği için, alan bizi bir araya getirmişti.

Ya şimdi bırak seni aşağıya çeken her şeyi ve yüksel özgürce gökyüzüne ya da devam et BAŞKALARI hapishanesinde kendine müebbet ceza çektirmeye…

HER BİRİMİZİN YAŞAM YOLCULUĞU KENDİ PARMAK İZİMİZİ TAŞIMALIDIR

Her birimiz, kendi tekâmül yolculuğumuzda aynı ÖZ'den yaratılan varlıklar olsak da yaşadıklarımızdan edindiğimiz bilgelikler, aldığımız gerçek yaşam sorumluluklarımız gibi sebeplerle, birbirimizden farklı tekâmül basamakları ve OL'ma halleri içindeyiz. Bu, hem aynı hem de farklı olduğumuzu gösterir. Her ruh, tekâmül edebilmesi için hangi duyguları öğrenmesi, hangi deneyimleri yaşaması gerekiyorsa onu yaşamalıdır. Yani birbirimizin hayatları, başardıkları, başaramadıkları asla kıyas konusu yapılmamalıdır. Örneğin, bir ruh BEN olma kavramını deneyimliyorken, bir başka ruh BİZ olmayı öğrenmeye çalışıyordur. Eğer sen sınavlarında zorlanıp başka hayatları kendine örnek almaya çalışarak yolundan ayrılırsan, belki sana başarı gibi gözüken şey aslında başarısızlığının, tekâmülünden kaçışının ta kendisi olur. Kusur sandığın tüm özelliklerin, özgün benliğinin asıl kusursuzluğudur sevgili okurum.

İnsanlar hayatı ne yazık ki bunu doğmak, okumak, meslek edinmek, evlenmek, çocuk sahibi olmak, çocuğunu yalnız bırakmamak adına ikinci ya da daha fazla çocuk yapmak, emekli olmak, torun bakmak, yaşlanmak ve huzurla ölmek şeklinde yorumluyorlar. Adım adım herkes bu yoldan gitmek zorundaymışçasına, bu döngüye uymak istemeyenleri de kendi yollarına benzer şekilde yürütmek adına manipüle ediyorlar. Oysaki her ruh, kendine has özellikleriyle eşsiz ve benzersizdir. Biricik ve tektir. Üstelik daha önce neler yaşayıp bilgelik hazinesine neler kattığı, kişinin OL'ma halini, hayattan beklentilerini ve ondan alacaklarını, tekâmül konularını, deneyimlemek istediği duyguları etkileyecek ve farklılaştıracaktır. Ruhun, kimyan, bedenin, genetik kodların sana kim olmanı, ne olmanı söylediğinde ona uyduğun her an, OL'ma halini yükseltmektesindir. OL'mak, sanıldığı gibi evliyalaşmak, örneğin Buda gibi elini ayağını dünya hayatından çekmek değildir. Elbette Buda için kendi yaşamında deneyimlemesi gereken oydu, kontratı bu yöndeydi. Belki şimdilerde çok ünlü bir rock yıldızıdır kendisi. İnsanların, kendi yaşam yolculuklarından çıkardıkları derslerle sana ilham olması elbette güzeldir, ama şunu bil ki sevgili okurum, evrensel yasalar dışındaki tüm durumlarda doğrular ve yanlışlar kişiden kişiye değişir ve sana neyin iyi geleceğini ancak ruhun bilir.

Bize geldiğinde çok mutsuzdu. Bunun sebebini başarısız ilişkilerine bağlıyordu. Birkaç güzel ilişki yaşamış ancak hiçbiri evlilik ile sonuçlanamamıştı. Yaşı otuz beşti ve ümitsizlikten yaşam tutkusunu yitirmişti. "Neden evlenemiyorum ben Anıl Hanım? Güzel ilişkilerim oluyor ama iş, evlilik konusuna gelince ortadan kayboluyorlar. Yaşım da geçiyor, belki artık anne bile olamayacağım." derken gözleri dolu doluydu. Çok istediği bir şeyin, yani evlenip aile kurma isteğinin gerçekleşmemesi yüzünden son derece üzgün ve mutsuz bir görüntü sergiliyordu. Ancak kuantum alanda bakmadan, biz, kişilerin anlattıklarını da takındıkları maskeleri de çok ciddiye almayız. Hatta danışanlarımızı çok fazla konuşturmak istemeyiz. Bizim işimiz bilinçte değil, bilinçaltında saklıdır. Hemen bunun sebeplerine doğru bir yolculuğa başladık bilinçaltı analizinde. Ancak durum sandığı gibi değildi. Kendisini, evlenemediği için mutsuz sanıyordu! Önce ona, annesinin evlenmesi konusunda çok baskı yapıp yapmadığını sorduk. Hatta alan öyle bir noktayı veriyordu ki annesi kızının evlenip çocuk sahibi olmasını, bu noktadan sonra anlaşamazsa da boşanmasına razı olacağını gösteriyordu. "Evet!" dedi danışanım, "Aynen öyle. Hatta annem bunun için sürekli hocalara gidiyor, okumalar yaptırıyor. Hem de bu olay yirmi yaşlarımdan beri devam ediyor. Tek çocuğum ben Anıl Hanımcım, benden torun sahibi olmak istiyormuş annem." dedi. Daha gerilere gittiğimizde ise geçmiş hayatında, evli ve beş çocuk annesi olduğu, tüm yaşamını ailesine adadığı, kendisi için hiçbir şey yapmadığı bir hayatla karşılaştık. "Evet, şimdi de annem ve babam için yapıyorum aslında her şeyi." dedi. Geçmiş hayatı ile şimdiki hayatı arasındaki benzerliği yakalayabilmişti. Sonra özüne baktık ve özünde dünyayı gezmek isteyen, hayatın tadını çıkarmayı arzulayan, aşkı ve tutkuyu arayan, heyecanı seven bir ruh olduğunu gördük. "Ayy evettt Anıl Hocam! Ben aslında tüm ülkeleri görmek istiyorum. İlişkilerimde aşk ve heyecan olduğu müddetçe mutluyum, ama işte hep 'Evlenmelisin!' sesini duyduğum için kendimi şartlıyor ve sanırım ilişkiyi, kafamdaki bu sesle ben bozuyorum aslında." dedi, uyanmıştı. Ruhu onu kıpırdatmıştı fakat egosu, kontrolü tekrar eline almakta gecikmedi. "Ama böyle bir hayat yaşarsam ileride yalnız kalabilirim ve annemle babamı da mutsuz ederim, onlar torun istiyor." dedi iç geçirerek. "Peki." dedim ona, çaresiz gözlerinin içine bakarak. Alanı şifalandırdığımızda kaygılarının biteceğini, korkularının iyileşeceğini biliyordum; ama o anda bunu zihninde de fark ettirmek istedim. "Çevrende evlenmiş ve çocuklar doğurmuş, buna rağmen yaşlılığında yalnız kalmış örnekler yok mu?" diye sordum. "Olmaz mı hocam?"dedi. "Hem de çok var. Eşleri vefat etmiş, çocuklarının da kendi aileleri olduğu için evinde yalnız yaşayan kadın ya da erkek çok insan var." dedi. "Eee o zaman, evlenmek ve çocuk yapmak yalnız kalmayacağının garantisi mi sence?" dediğimde gözleri ışıldadı ki o an ben de kuantum alanda bulduklarımızı dönüştürmeye, bilinçaltını temizleye başladım. Sevgili danışanım aslında hiç de evlenmek istemiyordu. Hayatını yaşamak, gezmek, aşık olmak istiyordu. Elbette evlenebilirdi de ama bu, ancak ruhu, kalbi istediği zaman olmalıydı; şartlanmalarla, sadece annesini babasını mutlu etmek adına, kendini toplumsal koşullanmalara uymak zorunda hissederek olmamalıydı. Seansından bir ay sonra, danışanımız ufak bir dünya turuna çıktı. Bir kere ruhundan geçeni yaşamaya hakkın olduğunu anladığında, bunu bildiğinde ve onu tüm kalbinle istediğinde, gerek maddi gerek manevi olarak evren, tüm imkanlarını senin önüne serer ve arzun beklediğinden daha kısa sürede gerçekleşir. Kalbindeki, zihnindeki engelleri kaldırıp ruhuna kulak verirsen, yaşamın her alanı ödülün olur.

BEN MUTSUZUM, SEN DE MUTSUZ OL Kİ SEÇİMLERİMDEN PİŞMANLIK DUYMAYAYIM!

Herkesle son derece ilgili, yüreği sevgi dolu, sıcacık bir adamdı. On beş yaşındayken anne babasını bir trafik kazasında kaybetmişti. Kardeşleri de yoktu ve yapayalnız kalmıştı. Bazı akrabaları geçici sürelerde bakmıştı ona, ama hiçbiri onunla tam olarak ilgilenememiş ve bir aile sıcaklığı verememişti. Evine dönerek yalnız yaşamına devam etmişti on sekiz yaşından itibaren. Biraz asi ama sevecen, halk arasındaki tabirle deli dolu birisiydi. Yaşadığı onca acıya rağmen hayata tutunmuş, epey de güzel şeyler yapmıştı. Ancak yaşı ilerledikçe yalnızlığını daha çok hissetmeye başlamış ve bir aileye duyduğu özlem de artmıştı. Ne yazık ki birçok kadınla ilişki yaşadığı halde, aşık olduğu biriyle evlilik yapamamıştı. Hep terk edilmişti, tıpkı annesinin onu terk ettiği gibi! Aslında bu, "sevdiklerim gider, beni terk eder" kodlamasının sonucuydu. Çünkü bilinçaltı, ölümü dahi terk edilme olarak algılar ve genelleme yapmaya başlar. Hele ki çok sevdiği iki kişiyi aynı anda kaybeden bir bilinçaltı... Danışanım en sonunda sadece aile kurmak ve baba olmak için, aşık olmadığı biriyle evlenerek bir mantık evliliği yapmıştı. Mantık evliliğini, sadece para için yapılan bir şey olarak algılamayın lütfen. Sevgi alma, ilgi görme, anne ya da babanın yerine koyma, kendi yetiştiği aileden çıkıp düzen kurma, korunma istekleri gibi ihtiyaçlarla yapılan tüm evlilikler de tıpkı maddi ihtiyaçlar karşılığında yapılan mantık evlilikleri gibidir. Tabi o mantıklar hiçbir zaman istediğiniz mutluluğu yaratmaz, ihtiyaçlarınızı ruhsal olarak gideremez ya, o da ayrı bir konu. Evet, istediği şeye sahip olmuş, eşiyle ve oğluyla bir aile kurmuştu. Babalığından mutluydu, zaten o kadar sevgi doluydu ki herkese karşı bu duyguyu hissediyordu. Ancak evliliğinden, evli olmaktan hiç mutlu değildi. Adeta "-mış" gibi yaparak kendini mutlu hissetmeye zorluyordu. İçinde yalnızlık ve çocuğuna iyi bir ailede yetişme imkanı sunamama korkusu vardı ve bu sebepten boşanmayı da asla düşünmüyordu. Ruhunda büyük çatışmalar yaşanıyordu ve gerçek duygular baskılanmaktaydı. Danışanım, kendince gayet iyi niyetli olarak tanıştığı, sohbet ettiği, arkadaş olduğu herkese, eğer bekarsa "Mutlaka evlen, artık armudun sapına, üzümün çöpüne bakma, anne ol, baba ol." gibi öğütler veriyordu. Evli olup sorun yaşayan tanıdıklarına ise "Otur oturduğun yerde, boşanmayı aklından bile geçirme, daha iyisi mi var sanki en azından yalnız yaşlanmazsın." diyordu, yine tüm iyi niyetiyle. Çünkü içindeki yalnız kalma, terk edilmişlik duygularına karşı böyle bir seçim yapmıştı ve bu şekilde bu duygularla baş edebildiğini, dünyaya ait hissedebildiğini zannediyordu. Gerçek aşkı arayan ya da ne olursa olsun "Ben tek başıma da mutlu olurum, aşık olmadığım birine bağlanmak zorunda değilim, yaşam her şekilde çok güzel ve keyif dolu." diyen biriyle yüzleşmek istemiyordu, hatta böyle olasılıkların olabileceğini dahi reddediyordu.

Hayatta korkularınla, yoksunluk bilincinle, çaresizlikle, kaçışla, zorunda hissederek yaptığın seçimlerin, belki kısa vadede işine yarayacak, ancak uzun vadede sana aradıklarını vermeyecek ve zamanla yüreğinde tarifsiz bir boşluk duygusu yaratacaktır. Kimileri, bu boşluk duygusunu fark ederek bana ya da meslektaşlarıma gelerek şifalanmayı ve gerçek mutluluğu seçecek; kimileri de kendini sorunlarla, zorluklarla, kısa süreli iyi hissettirecek seçimlerle duygularından kaçacak ve ömrünün sonuna kadar içindeki esas kendinden saklanacaktır. Rol yapacaktır. Aslında hayatı boyunca kendisiyle savaşacaktır. Yalnız şunu bil ki okurum tekâmülden, iyileşmekten, kendi içinde taşıdığın özbenliğine uyanmaktan sonsuza kadar kaçış yok. Uyanıp, dünyanın bu benliğini bulma ve kendini gerçekleştirme okulu olduğunu, senin de Allah'ın güzelliğinin bu okuldaki bir yansıması olduğunu fark edip, o bilinç düzeyinde yaşayana kadar, benzer enkarnasyonlar oluşturacaksın. Yani dünyaya bedenlenip duracaksın. Yolunu uzatacaksın. Ama seçim senin… Allah, sana ve her birimize verdiği özgür irade ile bizlere bu hakkı tanıyor. Ben ve benim gibi uyandırma misyonu olan ruhlarla da sana bu yolu bu kadar zorlaştırmana ve uzatmana gerek olmadığının mesajlarını yolluyor. Şimdi bu satırları okuyan sana soruyorum, kendi hayatını yaratma gücüne sahip Yaradan'ın yansıması olan bir varlık, zorunda hissederek seçim yapar mı? Kendini yalnız, çaresiz, zavallı sanır mı? Hem de bunların tam tersi iken… Belki de bu kitabı, hayatının bir dönüm noktasında, karar vermek üzereyken okuyorsun. Bu kadar kendine eziyete, kurban bilincinde olmaya, evrensel gerçeklerden uzak yaşamaya dur deme zamanı mı; yoksa kendini hâlâ kader mahkumu zannetmeye devam mı? Hadi artık bence "Dur!" de bu gidişata ve uyanmayı, yaşamını değiştirmeyi seç; özünle, ruhunla ve aklınla. Bu kitap ve okuduğun her satır yoldaş olsun sana.

Kıyaslama, egonun en tehlikeli tuzaklarından biridir. İnsanların senden daha üstün ya da daha aşağıda olduğu algısına dayanır ki bu çok yanlıştır. Öz olarak hepimiz, Allah'ın ruhunu taşıdığımız için birbirimizden üstün ya da aşağı olma durumumuz söz konusu bile değildir. Ancak her ruhun tekâmül düzeyi farklıdır. Öğrenmişlikleri, öğrenmek istedikleri, ruhları birbirinden farklılaştırır; ama asla hiyerarşi kurmaz. Mevkin, başarılı evliliğin, sahip olduğun çocuk sayısı, paran, seni Allah nazarında daha üstün yapmaz ki bizler nazarında böyle bir üstünlük duygusu, Allah'ı ve kendi eşsiz ruhunu anlamamış olmaktan kaynaklanır. Sana göre çok başarılı bir hayat, evrensel boyutta çok başarısız bulunabilir. Neden mi? Çünkü sistem, ilahi boyut, seni sahip olduğun mal, mülk, unvan ya da feda ettiklerinle değerlendirmez. Kendin olmayı başardın mı? Koşulsuz sevgiyi öğrendin mi? Gücünü ve yeteneklerini, senin ve bütünün hayrına kullandın mı? Öğrenmeye söz verdiğin duygu her ne ise (örneğin değerlilik duygusu) bunu gerçekten çözebildin ve içselleştirebildin mi? Evet sevgili okurum, sen bunlara göre değerlendirileceksin ve değerlendirenler arasında kendi öz varlığın yani ruhun da olacak. "Ben evladım için kendimden vazgeçtim." sözün bir erdem sayılmayacak ya da "Ben dünyada çok başarılıydım, başbakandım." açıklaman da kıymetli olmayacak. "Ruhsal sözlerini tuttun mu? Tekâmül planına uydun mu? Seni sen yapan gerçek özellikleri buldun mu? İçindeki Allah'a uyandın mı? Bunlardan haber ver!" diyecekler sana. Hazır mısın peki, bunlar hakkında Yaradan'ınla, rehberlerinle, kendi özünle konuşmaya, hesaplaşmaya, tutulan kayıtları mercek altına almaya?

Biz her birimiz, çorbanın tuzu, biberi, nanesi gibiyiz. Bunlardan birinin yokluğu nasıl tadı, lezzeti değiştiriyorsa bizlerden birinin yokluğu da dünyayı öyle etkiliyor. "Milyarlar arasında ben kimim ki?" diyorsan sevgili okurum, evet sen, okyanusta küçük bir damlasın ama bu damlanın içinde koca bir okyanusu taşıyorsun. Hiçsin ve hiçlikteki hepliksin. Birimizde meydana gelen bir değişim tüm dünya bilincini, kolektif bilinci etkiliyor. Tam da şu anda kaç kişiysek hayatta, bunun üzerine anlaşma yapmıştık yıllar yıllar önce başka bir boyutta. Çok önemlisin bu dünya için, çok kıymetlisin. Dağları yerinden oynatabilirsin.

Önemli olan geçmişte kim ya da ne olduğun değildir. Şimdi, şu anda kim olmak, nasıl biri olmak istediğin ve seçtiğindir.

BİZİ ÖZÜMÜZDEN AYIRAN BAŞLICA NEGATİF DUYGULAR

SUÇLULUK

Evliydi ve iki çocuğu vardı. Yaklaşık kırk beş yaşlarında gözüken, ince sesli, kumral teni ve kahverengi saçları, çıkık elmacık kemikleri ve zarif burnu ile oldukça hoş bir kadındı. Giydiği kırmızı elbisesi ona yakışmıştı. Etrafa sevgi saçan bir enerjisi vardı. Yüzünde, bakışlarında iyi niyetin izleri okunuyordu. Bize eşiyle arasındaki sorunlar, içinde hissettiği boşluk, birçok insana göre şartları daha iyi gözükse de kendini mutsuz hissettiği için gelmişti. İyi bir insan olmaya çalışmıştı hep, ama sıkıntılar yakasını bırakmıyordu. Buna sebep olan duygusunun farkında değildi. Ben danışanlarımı, ilişkisinde sorun yaşadığı sevgilisi, eşi, çocukları, annesi, babası, kardeşleri, ortağı, iş arkadaşları vb. kişilerle özgürleşmesine yardımcı olurum. Bu ilişkilerde neyi görüp anlamaları gerektiğini gösterir ve aralarındaki bağı, sevgi bağına dönüştürerek şifalandırırım. Ruhsal boyutta sevmediğimiz hiçbir varlık yoktur. Eşle bir ayrılık yaşanacaksa bile bu ayrılık, sevgi boyutunda olmalıdır ki arada açık kalan karmik bir dosya olmasın, kişiler sadece eş olma yollarının ayrıldığını bilsin. Çünkü insan olarak, ruh olarak hepimiz var olmaya, birlikte tekâmül etmeye devam edeceğiz. Ancak bu kişilerle yaşadığın negatif olayların altında, senin bir tekâmül konun, yani değişmesi gereken bir duygun, inancın ve zannın vardır. Hayatına onları almanın ve o sorunları yaşamanın, o anne babayı seçmenin sendeki sebebine bakarız ki esas derin şifa da burada gelir. Yoksa kişiler değişir, karmik bağlar şifalanır ama sen, aynı duyguyu sana hissettirecek, ismi farklı farklı insanlarla tekâmül dersine devam eder durursun.

Danışanımın da bu sorunların altında var olan duygusuna baktığımızda, suçluluk duygusu olduğunu gördük. İyi ama hayatı boyunca iyi olmaya çalışmış bir insan, nasıl olur da böyle bir duyguya sahip olabilirdi? Başladık drama yoluyla, bilinçaltında şimdiden geçmişe doğru yolculuğa...

Şimdiye baktığımızda en büyük sıkıntısı, arzu ettiği sevgiyi çevresindeki insanlardan alamamasıydı. Eşi ve çocukları için elinden gelen her şeyi yaptığı halde, onlardan bile yeterince sevgi görmediğini düşünüyordu. Üzgün bakışlarla, kafasını sallayarak onay verdi bilinçaltını temsil eden eğitmenimizin söylediklerine. Hep veriyor ama almaya gelince sorunlar yaşıyordu. Farkına varamadığıysa sevilmek için hep kendinden vermek zorunda hissetmesiydi. "Zorunda olarak yaptığın şeyler, istediğin gibi sonuçlanmaz." diyorum her zaman. Danışanımın durumu da aynen öyleydi. Sevilmek için hiçbir şey yapmak zorunda olmadığını bilecek kadar kendini sevmiyordu. Sonraki aşamada kuantum alan, bizi bir seçim anına götürdü. "İstediğiniz okulu okumanıza aileniz izin vermedi mi?" diye sordu eğitmenimiz. "Evet." dedi, bizim çok alışkın olduğumuz o şaşkın ifadeyle. "Ben mühendis olmak istiyordum ama annem istemedi, o benim subay olmamı istiyordu, bu yüzden askeri okula gittim." dedi, "Bunu nasıl bildiniz?" dercesine bakarak. İşte burada suçlu hissediyordu kendisini. Kendi yolunda yürümek yerine, annesinin onun için çizdiği yolda ilerlemeyi seçerek kendisine ihanet etmişti. Neden? Annesinin sevgisini almaya devam edebilmek için onun istediklerini yapmak zorunda hissediyordu kendini. Yani sevmek için vermek, gerekirse kendi hayallerinden vazgeçmek, annesinin hayalini gerçekleştirmek... Bu, hem sevgi almak için yaptığı bir oyundu hem de kendine karşı suçlu hissettiren en derin ego kalıplarından biriydi.

Bundan bir sonraki adıma geçtiğimizde, çok daha yoğun bir suçluluk duygusu çıktı karşımıza. Bir önceki adımda kendine karşı suçluluk hissederken, şimdi annesine karşı hissediyordu aynı duyguyu. Eğitmenimiz "Anneniz siz on sekiz yaşlarındayken mi vefat etti ?" diye sordu. "Evet, 19 yaşında kaybettim annemi." dedi. Gözleri dolu doluydu. "Annenizin ölümüyle ilgili çok yoğun bir suçluluk duygunuz var. Sanki siz sebep olmuş gibi hissediyorsunuz." dedi. Artık gözyaşlarını tutamıyordu. Bu, onun açılmamış, gizli saklı kalmış kutularından biriydi; derindi ve ona acı veriyordu. "Evet, annem kanserden vefat etti. Ben yatılı okudum. Eğer yatılıyı tercih etmeyip onun yanında kalsaydım belki hastalanmazdı. Yokluğuma üzülüp hasta oldu diye düşünüyorum hep." dedi ağlayarak. En derinde, annesini kendisinin hastalandırıp ölümüne sebep olduğuna inanıyor ve kendini suçluyordu. Yani, bu olayların yaptığı seçimden ötürü yaşandığını zannediyordu. Ölüm, üzerine detaylı yazılacak bir konu sevgili okurum ama şunu bil ki ruh, beden giysisini terk etmeye karar vermeden hiç kimse onu bedenden ayıramaz. Ölüm vakti, Allah ile insan arasındaki bir anlaşmadır. Cinayetlerde bile durum böyledir. Çalışmamız devam ediyordu, çünkü bu duyguya sebep olan daha derin bir yer vardı. Kuantum alan, bu duygunun yani suçluluğun, en derin boyutta başladığı yerin, danışanımın dünyaya geliş anı olduğu bilgisini verdi. Dünyaya gelmeyi kendisinin istediği, ancak bir taraftan da Allah'tan ayrıldığını zannetmesi birçok reenkarnasyonunda kendine acı deneyimler yaşamasına sebep olmuştu. İnsan olmayı seçip Allah'ı bıraktığını düşündüğü için büyük bir suçluluk duyuyordu. Bu seçimi için kendini yargılıyor ve cezalandırıyordu. Peki, bu durum onun şimdiki hayatını hangi açılardan etkiliyordu?

1- Var olma, insan boyutunda dünyaya gelme seçiminden ötürü kendini suçlu hissederek kendi kararlarını almaktan korkuyordu. Bu yüzden annesinin ya da başkalarının ona karışmasına ve yönlendirmesine izin veriyordu. Kendi seçimlerini yaptığı nadir zamanlarda ise (yatılı okulda okumak gibi) annesinin ölümü gibi durumlar yaşadığında da kendisini suçlu hissediyordu. Kök inancı "BEN HATALI KARARLAR ALIRIM VE İLERİDE PİŞMAN OLURUM" ve "KENDİ İSTEKLERİMİ YAPARSAM SONUÇLARI AĞIR OLUR, KAYBEDERİM" idi. Bu yüzden, ne zaman kendisi gibi olsa kaybediyordu ve kendini değil başkalarını mutlu ederek bu kehanetinden korunacağını düşünüyordu. Bu, kararsız bir insan olmasına da yol açıyordu.

2- Var olmayı seçerek Allah'ı geride bıraktığına inanması, dünyada iyi biri olarak, insanları mutlu ederek Allah'ın sevgisini ve onayını tekrar kazanmaya çalışmasına sebep oluyordu. Ne kadar iyi olursa, insanlara ne kadar hizmet ederse, suçunun hafifleyeceğini ve Allah'ın onu affedeceğini sanıyordu. Yani ona göre sevgi, verilerek alınan bir şeydi ve Allah'ın yanından ayrılarak onun sevgisine ihanet ettiğini zannediyordu, tıpkı yatılı okula gitmek için annesinin yanından ayrılıp ona ihanet ettiğini düşünmesi gibi.

3- Suçlu olduğuna inandığı için kendini hayatın sınırsız mutluluklarına, fazla paraya, neşeye, sevgiye layık görmüyordu. Şunu bil ki sevgiye layık olmadığına inanan birisi, sevilmek için karşısındakine dünyaları da verse, istediği gibi sevilmeyecek, sevildiğine asla inanmayacaktır. Her zaman değişmesi gereken, kendimizle ilgili fikirlerimiz ve inançlarımızdır.

İşte bizler bir seçim yaparken kafamızda herhangi bir çelişki, korku, endişe varsa ne seçtiğimiz ne de seçmediğimiz şeyin hakkını verebiliriz. Arafta kalırız. Kendimizi, seçtiğimize seçeceğimize pişman ederiz, hele ki sonuçlar bizi tatmin etmediyse. Oysa ruh, sonuçlarla ilgilenmez, sadece deneyimlemek ve öğrenmek ister. Varılacak yerle değil, yolculuğun kendisi ile ilgilenir. O yüzden kendini suçlu da görmez. Seçtiği yol mutlaka ona bir şey öğretmiştir ve her zaman yeni bir seçim yapma olasılığı olduğunu da bilir. Kendinden emindir. Emin olmayan taraf, insan bedenine girer girmez bizimle var olmaya başlayan egomuzdur.

Suçluluk duygusu, insanı birçok açıdan sabote eden, kendine haksızlıklar yapmasına sebep olan, çok ağır ve köklü bir duygudur. En önemli tekâmül duygularından biridir, çünkü diğer pek çok şeyle bağlantılıdır. Bu duygu iyi şeyleri hak etmeme, değersizlik, yalnızlık gibi duyguları da doğurur ve yaşamı, ceza olarak görmene sebep olur. Kendini kendine düşman eder. Suçluluk duygusuna sahip olan kişiler, her konuda kendilerini "Acaba suçlu muyum, acaba bunu şöyle yapsaydım sonuç değişir miydi?" gibi sorularla sabote ederler. Sevdiklerinin seçimlerinden, yaşadıklarından, kendilerinin sorumlu olduğunu zannederler.

İlişkilerde yaşanılan sorunların, terk edilmelerin, aranılan gerçek aşkın bulunamamasının altında bile çoğu zaman bu duygu yatar. Suçlu olduğuna inandığı için kişi kendini, mutlu ilişkilere layık bulmaz. Ancak öğrenmeleri gereken şey, dünyada özgür irade olduğu için, kimsenin kimseye, kendisi istemeden, izin vermeden, seçmeden, hiçbir zarar veremeyeceğidir. İnsanların hayatında yaşananları ve yaşanacakları bir başkasının değiştiremeyeceğini, Allah'a bağlı olduğumuz için kimsenin hayatından, seçimlerinden sorumlu olmadığımızı, kişinin dünyada bulunmasının yegâne amacının ruhun tekâmülü olduğunu ve her deneyimin ona bir şey kazandırdığını bilmesi, yani şerdeki hayrı görme yetisini kazanmasıdır. Dünyada var olmayı seçmek de Allah'a ihanet edip terk etmek değil, O'nu yeryüzünde tezahür ettirmeye cesaret edecek kadar çok sevmektir. Bunları anlayan kişi, bu duygusunu dönüştürmüş ve bu konuda tekâmülünü tamamlamış olur.

Elbette biz de danışanımızın, farkında olmadan bu duyguyla kaderini şekillendirmesine sebep olan yukarıda saydığım tüm anların, bilinçaltı üzerindeki etkisini değiştirdik ve ona evrensel bilgileri yükledik. Artık suçlu olmadığını bildiği için kendini, onay ve sevgi alma dilenciliğinden beraat ettirdi. Bu, yaşamının baştan sona değişeceğinin, artık sevgiyi koşulsuzca alıp verebileceğinin, hayatın güzelliklerini kendine layık göreceğinin en büyük göstergesiydi. O, artık sevilme isteğine tutsak değildi.

Suçluluk duygusu, anne karnında bile oluşmuş olabilir. Örneğin planlı olmayan, istemeden yaşanılan hamilelikler sonucunda doğan kişilerin, var olmalarından dolayı bile bu duyguyu taşımaları oldukça aşikârdır ve bu, sık karşılaştığımız durumlar arasındadır. Kız ya da erkek beklenen çocukların, istenilenden farklı cinsiyette dünyaya gelmeleri de kendilerini ebeveynlerine karşı suçlu hissettirir. Anne karnında ve doğumdan hemen sonra bu duyguyla tanışan kişiler, tüm hayatları boyunca sevgiye ve onaya layık olabilmek için fazlaca emek vermek zorunda kalabilirler. Anne ya da babasını mutlu etmeye çabalarlar. Baştan istenilmediği için var olarak ya da erkek beklendiği halde kız doğarak ailesini mutlu edemediğini düşünen birey, daha sonra bu konuda fazlaca çaba harcayacak ve onaylanmak, iyi çocuk olmak, onun en hassas noktalarından biri olacaktır. Bir kez tanıştığın zaman, kader motifin olarak, gerek yaşadığın olay ve durumlarda gerek ilişkinlerinde bu duygu karşına çıkacaktır. Sevgilisine, eşine ve çocuklarına karşı da kişi her zaman sevilmek, onaylanmak ve suçlanmamak için aşırı çaba sarf edecek ve kendinden fedakârlıklarda bulunacaktır. Bir de hem başta istenilmeyen bir hamilelik ve süreç boyunca kız ya da erkek çocuk beklentisinin olması durumu vardır ki, iki açıdan da suçluluk yükler kişiye. Hem var oluşu hem de cinsiyeti, kendisini ailesine karşı yetersiz ve değersiz hissetmesine, suçlu görmesine yol açacaktır.

Evli ve çocuğu olan bir arkadaşımla yıllar sonra ilk defa kız kıza tatile gitmeye karar verdik geçen yaz. Eşine ve çocuğuna karşı o kadar vericiydi ki uzun zamandır kendini ihmal ediyordu. Daha doğrusu kendisi için bir şeyler yaptığında onlara ve özellikle çocuğuna karşı hemen suçluluk duygusuna kapılıyordu. Bu, kendi için alışveriş yapmak ya da yemeğe çıkmak bile olabiliyordu. Birkaç defa onu uyarmış ve kendini sevmenin suç olmadığını, ailesi ve çocuğuyla olduğu kadar tek başına da arada bir zaman geçirebileceğini, bunun aslında ona ve ailesine daha büyük katkı sağlayacağını anlatmaya çalışmıştım. Suçlanma korkusu o kadar büyüktü ki dediklerimi duyuyor, ama tam olarak içselleştiremiyordu. Yorgundu ama bir taraftan da geçmişte yaptığı çılgınlıklara ve kız kıza vakit geçirmeye özlem duyuyordu. Nihayet onu ikna edip tatile çıktık, tabii öncesinde benim ona uzun uzun dil dökmem gerekti. Seans almadığı için bundan daha fazlasını yapamıyordum. Oğluna, babası ve babaannesi bakacaktı. Her şey yolundaydı. Kimse bir problem çıkarmamıştı. Zaten beş günlük bir gezi planıydı. İlk gün her şey çok güzeldi, arkadaşım da çok mutluydu. Akşam olunca oğlu ve eşiyle görüntülü konuştu. Onlardan yana bir sitem yoktu, tam tersi oldukça iyilerdi ve babasıyla resim çiziyordu çocuğu. Ancak telefon kapanır kapanmaz yüzünde öyle bir ifade belirdi ki içimden "Eyvah!" dedim, "Yine kendini suçlu hissetti." Benim tersi yönde açıklamalar yapacağımı bildiği için susmayı tercih etti. Sadece keyfi kaçık bir halde, uyumak istediğini söyleyerek yattı. Ertesi sabah boğaz ağrısı ve gribal enfeksiyon belirtileri ile uyandı. Hemen eczaneye gidip ilaç aldık. O, konuyu açmadan ben yorum yapmak istemedim. Oysaki kendini suçlu hissettiği için cezalandırarak hasta ettiği o kadar netti ki! Dört kişiydik ve hepimiz aynı ortamlarda bulunduğumuz halde sadece o hastalanmıştı. Bundan sonraki günleri, ne tatilin tam hakkını vererek geçirdi, ne de tamamen o duyguya teslim olup yatak döşek yattı. En başta bahsettiğim gibi kendine araf hali yaşattı, tabi bizlere de. Son gecemizde eşinin telefonda "Özledik seni, bırakıp gittin bizi, bizsiz de mutlusun galiba?" sözleri tam da arkadaşımın duymaktan korktuğu cümlelerdi. Kendince ona açıklamalar yaptı, hatta kızdı, neden böyle diyerek onu üzmeye çalıştığının hesabını sordu ve sinirle telefonu kapattı. Konuşmaya tanık olduğum için eşinin sitem dolu cümlesini, öfkeyle bana aktardı. "Öyle olmadığını, benim de onları özlediğimi bilmiyor sanki!" diyerek söylenmeye devam etti. Aslında zokayı çoktan yutmuştu. Eşine itiraz etse bile, içinde bir yerlerde ona hak veriyor ve kendini onlar olmadan mutlu hissettiği, onlarsız tatil yaptığı için suçluyordu. Eşi de onun bu duygularına ayna tutmuştu. Böyle bir inancı olmasaydı, zaten ondan böyle bir cümle duymayacak, duysa dahi gülüp geçecek ve bu durumu ciddiye alıp sinirlenmeyecekti. Ertesi sabah hepimiz, uçak saatlerimize göre otelden ayrılmıştık. En erken uçak onunkiydi ve nedense bir tek onun çağırdığı taksi geç kaldı. Neredeyse uçağı kaçıracağı için acele etmek ve havaalanında koşturmak zorunda kalmıştı. Ter içinde uçağa bindiğini ve klimayı da kapatamadığını bana sonradan anlattı. Yolculuk boyunca klimaya maruz kalmış ve teri üzerinde kurumuştu. Zaten hastaydı, İstanbul'a indikten birkaç saat sonra hastanelik olmuş, serum takılacak kadar durumu kötüleşmişti. Ağır bir soğuk algınlığı yaşadığı için sabah akşam iğne yemişti. Yatakta inlerken sonunda itiraf etti. Daha ilk akşamki görüntülü konuşmada, eşi ve oğlu yanında olmadan mutlu olduğu için kendine kızmış, suçlu hissetmiş ve son akşam eşinin o sözleri de üstüne tuz biber olmuştu. Elbette cezayı, yani hastalığı bilinçli olarak yaratmaz insan; ama bilinçaltındaki duygulara karşılık verir tüm sistem ve beden. Suçlu olana ceza verilir, değil mi? O da kendi hakimi, savcısı, tanığı ve yargılanan kişi olarak, farkında olmadan kendine bunu reva görmüştü. Böylece tatilini burnundan getirmişti. "Ordaydım ama ordayken bile hastaydım, günlerim hiç de iyi geçmedi rahatsızlığım yüzünden." demişti eşine. "Tatil harikaydı, çok eğlendim." dese ve bunu yaşasa, sanki dünyanın en kötü eşi ve annesi olacaktı. Birkaç ay sonra arkadaşımın suçluluk duygusuna çalıştık ve şifalandırdık, ama buna ne vesile oldu biliyor musunuz? Oğlunda da bu duygunun varlığını fark etmesi. Her ne olsa "Benim yüzümden mi anne? Ben burada hatalı mıyım?" diyordu çocukcağız, annesi ya da hiç kimse onu suçlamadığı halde. Çünkü çocuk, annesinin duygularını kopyalıyor ve annesi ona karşı kendini suçlu hissettikçe o da kendisini annesine karşı suçlu hissediyordu. Çok şükür ikisi de şifalandı kuantum seansları ile. Şunu bil ki sevgili okurum, çocuklara ne söylediğimiz elbette önemli ama bundan daha da önemlisi, annenin ve babanın bilinçaltı kalıpları, kendi iç dünyalarıdır. Çünkü enerjisel olarak bu bilgiler, çocuğa aktarılır; yani susarak sakladıklarını çocukların anlamıyor sanma. Senin olumlu ya da olumsuz tüm duygularının ve düşüncelerinin enerjisi ona geçiyor. Çocuğu sayesinde arkadaşım da şifalandı. Böylece anne oğul birbirlerine rehberlik etmiş, iyileştirmiş oldular ki bu da onların tekâmül konusuydu. Arkadaşım bu duyguyu, anne karnında almıştı. İstenmeyen, plansız bir hamilelik yaşamıştı annesi ve hatta onu aldırmak istemişti, ancak babası engel olmuştu. Küçüklüğünden beri dinlediği hikaye ise annesinin onun yüzünden işten ayrılmak zorunda kalışı ve hamile kaldığında iki yaşında olan ağabeyi de küçük olduğu için onun da haksızlığa uğradığı yönündeydi. Annesi elbette kızını sevmişti ama arkadaşım, hem anne karnında aldığı bu duyguyu hem de dinlediği bu hikayeyi kendisine "Ben, var olarak hem anneme hem ağabeyime karşı suçluyum, bu yüzden onları çokça mutlu etmeliyim ki suçumu telafi edeyim" inancı olarak çevirmişti. Bu yüzden hem onlara hem eşine ve çocuğuna fazlaca ilgi ve emek veriyordu. Ama biz, duyguyu kökten şifalandırdığımız için arkadaşımın hayatına alma-verme döngüsü dahil oldu. Suçlu hissetmemek ya da onaylanıp sevilmek adına değil, koşulsuz sevmeye başladı. Birine bir şey yaparken karşılığında onun sevgisini beklemek bile koşuldur. Zorunda hissedilerek veya suçlu hissetmemek adına yapılan eylemler gerçek değildir ve karşı tarafa senin sandığın kadar iyi gelmez. Yaydığın enerjiden, bunları sevilmek için yaptığın hissedilir. Kendini suçlu hissedeceğini düşünerek dediğin her "evet" aslında HAYIR enerjisi taşır ve böyle yaparak en başta kendine "hayır" demiş oluyorsun. İşte bu yüzdendir ki fazlaca ilgi, sevgi, şefkat, para vb. Verdiklerin senin değerini bilmez ve seni buna pişman eder. Lütfen dikkat et! Başkalarına evet derken kendine asla "hayır" deme! Hiçbir şeyi insanları kırmamak, üzmemek ya da sevgilerini kaybetmemek, suçlu hissetmemek adına yapma! Kendini de onları da kandırabildiğini sanma! Hele ki Allah'ı ya da sistemi, ASLA! Cezalandırılma korkusu ile değil; sevdiğin için, O'nunla bir olmayı seçtiğin için ibadet et! Yaradan'ını anla, O'nun yolunda emek harca; çünkü artık biliyorsun ki senin gerçek yolunla O'nun yolu aynı. Seni mutlu edecek şeyler seni yaratanı da mutlu edecek, bunu aklından hiç çıkarma!

Suçluluk duygun olduğunu düşünüyor ve onu dönüştürmek istiyorsan yirmi bir gün boyunca, kulağının duyacağı bir sesle ve günde yedi sekiz kez bu olumlamayı yapabilirsin:

" Ben (ad- soyad)..... Yaptığım ve yapmadığım her şey için kendimi şimdide ve tüm zamanlarda bağışlıyor ve affediyorum. Her şey bir deneyimdir. Ben de geçmişte yaptığım seçimleri sadece birer deneyim olarak kabul ediyor ve onlardaki zenginliği alıyorum. Olduğum halimle kendimi kabul ediyor ve kucaklıyorum. Kimsenin varlığından sorumlu değilim ve beklentilerini karşılama gibi bir zorunluluğum yok. Ben kendim ve herkes için sadece elimden gelenin en iyisini yaparak mutlu olmayı seçiyorum. Kendimle, hayatla, insanlarla barışıyorum. "

Dışarıdan alınacak hiçbir şey yok. Her şeyi önce sen kendine vermelisin. En güzelini hak edecek kadar değerli olduğunu bilmelisin. Allah kartını gösterip her kapıyı açtırabilirsin.

DEĞERSİZLİK

Bu duygu da suçluluk gibi, pek çok danışanımızda karşımıza çıkan, hem bireysel hem de toplumsal ve dini öğretilerle bilinçaltına işlenmiş ve birçoğunun hayatını kader mahkumuna çevirmiş başlıca negatif duygulardan biri ne yazık ki. Kendini değersiz hisseden biri, nasıl değerli bir hayat yaratabilir ki? Nasıl onu mutlu edecek seçimler yapar? Sadece roller ve maskelerle yaşamış olmaz mı?

İnsan hayatına, olması gereken konfor alanına, adalete, düzene, kurallara yeterince önem vermeyen ülke yönetimleri kişilere kendilerini değersiz hissettirirler. Anlatılan dini hikayelerle, insanların en başta yasak elmayı yemesi ile cezalandırılıp suçlu, kusurlu, Allah'ın değerine, sevgisine ve güvenine layık olmayan yaratıklar olduğu çoğumuzun bilinçaltına işlenmiş durumdadır. Bu bilgiler, kolektif olarak yani toplu olarak her birimizi etkilemektedir. Ancak en önemlisi insanlarla yaşadığımız bireysel olaylar sonucu değersiz olduğumuza karar vermemizdir.

Değersizlik duygun olup olmadığını anlaman için hayatını gözden geçirmen yeterli. İlişkilerde, işte ya da parasal kazançlarda daha iyisini hedeflemiyorsan, daha iyisinin olabileceğine inanmıyorsan, elindekinden memnun olmadığın halde kaybetme korkundan dolayı ondan vazgeçemiyorsan, hayır demekte zorlanıyorsan, kendinden çok ödün veriyorsan, varlığının kıymetini bilmeyip kendini fazlaca yoruyorsan, zorunda olduğunu düşünerek yaptığın şeylerin yanı sıra yokluk, kıtlık bilincin varsa, bedenindeki özelliklere (kilo vb.) takılıyorsan, ne yazık ki değersizlik duygusuna sahipsindir.

Bazılarımız değerli olmayı, statüye, kazandığı paraya, aile reisi olmaya, mutlu bir evliliğe, yakışıklı ya da güzel karısı/kocası olması gibi pek çok şeye bağlıyor ve bunlara sahip olamadığında kendini değersiz hissediyor. Sevgili okurum, bu büyük bir yalan; çünkü kimsenin değeri bunlardan gelmiyor. İnsanlar böyle sanmaya devam ettikçe kendilerini sınırlamış, yargılamış ve gerçek olmayan duygulara kapılarak yaşam dersini almamış oluyorlar. Senin, bir şirketin ceosu olmanla o şirkette çaycılık yapman arasında hiçbir değer farkı yok. Her birimiz çok değerli ve özeliz. Neden biliyor musun? Çünkü biz Allah'ın bir parçasıyız, bu dünyada onun güzelliğinin yansıması olarak bulunuyoruz. Allah ne kadar değerli ise sen de onun parçası olarak o kadar değerlisin. Kadın ya da erkek olmanın da değer ölçünle alakası yok. Şunu unutma ki ruh cinsiyetsizdir. Cinsiyet, bedene girince gerçekleşir ve tekâmül konularından biridir. Tekâmülde her şey zıddını da içerdiği için, eril ve dişil olarak, iki zıt cinsiyet yaratılmıştır. Bununla birlikte kadınlar da erkekler de ruhsal olarak eşit değerde ve önemdedir. Zaten birçok reenkarnasyonda, her birimiz kadın da oluyoruz erkek de.

Bazılarımız da ancak her şeye fazlaca koşturduklarında; sevdiklerini, patronlarını, arkadaşlarını mutlu ettiklerinde, yoğun olup işe yaradıklarını düşündüklerinde kendilerini değerli hissediyorlar. Hiçbir şey yapmadıklarında, insanlara yetmeye çalışmayı bıraktıklarında, içlerinde sakladıkları bu duygu ile yüzleşmeye başlıyorlar. Bunlar da duygunun gizlenmesi adına takılan değişik maskelerdir. Bu kişiler, bir yandan aldıkları fazla sorumluluk yüzünden hayattan şikayetçi olurken aslında içlerinde, bundan son derece memnundurlar. Eşinin sorumsuzluğundan ve her şeyi kendisine yıktığından yakınan bir kadın, aslında evin hem erkeği hem kadını olmaktan mutludur. Çünkü çocukken, anne karnında ya da belki geçmiş yaşamında kendini değersiz görmeyi öğrenmiş ve sorumluluklarını almakta zorlanan bir eş seçerek, kendisini evin hem erkeği hem kadını olmak zorunda bırakıp bu değersizlik duygusunu bastırmıştır. Böyle biri, kendi gibi fazlaca sorumluluk almaya meyilli bir erkekle zaten mutlu olamaz, evlenemez. Böyle bir ilişki yaşayıp ona aşık olmuş olsa bile, mutlaka farkında olmadan ilişkinin sonunu getirecek hamleler yapar ya da karşısındakinin yapmasını sağlar. Çünkü benzerler birbirlerini iterler, yaşam alanlarında birbirlerine yer bırakmazlar.

Danışanım, hayatında tüm sevdiklerine, özellikle eşine ve çocuklarına her şeyi fazla fazla veren, kendisine karşı ise son derece acımasız ve cimri biriydi. Yorgun, yılmış bir enerjiyle karşıma geldiğinde ilk cümlesi "Çok bıktım Anıl Hanım, yıllarca herkesin her şeyi oldum, ama ne eşim kıymet biliyor ne de annem beni önemsiyor. Kimse 'Bu kadının bir şeye ihtiyacı var mı? 'demiyor, acılarımı bile paylaşmıyorlar." oldu. Herkesin eli, kolu, ayağı, dayanağı, maddi manevi ihtiyaçları olan her şey olmuştu belli ki ama kendine aşık, kendine değer veren olamamıştı.

Değersizlik duygusu olanlar, almakta zorlanırlar sevgili okurum. İnsanlardan sevgi, değer, yardım almaya haklarının olmadığını düşünürler. Suçluluk duygusuyla benzerdir bu durum. Olanla yetinmeye çalışır, fazlasını istemezler. Bunu da erdem sanarlar bazen; ama durum, genellikle böyle değildir. Değersizlik, suçluluk, hak etmeme duyguları, bilinçaltını esir almıştır ve kişi bunları, haline şükür maskesi ile kendinden dahi gizliyordur. Zaten tüm bu duygular iç içedir. Biz çalışmaya, en elzem olandan başlarız; ama değersizlik duygusuna çalışıldıysa arkasından mutlaka bir suçluluk duygusu da çıkacağını ve ona da çalışılması gerektiğini biliriz.

Bu danışanımla ilk olarak, değersizlik duygusu üzerine çalışmaya karar verdim. Hemen eğitmenlerimizden biri bilinçaltına girip duygunun oluştuğu anları taramaya başladı. Önce, danışanımızın çocukluğunu yaşamak yerine küçük yaşlardan beri bir yetişkin gibi çalıştırıldığı bilgisine ulaştık. "Evet." dedi, bu bilgiyi nasıl bilebildiğimizi anlamaya çalışan şaşkın bir ifadeyle. Bu bile ona kendisini değersiz hissettirmişti; çünkü annesi, kendisi çalışmak yerine çocuğunu çalıştırmış, onun küçük yaşlarda ağır sorumluluklar almasına sebep olmuştu. Ama bunun ötesinde daha derin bir problem olduğunu eğitmenim yakalamıştı. Esas sorun, anne karnı ve doğum anıydı. Danışanımıza, annesinin onu erkek beklediğini, kuantum alanın bu bilgiyi verdiğini söylediğimizde hemen onayladı. "Evet, hamileliği boyunca beni erkek beklemiş, hatta beni kucağına verdiklerinde kız olduğumu öğrenince üzüntüsünden ağlamış." dedi gözleri dolu dolu. Kız doğduğu için annesinin nazarında kendini son derece değersiz hissetmiş ve bunu bilinçaltına yüklemişti. Eğitmenim bilgileri taramaya devam etti, çünkü bu yaşantısında en etkin yerler çocukluğu ve doğum anı olsa da aslında bu duyguyu geçmiş yaşamlarından getiriyordu. Önce siyahi bir köle olarak yaşadığı hayatı verdi alan. Ten rengi ayrımlarının yapıldığı dönemlerde, köleliği deneyimlemiş ve beyaz ırkın arasında kendini bir hiç gibi hissetmişti, tüm yaşamı boyunca da ona öyle davranılmıştı. O da asla başkaldırmamış, siyahi olduğu için değersiz olduğuna inanmış, yani tekâmül sınavını veremeden o hayatını sonlandırmıştı. "Hep karşı olmuşumdur din, dil, ırk ayrımlarına. O dönemleri anlatan filmlerde eziyet çeken zenci köleleri gördükçe yüreğim burkulur." dedi. Evet, bilinçaltı ona yaşadıklarını hatırlatıyordu bu filmlerle, ama daha bitmemişti. Eğitmenim bu duygunun yoğun yaşandığı başka bir geçmiş hayatında da danışanımın başarılı ve ünlü bir sihirbaz olduğunu söyledi. Bir gösterisinde yaptığı büyük bir hata sonucunda izleyicilerin gözünde sahtekâr durumuna düşmüştü. Kendine olan güveni yerle bir olduğu için artık her gösterisi bir fiyaskoyla sonuçlanıyordu. Buradan aldığı kök inanç "yeteneklerimi başarıyla kullanırsam değerliyim, başaramazsam değersizim" olmuştu. Aslında ruhunun en derin yanılgısı, kendisini ancak başarılı şeyler yaptığında ve insanları mutlu ettiğinde değerli hissetmesi idi. Biz tüm bunları temizledik ve ona, ilk varoluş anını hatırlattık. Unuttuğu şey, tek mutlu etmesi gereken kişinin kendisi olduğu ve değerinin, hiçbir sebebe bağlı olmaksızın varoluşundan ve Allah'tan geldiğiydi. Yergiyle azalmaması, övgüyle çoğalmaması gerektiğini de öğrenmişti. Gerçek değerini bilirsen, evren yaydığın bu duygunun frekansına uygun olayları ve kişileri hayatına çekecektir sevgili okurum. Değersiz olduğuna inandığında ise bunun tam zıddını yaşarsın. Bu, rezonans kanunudur. Kader dediğimiz de tam olarak budur ve sen, frekansını değiştirdiğinde hayatın değişir. Aslında ne kadar kolay değil mi?

Değersizlik duygun olduğunu düşünüyor ve onu dönüştürmek istiyorsan yirmi bir gün boyunca, kulağının duyacağı bir sesle ve günde yedi sekiz kez bu olumlamayı yapabilirsin:

"Ben (ad-soyad)..... varım ve değerliyim. Allah'ın yeryüzündeki yansıması olduğumu hatırlamayı ve bu bilinçte yaşamayı seçiyorum. Biricik ve özelim. Yaradan'ın bana verdiği tüm nitelikleri benim ve bütünün hayrına açığa çıkarmaya niyet ediyorum. Değerimin ilahi özümden geldiğini biliyor ve seçimlerimi sadece beni mutlu ettikleri için yapıyorum. Kim ne der diye yaşamayı bırakıyor, kendime önce ben diyecek kadar değer vermeyi seçiyorum. Biliyorum ki ben olmadan, gerçek anlamda sevdiklerime de katkı sağlayamam. Ben ve biz dengesini sağlıklı bir şekilde kuruyorum."

HAK ETMEME

Hak etmeme duygusu, komşu duygular olan suçluluk ve değersizlik ile iç içedir. İki şekilde kendini gösterir, ama aslında ikisi de aynı temel noktaya dayanır: Kişinin iyi şeyleri hak etmediğine dair olan inancına. Çoğu zaman, bu duygunun farkında olmadan, birçok konuda sorunlar yaşıyor olabilirsin. Danışanlarımın çoğunda gördüğüm, yaşadıkları sıkıntılarla ilgili insanları, toplumu, düzeni, hatta ALLAH'I suçlarken bu suçlamalara sebep olan sorunların altında, kendi hak etmeme duygularının yattığı ve bu duygunun titreşimine yani yaydığı frekansa uygun olayları ve kişileri yaşamlarına çektiklerinin farkında olmamalarıdır. İlk tezahür şekli, hak etmediğiniz pek çok olay yaşamak, haksız yere suçlanmak, beklediğiniz değeri ve sevgiyi alamamak, miras gibi maddi konularda haksızlığa uğramak gibi kendini net olaylarla gösteren ve tamamen kurban hissettiren şeklidir. İkincisi ise ilişkilerde, yeteneklerde, parasal konularda, istediğiniz, arzu ettiğiniz yerde olmamanız, olamamanız olarak tezahür eden gizli şeklidir. Bazen de hastalıklarla kendini gösteren, çok güçlü bir negatif duygu ve inançtır. Örneğin, nefes almayı yani yaşamı kendine hak görmeyen birinin astım olması ya da akciğer kanserine yakalanması olasıdır.

Hak etmeme duygusunun en yoğun oluştuğu yer anne karnı ve doğum anıdır. Özellikle istenmeyen hamilelik sonucu veya kız/erkek beklentisi olup da beklenilenin tersi cinsiyette doğan kişilerde çokça karşımıza çıkmaktadır. En derinde ise hepimizin Yaratan ile bir olduğumuz o an'dan kopup ruhumuzun kendi varoluş yolculuğuna başladığı ve ilk defa dünyaya insan bedeninde gelmeyi seçtiği geçmiş hayatında oluşur. Yani çok derinlerden gelen bir duygudur ve bu yüzden güçlüdür.

Peki, neden buralarda bu duygu ve kök inancı oluşturur kişiler?

*İstenmeden, plansız ya da annenin hazır hissetmediği gebelikler sonucu dünyaya gelen kişiler, ebeveynleri onu istemediği için varlıklarının mutsuzluk sebebi olduğuna ve dünya nimetlerini hak etmediklerine inanmaya başlarlar. Doğdukları anda anne ya da babası tarafından varlığı coşkuyla karşılanmayan, yeterli sevgi ve ilgiyi göremeyen kişiler, yetişkinliklerinde kendisi için yok gibi olup başkaları için var olan bireylere dönüşürler. Hayatları boyunca ne yaparlarsa yapsınlar, sevdikleri kişiler tarafından istenmedikleri duygusuna sıkça kapılırlar. Sevgilileri ya da eşleri tarafından terk edilmeleri ya da kendilerinin onları terk etmesi, bu duyguyla ilişkilidir. Bu duyguya sahip olan insanlar fazla fedakâr ve anaç yapıda olurlar. Onaylanmak ve takdir görmek, en çok yaşamak istedikleri şeyler olur ve bunun için fazlaca çabalarlar.

*Erkek beklenip kız doğan ya da tam tersi kız beklenip erkek doğan kişiler de cinsiyetleri sebebiyle yine ailenin beklentisini karşılayamadıkları, onların sevgisini ve onayını yeterince alamadıkları için hak etmeme duygusuna kapılırlar. Bu kişiler ilişkilerinde, evliliklerinde sorunlar yaşarlar. Erkeklerin daha değer gördüğü ya da erkek beklenilen ailelere kız olarak gelenler, ne yazık ki kadın kimlikleri ve cinsel enerjileri ile alakalı sorunlar yaşamaktadırlar. Rahimde kist, miyon, tümör ve göğüste kitleler sıkça karşılaştıkları sağlık problemleridir. Genellikle cinselliği de çok isteyerek ve severek değil de görev gibi yaşarlar ve bundan haz alamazlar. Hayattan, insanlardan bir şeyler almayı çok bilmeyerek aslında eril enerjinin bir özelliği olan vermeye odaklanırlar. Kendilerinden çok hayatlarındaki kişilere zaman, emek, ilgi, sevgi, para vs. verirler. Başkalarının sorumluluklarını üstlenirler. Bu kişiler, aslında dengesiz eril enerji kullanmakta, kendilerini hem kadın hem erkek gibi görüp iki tarafa da ait olan sorumlulukları tek başlarına üstlenmeye ve halletmeye çalışırlar. Kadın olarak bir prenses, kraliçe gibi yaşatılmayı, erkekler tarafından el üstünde tutulmayı hak ettiklerine inanmazlar. Bu sebeple, genellikle henüz yeterince olgunlaşmamış, sorumluluk alma konusunda sıkıntıları olan, kendilerini değersiz, yetersiz ya da hizmetçi gibi hissettiren kişilere çekilirler ve onlarla evlenirler.

Kız beklenip erkek doğan kişilerin de erkek olarak iyi şeyler yaşamayı, hissetmeyi kendilerine hak görmedikleri için onu sömüren, aldatan, kullanan kadınlara çekilmesi ve onlarla evlenmesi yine çok sık karşılaştığımız bir durumdur. Bu kişiler de fazlaca sevecen, ilgili, tüm dünyanın yükünü göğüslemeye gönüllü kişiler olurlar çoğunlukla. Eşi ya da annesi tarafından yönetilen erkeklere dönüşürler. Varlıklarını, genel olarak güçlü buldukları bir kadına- ki aslında o kadının da eril tarafı yüksektir- bağlar ve sorumluluğu ona bırakmaya meyilli olurlar. Para kazanma konusunda da bu sebeple çokça sorunlar yaşarlar. Çünkü kendi eril güçlerini görmezler, kazansalar bile paralarını annelerine ya da eşlerine verirler ve ne yapılacağına yani paranın yönetimine onların karar vermesini beklerler. Kendileri, o parayı yönetmeyi hak etmiyordur çünkü.

*Bazıları da Allah'ı terk ettiğini düşünerek bu inanca sahip olmaya başlıyor. Yaradan'ın yanından ayrılmış, dünyanın nimetlerini deneyimlemeye gelmiş; fakat istediği güzel şeyler yerine acı deneyimler yaşamış çoğu kimse, bu seçiminden ötürü kendini cezalandırıyor. İyi şeyleri hak etmeyen kusurlu kişiler oldukları kanaatini oluşturup sıkıntı, sorun ve hastalıklar yaratarak bedenlerinde kendilerine ceza çektirmeye devam ediyorlar.

Sana bir sır vereyim mi sevgili okurum? Evet, var olmayı ve dünyada bedenlenmeyi hem sen istedin hem de zaten olması gereken buydu. Hepimiz bunu istedik ve başka olasılık da yoktu. Sen hep vardın, hep varsın ve hep var olacaksın. Ruhun yok olması söz konusu değildir. Hiçbir şey yapmasan dahi Allah'ın kulu olduğun için her şeyin en güzelini hak ediyorsun, tıpkı benim gibi, tıpkı herkes gibi...

Bunlar temel yerler olduğu için bölüm bölüm açıklamayı uygun gördüm. Bunların dışında kendini yoğun olarak suçlu hissettiğin, hatalı bulduğun olayların sonunda da hak etmeme duygusu geliştirmiş olabilirsin.

İki tane evlilik yapmıştı ve ikisinden de birer çocuğu vardı. Evliliklerinin öncesinde de devamında da sevgilileri olmuştu; lakin bir türlü mutlu, sorunsuz bir ilişki yaşayamıyordu. "Erkeklerle sorunum var galiba benim Anıl Hanım." diyerek gelmişti bana. Parasal olarak da sıkıntıları vardı, ama paraya çok önem vermediği için öncelikle ilişkilerinde mutlu olamamasına sebep olan bilinçaltı blokajlarının şifalandırılmasını istiyordu. Neden bir türlü mutlu olamıyordu? Sorusu buydu. Her şeyi düşünen, kendisinden çok karşısındakini mutlu etmeye çabalayan güzel bir kadındı. Kızıl renkte küt saçları, yemyeşil gözleri ve biçimli burnu ve dudakları ile gerçekten oldukça dikkat çekiciydi. Mutsuzluğunun sebebini erkeklerle ilgili olumsuz inançlarına bağlıyordu. Evet, bu doğru olabilirdi belki ama en doğruyu bilinçaltı taraması verecekti. Seansa başladığımızda, tüm bu sıkıntıları yaşamasının altından hak etmeme duygusu çıktı. Kendini mutluluğa, aşka, fazla paraya layık görmüyordu. Bunun oluştuğu anlara bakmaya karar verdiğimizde yine eğitmenimiz çok derin bir travmayı anlatmaya başladı dramasında. "Bir kayıp var çocuklukta." dedi. Ona, on iki on üç yaşlarındayken çok sevdiği birini bir kazada kaybedip kaybetmediğini sordu. Danışanım gözleri fal taşı gibi açılmış bize bakarken devam etti, "Suçluluk ve hak etmeme duygusu var hocam. Onu kurtaramadığı için iyi şeyler yaşamayarak, mutlu olmayarak kendini cezalandırıyor. Mutlu olursa ona ihanet edeceğini zannediyor. Yaşamı hak etmediğine inanıyor." dediğinde, danışanım hüngür hüngür ağlamaya başladı. Ağlaması biraz hafiflediğinde zar zor olayın detaylarını aktarmaya başladı. On iki yaşındayken, en yakın dostu, yol arkadaşı gibi gördüğü, kendinden bir buçuk yaş büyük ablası ve ailesiyle seyahat ederken yaşadıkları bir trafik kazası sonucu, gözlerinin önünde ablasını kaybettiğini anlattı. O gün arabaya binerlerken ablası, annesinin arkasına oturmak istemiş ama danışanım, onu babasının arkasına oturmaya ikna edip kendisi oraya oturmuştu. Kazada tam da ablasının oturduğu yerden bir araba onlara çarpmış ve ablası olay yerinde hayatını kaybetmişti. Danışanım uzun bir süre psikolojik tedavi görmüş bu yaşadığı acı dolu travma sonrasında. Ne yazık ki ilaçlarla zihin bir süre rahatlatılıyor ama kayıt, bilinçaltında duygulara ve inançlara dönüştüğü için bunlar temizlenmedikçe kişinin yaşamını sabote etmeye devam ediyor. Bu olaydan sonra hem mutlu olup çok sevdiği ablasının yasına ihanet etmek istemiyor, hem de hayatı kendine hak görmüyordu. Eğer ablasının istediği yere oturmasına izin verseydi onun yaşayacağına, kendisinin öleceğine inanıyordu ve bu acıyı yaşamaktansa ölmeye seve seve razıydı. Bu ölümün ablasının Allah ile arasındaki bir plan ve onun tekâmülü olduğunu bilmiyordu.

Ben tam bu derin travmayı temizlemeye hazırlanırken, eğitmenim bu sorunla ilgili önemli bir nokta daha olduğunu söyledi. Bu sefer de doğum anına gitmişti. Danışanımıza, babasının onu erkek bekleyip beklemediğini sordu. Kuantum alanı gösteriyordu ki babası, doğduktan sonra onu bir süre kucağına dahi almamıştı. Danışanımız üzgün bir yüz ifadesiyle bunu onayladı. Gerçekten babası onu erkek beklemiş ve hastaneye gelip kız olduğunu öğrendiğinde kucağına almayı bırakın, yüzünü dahi görmeden, üstelik anneye bile bakmadan hastaneyi terk etmişti. İşte daha o anda, erkek doğmadığı için babasını mutsuz etmiş, bununla ilişkili olarak annesinin yalnız kalmasına sebep olmuştu. Güzel olan hiçbir şeyi hak etmediği kodu böylece bilinçaltına yerleşmişti. Babası, çocukluğu boyunca da kendisiyle hiç ilgilenmemiş, hatta dönem dönem onunla hiç görüşmemişti. O yüzden özellikle erkeklerle ilgili bu duygusu daha fazlaydı. Biz elbette alanı şifalandırıp gerekli değişimleri yaptık. Bir sene sonra, halen mutlulukla devam ettirdiği evlilik töreninde yanında olmak, bizlere de son derece keyif verdi. En önemlisi artık ablasının vefatından sorumlu olmadığını bildiği için hayatı hak ettiğine inanıyor ve huzurla nefes alıyordu. Kızıl saçları ise uzamış ve yüzünü daha da güzelleştirmişti. Su yeşili gözleri ise mutlulukla parlıyordu.

Hak etmeme duygun olduğunu düşünüyor ve onu dönüştürmek istiyorsan yirmi bir gün boyunca, kulağının duyacağı bir sesle ve günde yedi sekiz kez bu olumlamayı yapabilirsin:

"Ben (ad-soyad)…. Her şeyin en güzelini hakettiğimi biliyor ve buna uygun olan yaşam koşullarını oluşturmayı seçiyorum. Sevgiyi, aşkı, mutluluğu, hazzı, başarıyı, fazla parayı hak ediyor ve yaşamın nimetlerine "Evet!" diyorum. Yaradan'ın bolluk kaynağının sınırsız olduğunu ve isteyen herkesin ondan sınırsızca faydalanabileceğini biliyorum. Kendimi dünyanın araçlarına açıyorum."

Hiç yalnız olmadın ve hiç olmayacaksın.
Allah'ın ruhu olan sen,
hiç O'ndan ayrılır mısın?

YALNIZLIK

Birçok ruhsal hastalığın başrolünde yer alan, insanı mutsuzlaştıran, ümitsizliğe sürükleyen ve kendinden vazgeçmesine sebep olan duygudur yalnızlık duygusu. Yapayalnız hissetme öyle bir haldir ki yanında bir sürü insan da olsa, en yakınlarınla birlikte de olsan, yakanı bırakmayan derin bir boşluk ve hüzün duygusuna sebep olur. Kendini ruhsal olarak yalnız hisseden kişilerin bazıları, bunu zaten olması gereken doğru yaşam tarzı olarak kabul eder. Yalnız bir hayat yaratarak çok fazla sosyalleşmez, insanlarla ilişki kurmaz, sayılı kişilerle bir araya gelir, yenilere yer vermezler. Ancak bazıları da çok sosyal olup birçok aktivitenin merkezinde yer alan, ilişkileri kuvvetli çevresinde sevilen kişilerdir. Aslına bakarsan ikisi de aynı duygu ile cebelleşmekte, sadece bunu farklı kamuflaj şekilleri ile örtmektedirler. Maskelerimiz, bizim en derindeki yakıcı duygularımızı bazen kendimizden, bazen çevremizden ve bazen de her ikisinden saklayan kıyafetlerimizdir. Kendimizi, kendimizden bile kamufle ederek güvende tutmaya çalışırız. O duyguları fark edip yüzleştiğimizde buna dayanamayacağımızı, belki de yıllarımızın boşa harcandığını ve hayatımızın altının üstüne geleceğini zannederiz. Böyle yaptıkça da kendimizi sonu istediğimiz gibi bitmeyen bir oyunun içinde bulur, asla gerçek anlamda mutlu olamayız. Burada bulunmamızın en büyük sebebi olan ruhsal tekâmülümüzü gerçekleştiremeyiz. Oysa ne güzel demiş sevgili Şemsi Tebrizi, "Düzenim bozulur, hayatımın altı üstüne gelir diye korkma. Nereden biliyorsun hayatının altının üstünden daha iyi olmayacağını?" Bu konuyu, "Değişime Direnç" bölümünde daha detaylı anlatacağım sevgili okurum.

Yalnızlık, yanında kaç kişinin olduğu ile alakalı bir duygu değildir. Tek çocuk olan danışanlarımın da çok çocuklu bir ailede doğup büyüyen danışanlarımın da yaşadığı önemli duyguların başındadır. Ruhsal olarak yalnız hissetmemizin yegâne sebebi, kendi öz varlığımıza yani ruhumuza ve Yaradan'a gerçek anlamda bağlanamamış olmamızdır. İnsanlara ya da olaylara, koşullara bağlanıp kendi ruhsallığımızı yok saydığımız, Allah'tan uzakta olduğumuzu zannettiğimiz tüm zamanlarda kendimizi, yalnızlık hapishanesinde yatan bir mahkûm olarak buluruz.

Bazen sevdiklerimiz hatta yeni tanıştığımız insanlar için bile fazlaca harcadığımız emeğin, sevginin, çabanın altında, sakladığımız yalnızlık duygusu vardır. Sevilmek, onay ve kabul görerek yalnız kalmamak adına bunları yaptığımızı çoğu zaman fark etmeyiz. İnsanların gözünde iyi insan, iyi evlat, iyi anne-baba, iyi eş, iyi iş ortağı, iyi çalışan, iyi patron, iyi dost vb. olmaya çalışırken doğal akıştan kopan ilişkiler emek verilen beyhude çabalara dönüşürler. Sana şunu söylemeliyim ki çaba varsa anla ki kendini zorluyorsun. Oysa zorla olan şey makbul değildir. Her ilişki, kendi yapısı içinde bir alma-verme döngüsü içermelidir ve en önemlisi sen, kendin olarak sevildiğinde bu gerçek sevgidir. Hatalarınla, doğrularınla, zayıf ve güçlü yanlarınla, olduğun gibi kendini seversen, emin ol gerçekten sevileceksin. Olduğun halini sevmeyip yeterli bulmadığında, ancak koşulları yerine getirmeye çalıştığında sevileceğine inanıyorsan, bu sefer de emin ol asla istediğin kadar sevilip takdir görmeyeceksin.

Nice ömrü bitmiş evliliğin ya da ilişkinin sürmesinin sebebi de yalnız kalmaktan korkmak ne yazık ki. İlişkisinde ya da evliliğinde istediği mutluluğu yaşayamadığı, ruhsal olarak doyuma ulaşmadığı, beklediklerini alamadığı halde devam eden pek çok kişiyle çalıştım ve çalışmaya devam ediyorum. Kendi öz varlığı ile bağ kuramayıp, bu bağını en güçlü şekilde karşı cinsle kuran kişi, ne yazık ki kendini tek başına yaşarken hayal dahi edemiyor. Tek kalırsa yok olacağını zannediyor. Bu yüzden, mutsuz olduğu kişiyle ilişkisini devam ettirerek en büyük korkusu olan yalnız kalmaktan kaçıyor. Ancak içsel olarak da bir taraftan kendini, eşiyle aynı odada oturup televizyon izlerken dahi yapayalnız hissediyor. Bu ne yaman çelişki böyle, değil mi? Kimisi de ayrılsa ya da terk edilse dahi hemen yeni ilişkilere yelken açıyor, gerçekten istediği kişi o mu değil mi diye bakmadan. Kendinle yalnız kalman bu kadar korkutucu olabilir mi sevgili can? Acaba bunun adı yalnızlık değil de tek başınalık olabilir mi? Ya şimdi ben sana "Tek başınalığını sevmeden aradığın ilişkiyi, evliliği yaşayamazsın." dersem? "Tek başınalığını sevmeden kurulan her evlilik ya da ilişki aslında bağımlılıktır, ortaklıktır, maddi beklentiler olmasa dahi manevi beklentilerden dolayı bir ticarettir." dersem? Ancak tek başına kendine yeten ve kendini seven bir birey, ihtiyaçları için değil gerçekten koşulsuz sevgiyi hissedeceği ilişkiler kurar. Unutma! Sevilme, onaylanma, güven içinde olma, ego için maddi ihtiyaçlardan bile ötedir ve ne yazık ki bu birliktelikler ruhunu asla tahmin ettiğin şekilde beslemeyecektir.

Yalnızlık duygusu, en derin boyutta, Allah'tan ayrılıp kendimizi deneyimlemeye başladığımız ve özellikle insanlık boyutuna ilk defa geldiğimiz zamanda başlıyor. Allah'ı kendimizden ayrı, yukarılarda bir yerlerde zannederek kendimizi, dünyada O'nsuz, yapayalnız hissediyoruz. Bir diğer derin sebebi de kitabın başında anlattığım gibi kendi ruhumuzun ikiye ayrılarak başladığı "BEN"i tanıma yolculuğunda, ruh ikizimizden ayrıldığımız zaman yaşanıyor. Bu ayrılıktan getirilen yanlış inanç ise, ruhumuzun o parçasının tamamen bizden uzaklaştığı ve bir daha hiç bütünleşemeyeceğimiz inancıdır. Bu sebeple bizler, hep bizi tamamlayacak diğer yarımızı arar dururuz ve kendimizi tek başımızayken hep eksik hissederiz. Bir elmanın iki yarısı olmak için beyaz atlı prensimizi ya da hayallerimizdeki o güzel prensesi bekleriz. Oysa yalnızlık duygusunun tekâmüle hizmeti, asla yalnız olmadığın ve olmayacağın gerçeğini idrak etmendir. Birçok yerde üstüne basa basa vurguladığım gibi gelişme, ancak negatifin pozitife dönüştürülmesiyle oluyor, yani tekâmül, zıt enerjilerle gerçekleşebiliyor.

Çok iyi anlamamız gereken nokta şu ki ruh ikizimizle varoluş yolculuğuna çıkmak üzere eril ve dişil olarak ayrılmış olsak da (biliyorsun artık, başta böyle ayrılınsa da tüm enkarnasyonlarda herkes hem eril hem dişil oluyor) her iki taraf, kendi içinde diğer parçayı da taşıyor. Basitçe anlatmak gerekirse sevgili okurum, bunu okuyan sen bir kadınsan eril parçanı, eğer erkeksen de aradığın dişil parçanı kendi benliğinde taşıyorsun. Ancak bu noktayı anlayıp kendini tam ve bütün hissettiğinde, ruh ikizin seninle kalıcı olarak buluşabiliyor. Ve siz "yarım + yarım = bir bütün" değil, "bir + bir = BİR" oluyorsunuz.

Bundan daha da önemlisi, hayatındaki tüm boşluk ve hüzün duygusunu ortadan kaldıracak esas nokta şu ki sen, YARADAN ile hiç ayrılmadın ve hiç ayrılmayacaksın. Sen O'nun güzellğinden bir yansımasın, onun bir parçasısın, O'ndan nasıl ayrılabilirsin? Senin yuvan bulunduğun bedendir. Allah sana şah damarından bile yakın. Ne yapmış olursan ol, O seni koşulsuz seviyor ve içindeki ışığı görmeni sabırla bekliyor. Işığı gören, zaten bir daha karanlığa ihtiyaç duymuyor. Bu sebeple Kur'an-ı Kerim'in birçok ayetinde "ALLAH, affedendir, esirgeyendir, bağışlayandır." sözleri geçer.

Yalnızlık duygusu ile sadece ikili ilişkilere değil; çocuklarımıza, anne- babamıza, kardeşlerimize ve yakın çevremizdeki bazı kişilere de bağımlı olabiliriz. Ancak kendimizin önüne koyduğumuz herkes, bizi öz varlığımızdan ayırırken aynı zamanda Allah'tan da ayırmaktadır.

Yalnız kalmamak için insanlara bağımlı hale gelmemeli ve onların da bize bağımlı olmasına izin vermemeliyiz. Kendi hayatının yönetmeni sensin ama çocuğunun hayatınınki değil. Sen, onun hayatını onun için yaratamazsın, sadece olumlu gelişimine katkı olabilirsin. Her birey, varoluş haliyle, görünmeyen göbek bağıyla Allah'a bağlıdır ve kimsenin kimseye, bebeklik dönemi hariç, ihtiyacı yoktur.

Birbirimize bağlı olabiliriz ama bağımlılık, aşılması gereken bir durumdur, dikkatli olmalısın. Yalnız kalmamak adına onun ihtiyaçlarını fazlaca gidererek, ona sevgini, ilgini, maddi imkanlarını fazlaca vererek kendini vazgeçilmez kılman, gerçek sevgi değildir. Gerçek sevgi, her zaman özgür bırakır ve bir ticaret misali karşılık beklemez. Unutma sevgili okurum, sevgine karşılık sevgi beklemek dahi bir koşuldur ve ticarete girer. Emin ol, sen bu beklentide olmazsan sevgi zaten var olur ve senin de bu sevgiye bağımlılığın olmaz. Yani varoluşunu birilerinin sevgisine bağlamazsın. Sen tek başına Allah ile berabersin. O yüzden kimseye "Sen olmazsan yaşayamam!" deme. "Sensiz de yaşarım ama seninle daha da güzel yaşarım." de.

Tek başına varlığımızın gücünü, güzelliğini, değerini bilip kendimizle vakit geçirmekten keyif aldığımızda özümüzü gerçek anlamda seviyoruz demektir. Ruhsallığı ile birlikte hareket eden birey, bunun tadını bilir. Asla kimseye maddi manevi muhtaç değildir. Bizler kendi hayatımızın yaşam mimarlarıyız. Yalnızlıktan korktukça daha büyük yalnızlıklar yaratırız. Kendi öz varlığımızla bağlantıda olduğumuzda ise yaşamımızda neyi deneyimlemek istiyorsak, gerçek gücümüzle onu yaratırız. Kimsenin de ne övgüsünü ne yergisini umursamayız. Seni senden başka onaylayacak kimse yok, zira buna ihtiyacın da yok. Sen doğuştan değerli bir varlık olarak onaylanmışsın. Emin ol, onaylanmış olmasaydın asla dünyada var olamazdın. Tek başınalığını sev, orada Allah'ı ve kendini bulacaksın. Ve emin ol o saatten sonra ne yalnızlıktan korkacaksın, ne de yalnız kalacaksın.

Danışanım karşıma oturduğunda, bende, kırk yaşında olgunlaşmış bir kadın değil; hâlâ karşısındaki kişiden korkan, utanan, mahcup bir kız çocuğu izlenimini uyandırmıştı. Bedeni tam bir kadın vücudu gibi gözükmüyordu. Kız çocukluğu ile kadınlık arasında bir yerde arafta kalmış gibi duruyordu. Üzerindeki pembe renkli Disney figürlü tişörtü ve bermuda pantolunu ile parkta oynamaktan yeni gelmiş gibiydi. "İfade sorunum var Anıl Hanım." dedi. "Kendimi, çevremdeki insanlara anlatırken ya yanlış anlaşılıyorum ya hiç anlaşılmıyorum ya da duyulmuyorum." dedi. "Hatta bazen, bazı kişilere kendimi anlatmak bile istemiyorum." sözlerini ekledi. "Hayır" diyemiyordu. Bazı düşünce ya da duygularını ifade ederken utanıyordu. Bunu iyileştirmek istiyordu. Elbette hemen, kuantum alan çalışmasında bunun sebeplerine doğru yolculuğumuz başladı.

Çalışmalarımızın, şimdiden geriye doğru yol aldığını artık biliyorsundur. Şimdide en yoğun inancının, "ancak mahzun, küçük bir kız olursam ilgi görürüm" inancı olduğunu söyledi eğitmenim. Benim ilk tespitimi doğrulayan bir inançtı. "En büyük sorunu ifade edememek değil, aslında yalnız kalma korkusu." diyerek devam etti bilinçaltındaki temsilcisi. "Yalnız kalmamak için, ilgi görmek için, sevilmek için 'hayır' diyemiyor ve küçük bir çocukmuş gibi davranıp sevilmek istiyor; ama buna rağmen yapayalnız hissediyor.

Çevresi ne kadar kalabalık olursa olsun kendini derin bir boşlukta, yalnız görüyor." dedi. Danışanım, daha o dakikada ağlamaya başlamıştı. Bunun sebeplerine bakmak için bilinçaltının derinliklerine doğru yol aldık. Anneden uzak büyütüldüğünü söyledi eğitmenim. "Teyze ya da anneanne mi baktı?" diye sordu kendisine. İkisi birlikte büyütmüşlerdi, annesi çok yoğun çalıştığı için küçükken onu anneannesine bırakmıştı. Bir gün ceza olarak anneannesi tarafından odada yalnız bırakılmış, kapı da üzerine kilitlendiği için oradan çıkmak istese de çıkamamıştı. O anda çok yoğun bir şekilde yalnızlık duygusu hissetmiş, hatta bir daha onların yanına gidemeyeceğini sanmış, adeta yalnızlıkla cezalandırılmıştı. Danışanım artık hıçkırarak ağlıyordu bunlar anlatıldığında. Hepsi aynen doğruydu. Hem annesine kırgındı onu anneannesine bıraktığı için, hem de çocukça bir hatası yüzünden onu yalnızlıkla cezalandıran anneannesine. Artık bu duyguyu kader motifi olarak kabullenmişti.

Evliliğini yaptığı zamana geldik bir sonraki adımda. Eşi, onu sevip ona epeyce ilgi gösterdiği ve kendisini asla annesi gibi terk etmeyeceğini düşündüğü için, aynı yoğunlukta duygularda olmadığı halde onunla evlenmişti. Yani yaşamının sonuna kadar yalnız kalmama garantisini aldığını düşünmüş. Ama eşi evlendikten bir süre sonra onunla eskisi gibi ilgilenmemeye başlamış ve danışanım, tüm evliliği boyunca, aynı odada eşiyle birlikte olsa da kendisini hep yapayalnız hissetmiş. Zaten duygular karşılıklı olmadıkça ve çiftler birbirine koşulsuz sevgi ile bağlanmadıkça, ilgi devam etse bile, bir süre sonra kişi kendini yalnız hisseder. Danışanım bunları da ağlayarak onayladı.

Doğum anına geldiğimizde ise kuantum alan, babasının çocuk sahibi olmak istemediği bilgisini verdi. "Evet, babam anneme bebeği aldıralım demiş. Daha yeni evli oldukları için bir süre çocuk istemiyormuş." dedi danışanım. Doğduktan sonra da babası ile arasında hep bir mesafe olmuş. Yani bu durumda, doğum anında babası, dört beş yaşında da annesi tarafından istenmemiş, terk edilmiş hissediyordu kendini ve bu onda derin bir yalnızlık duygusu oluşturuyordu. Ne annesiyle ne babasıyla sağlıklı bir iletişim kuramamıştı.

En derin boyutta da Allah'ın onu yalnız bıraktığı ve böyle bir aile vererek yalnızlıkla cezalandırdığı inancını tespit ettik. Geçmiş yaşamlarla ilgili bilgisi ve net bir inancı olmadığı için o alana girmedik. Danışanlarımız geçmiş yaşamlara inanmıyorsa kuantum alanda bu konuda çıkan bilgileri anlatmayız, ama bilinçaltından oradaki kayıtları da temizler ve şifalandırırız. Zaten en önemlisi, Allah'ın kendisi ile ilgili inancıydı. Oradan itibaren tüm bilinçaltını temizledik ve yeniden doğum ile çalışmayı tamamladık. Danışanım, artık hiçbir zaman yalnız olmadığını biliyordu, çünkü Yaradan ile bütünleşmişti. Yüzündeki ifade, beden dili bile değişmişti çalışmanın sonunda. Omuzları düşükken daha dik oturmaya başlamıştı. Küçük çocuk edası silinmişti. En önemlisi de gözlerinde gördüğümüz huzur ve şükür duygusu, kuantum alana bir kez daha minnettar kalmamızı sağlamıştı.

Yalnızlık duygun olduğunu düşünüyor ve onu dönüştürmek istiyorsan yirmi bir gün boyunca, kulağının duyacağı bir sesle ve günde yedi sekiz kez bu olumlamayı yapabilirsin:

"Ben (ad-soyad)..... Yaradanımla her yerde, her zaman birlikteyim. O bana şah damarımdan daha yakın. Ben onun bir suretiyim. Benim en yakın dostum Allah'tır. Beni ne yaparsam yapayım sever ve bana yol gösterir. İlk var oluş anımdan beri hep birlikteyiz ve daima birlikte var olacağız.

Ben seven ve sevilenim ve bu duygu benden tüm çevreme yayılır. "

GÜÇSÜZLÜK / ÇARESİZLİK

Kendi içsel gücünün farkında olmayan bireyler, ne yazık ki bilerek ya da bilmeyerek kurban bilincinde yaşarlar. Yaşamlarında yolunda gitmeyen şeyler için insanları, sistemi, toplumu, en derinde de Allah'ı suçlarlar. Yani onlar için sorun varsa mutlaka suçlu birisi vardır. İçinde bulundukları olumsuz şartların dışına çıkabileceklerine inanmazlar. Aslında kendileri böyle bir yaşama razıdır; çünkü güçlerini ele alıp seçim yapmak, sorumluluk altına girmek istemezler. Biz böyle danışanlarımıza uyuduklarını ve uyanışa ihtiyaçları olduğunu söyleriz. Gerçek uyanma, kişinin yaşamda her şeye gücünün yettiğini bilerek, içindeki Allah veçhesini dışarı çıkarması ve yaşamını istediği şekilde biçimlendirmeye başlamasıdır; yaşamının efendisi, yönetmeni, mimarı olmasıdır.

Bazı danışanlarıma "Gücünüzü kullanmıyorsunuz çünkü bunun sorumluluğunu almaktan korkuyorsunuz." dediğimde "Nasıl olur Anıl Hanım, her gün nelere yetmeye çalışıyorum, ne kadar sorumluluk var üzerimde biliyor musunuz?" diye sitemle anlatmaya başlıyorlar. "Biliyorum." diyorum, "Ancak hiçbiri sizin gerçek sorumluluğunuz değil, en azından bu kadarı değil." dediğimde ise şaşkın bir ifadeyle yüzüme bakıyorlar.

Evet, sevgili can! Yaşam yolculuğumuz sürerken ne yazık ki kendi gerçek yaşam sorumluluklarımızla, bunlardan kaçmak adına sığındığımız başkalarının yaşam sorumlulukları birbirine karışmakta. Kitabın başında anlatmıştım; her ruh, kendini insan bedeninde deneyimlemek, ne olduğunu anlamak için önce ne olmadığını bilmek ve ruhsal evrimini gerçekleştirmek amacıyla dünyada, ki bunun adı TEKÂMÜL ETMEK. Beyaz rengin fark edilmesi için mutlaka siyah rengin de var olması gerektiği gibi, bizler de kendi ışığımızı, gücümüzü, yüceliğimizi idrak etmek için önce karanlığı deneyimliyoruz.

Evet, senin varoluş sorumluluğunun ilki tekâmül etmek, ikincisi ise ruhunu yani kendini mutlu etmek. "Tekâmülün son noktası nedir?" diye soruyorsan, bu bir bilinç halidir. Varlığının, Allah'ın bir yansıması olduğunu hatırlamak ve yeryüzünde, tıpkı Kur'an-ı Kerim'de bahsedildiği gibi, Allah'ın halifesi olduğunu bilerek yaşamaktır. Bu, bir son değil bir başlangıçtır; çünkü ancak o zaman dünyada cenneti yaşayabileceğiz. Yuvamızın tam da bulunduğumuz yer olduğunu görerek aitlik duygusunu hissedeceğiz.

Çoğu insan, sonuçlarından korktuğu için ne yazık ki içindeki gücü görmezden gelerek yaşamını başkalarına feda ediyor. Bunun ne onlara ne de başkalarına faydası var. Kendilerini, insanlara kölelik yaparken buluyorlar ve aslında bunun, kendi benliklerinden vazgeçmiş olmanın bir sonucu olduğunu fark etmiyorlar. Birilerine maddi ya da manevi bağımlı olmanın altında, yalnız kalma korkusu olduğu kadar kendi içsel gücünün farkında olmama hali de vardır. Çünkü öz varlığının gücüyle bir olduğunu bilen kişi, hem tek başına mutlu olabilir hem de gücünü kullanarak hayatına renk katacak insanları yaşam alanına davet edebileceğini bilir. Yaşamın, senin çağrına göre şekilleniyor, lütfen bunu aklından hiç çıkarma. Frekansına uygun kişiler karşına çıkıyor ve hayatının şarkısı oluşuyor. Sen hangi notaların frekansındasın ey dost? Arabesk mi, pop mu, klasik müzik mi?

Güç derken lütfen bunu kas ve beden gücü olarak algılama, olur mu? Ben ruhsal güçten, öz varlığından ve buna bağlı yaratma potansiyelinden bahsediyorum. Duygu ve düşüncen birleştiğinde bir enerji açığa çıkıyor ve bu enerji, aynı frekanstaki olayları, kişileri seninle karşılaştırarak kader sandığın olasılıkları kendine çekmene sebep oluyor. Duygu ve düşüncelerin değiştiğinde yaşamında memnun olmadığın durumların değişeceğini bilmek, senin gerçek gücündür.

Zira gerçek güç, yaşantına her zaman istediğin şekilde yön vermenin mümkün olduğunu, artık istemiyorsan elindeki oyun kartlarını değiştirip yeni kartlarla devam edebileceğini söyleyen iç sesinle, öz varlığınla bir olduğunu bilme halidir. Her birimiz, kafamıza koyduğumuz şeyi gerçekleştirdiğimiz deneyimler mutlaka yaşamışızdır. Bu seçimlerimiz bazen istediğimiz gibi sonuçlanmasa da sevgili okurum, şunu bil ki deneyip öğrenmek ve sonuçlara takılmamak ruhsal gücünün bilincinde olmaktır. Ruh sadece deneyimlemek ve öğrenmekle ilgilenir, çünkü tekâmül budur. Daha önce anlattığım gibi ruhun dünyada bulunuş amacı da bu zaten. Sonsuz bir varlık olan, Allah'ın bir parçası olan ÖZ, sadece okumak, meslek sahibi olmak, evlenmek, çocuk bakmak, yemek yapmak, durmadan çalışmak, sonra yaşlanıp ölmek için burada değil, inan bana.

"Yani, öylesine ciddiye alacaksın ki yaşamayı,
yetmişinde bile, mesela, zeytin dikeceksin,
hem de öyle çocuklara falan kalır diye değil,
ölmekten korktuğun halde ölüme inanmadığın için,
yaşamak yanı ağır bastığından."

Sevgili Nâzım Hikmet, yukarıdaki dizelerinde, hayatımızın her anında üretmenin, yaratmanın önemini ve bunların yaşa bağlı olmadığını ne de güzel vurgulamış.

Danışanım seansa geldiğinde en büyük sorununun kafasındaki karışıklık, hayatına nasıl bir yön vereceğini bilememenin yarattığı sıkıntı ve kaygılar olduğunu söylemişti. Bu hali huzursuz bakan gözleri, karışık duran saçlarından dahi belliydi. Karmakarışık renkte ve özensiz kıyafetleri ile hayatının içindeki karışıklığı anlatıyor gibiydi. Sıkıntılı bir halde, endişe dolu gözlerle mor koltuğa oturduğunda sorununun çözülüp çözülemeyeceği konusunda bile kararsız olduğu anlaşılıyordu. Bilinçaltına giren eğitmenim ise aslında en büyük sorununun, kendi gücünü kullanmaması olduğunu vurgulamıştı. "Nasıl, neden peki?" diye sordu danışanım. Ne anlatmak istediğimizi tam da anlayamadığı çok belliydi. Danışanlarımız söylediklerimizi tam anlamadığında, uzun uzun anlatıp onları ikna etmeye çalışmayız. Kuantum alan çalışmasına başlar, alanda çıkan bilgilerle ne dediğimizi çok daha kolay ve net olarak anlayıp hissetmelerini sağlarız.

Danışanımın gücünü kullanmamasının bilinçaltındaki sebeplerini bulmaya niyet etti eğitmenim ve yine zamanda yolculuk yaparak anlatmaya başladı. Şimdideki en yoğun duygusu, birçok isteği ve hayali olduğu halde karar verip adım atmaktan korkmasıydı. Çünkü hem seçtiği yolda başarılı olup olamayacağından endişeleniyor, hem de elindekini de kaybedip pişman olmaktan ve şu haline bile muhtaç kalmaktan korkuyordu.

Bir sonraki adımda eğitmenim, danışanımın aslında evliliğinde mutlu olmadığını ve yaklaşık üç ay önce boşanmaya karar verdiğini, ancak sonrasında bunun zor olacağını düşünüp korkarak vazgeçtiğini ve bunun, onu kendi gücünden şüpheye düşürdüğünü söyledi. Çünkü yıllardır kendini değersiz hissettiği, sevgisiz bir evliliği sürdürdüğünün bilincindeydi. Büyük sorunlar olmadığı için evliliğinden vazgeçmek ve çocuklarla tek başına kalmak onu korkutmuştu. Ya yapayalnız kalırsa, ya çocuklarına yeterli olamazsa kaygısı ağır basmıştı. Danışanım, alışkın olduğumuz şekilde, şaşkınlık ile durumu onayladı. "Söylediğiniz her şey doğru Anıl hocam, aynen bu korkularla adım atamadım ve bunun için de bir yanım, kendime çok kızıyor." dedi. Bu, kişinin kendi içindeki savaşıdır ve inan ki sevgili okurum, hiçbir savaş kişinin kendisiyle olan savaşı kadar zarar veremez insana. En güçlü rakibin her zaman kendindir ve tabii ki en sinsi ve en güçlü düşmanın da...

Sonraki adımda, anne babası tarafından hayatı boyunca yeterince sevgi ve destek gösterilmediği ve yalnız bırakıldığı ortaya çıktı. Yaşam yolunda en yakınları tarafından bile desteklenmediği için de kendini güçsüz hissediyordu. Dört beş yaşlarındayken yeterince sevilmediği için kendisine küsmüş ve kendiyle savaşı aslında o zaman başlamıştı, fakat bunun farkında değildi. Hüzünlendi bunları duyduğunda, "Evet hocam! Hiçbir zaman ailemin beni sevdiğini ve her koşulda yanımda olduklarını hissedemedim:" dedi. İçsel olarak kendini öksüz, yetim gibi hissetmişti ve bu onu güçsüz kılıyordu. Çocuk aklıyla gücün aileden verilen sevgi, destek ve onayla oluşan bir şey olduğunu zannediyordu.

Bir sonraki sebep ise daha etkiliydi. Aslında diğer yarısını, ruh ikizini aradığını ama o olmadığı için kendini dünyada güçsüz ve yalnız hissettiğini söyledi sevgili eğitmenim. Bunu içsel olarak istese de, bilinç düzeyinde ruh ikizini arayan tarafını tehlikeli görüyordu; çünkü o tarafta coşku, heyecan, merak vardı, fakat bunların başına iş açacağını düşünen bir ego da mevcuttu. Bu sebeple bunun tersi bir hayat yaratıp duygusuz ama güvenli bir evliliği seçmiş ve kendini oraya hapsedip iyice köleleştirmişti. Korktuğu şey, güvenemediği duygularıydı. Hayatı doyasıya yaşamak isteyen duyguları ona, son derece ürkütücü geliyor ve güvenlik alanını terk etmesine neden olacakları için onları mümkün olduğunca bastırıyordu. Bütün bunlar yine gerçek gücünü bilmemesinden, ayrıldığı ruh ikizinin parçasını, kendi öz varlığının içinde taşıdığını unutmasından kaynaklanıyordu. Aslında o tarafıyla barışsa içten içe aradığı ama cesaret edip adım atmadığı için birleşemediği o kişiyle de yolları mutlaka kesişecekti.

Bir sonraki adımda ise ana sebep ortaya çıktı. Dünyaya insanlığı deneyimlemeye geldiği ilk hayatında başta merak duygusuyla heyecanlanmış, daha sonra kendini yapayalnız hissetmeye başlamıştı. Ruhsal ailesinden ve Allah'tan, sırf merakı ve deneyimleme isteği ile ayrılıp dünyada aradığını bulamadığını düşününce seçiminden pişman olmuş, hatalı bir karar verdiğini ve Yaradan'ın da bunun karşılığı olarak onu yalnız bırakarak cezalandırdığını düşünüp bunu kabullenmişti. Aslında dünyada var olmayı seçtiği için kendini cezalandırıyordu. Ruhsal olarak tüm bilgileri bilsek de doğum anında bu bilgiler bizden çekilip alındığı için işte böyle bir sürü zanna kapılıyoruz. Tekâmül etmemiz için tam da böyle olması gerekiyor. Burada seçme ve ilerleme gücünü, duygularını bırakmıştı. Bu sebeple şimdide karar almaktan, duygularının sesini dinleyip boşanmaktan, sonra da pişman olmaktan çok korkuyordu. Kendini suçlu da hissettiği için mutsuz olduğu bir alanda kalarak kendine ceza çektirmeyi tercih etmesi de oldukça normaldi. Evliliği, kendini layık gördüğü cezaeviydi.

Sonrasında onu ruhsal olarak gerçek bilgileri hatırladığı zaman dilimine götürdük ve tüm bilinçaltını temizledik. Çalışmanın sonunda danışanımın ilk tepkisi rahatlıkla aldığı derin bir nefesti. "İlk defa nefes aldım şu anda sanki Anıl Hanım. Ben nefes bile almıyormuşum, kendimi ona bile layık görmüyordum. Sebebini bilmesem de evet, her zaman dünyada cezalandırıldığımı düşünüyordum." oldu. Bir süre sonra da eşinden boşandı. Bana verdiği son haber ise harika bir aşk yaşadığı, eşiyle, çocukları için arkadaş kalabildikleri ve çocuklarının da gayet iyi olduğuydu. Her zamanki gibi sebepler bilinçaltından temizlendiğinde, sonuçlar zamanla değişmişti. Danışanım, seanstan sonra kendi gerçek gücünü fark edip onu eline almış ve yaşantısını, denemek istediği şekilde yönlendireceğine söz vererek bunu başarmıştı.

Bu örnekteki gibi kendi seçim ve yaratma gücünden mahrum kişiler, karar vermekte zorlanırlar. Bir seçeneği tercih ettiklerinde diğerini kaybettiklerini sanarlar ve bundan pişman olmaktan korkarlar. Oysa her seçenek kendi içinde yeni olasılıklar barındırmaya devam eder ve tek bir yol yoktur, birçok alternatif yol mevcuttur. Gücüne ve ruhsal bilgeliğine inanan, özünü bilen, aklıyla kalbini birleştirip yürüyen herkese yollar her zaman kolaylaşır.

Evet, sevgili okurum! Eşinin, patronunun, ailenin, toplumun, sevgilinin sana ait olmayan sorumluluklarını alıyorsan lütfen hemen bunları bırak! Sadece içinden geldiği kadarını yap ve gerçek sorumluluğun olan mutlu olmayı tekâmül edip öğrenmeyi hep hatırla! Her seçiminde, kendine "Evet" dediğinden emin ol! Başkasına evet derken sakın kendi hakkını kendin gasp etme! Şüphesiz ki bu, kendine ve Allaha karşı en büyük ihanetin olur. Allah seninle, aradığın güç senin içinde!

Güçsüzlük duygun olduğunu düşünüyor ve onu dönüştürmek istiyorsan yirmi bir gün boyunca, kulağının duyacağı bir sesle ve günde yedi sekiz kez bu olumlamayı yapabilirsin:

"Ben (ad-soyad)....... Varım ve Allah'ın yeryüzündeki halifesiyim. O'nun bir halifesi olarak güce ve birçok yeteneğe sahibim. Kendi yaşamımı istediğim şekilde kolaylıkla değiştirebilirim. Yaradılışımdan gelen ruhsal gücü artık açığa çıkarmayı ve sadece kendi yaşam sorumluluğumu alarak var olmayı seçiyorum. Yeteneklerimi benim ve bütünün en yüksek hayrına kullanmaya niyet ediyorum. Ben istediğim her şeyi yaratabilecek bir varlığım. Sistem ve Allah tarafından sürekli gözetiliyor ve yol gösteriliyorum. Attığım her adımı Yaradanla birlikte atıyorum. Kendime ve bütüne böylelikle katkı sağlıyorum."

YETERSİZLİK

"Ne yaparsam yapayım kimse mutlu olmuyor."

"Saçımı süpürge ettim ama yine yaranamadım."

"Yeterince zaman bulamıyorum, her şeye yetişemiyorum."

"Acaba onların istediği yoldan yürürsem ailem beni onaylar mı?"

"Güçlü olmak zorundayım."

"Sevdiklerim, ailem için her zaman en iyisini yapmalıyım."

"Her şey mükemmel olmalı en başta da ben."

"Sahip olduğum para, sevgi vb. ihtiyaçlarımı karşılamıyor, bana yetmiyor."

İşte bu ve buna benzer cümleler kuruyorsan sevgili okurum, sende de çoğu kişide olduğu gibi yetersizlik duygusu var demektir.

Yetersizlik, kişinin kendisini olduğu haliyle kabul edememesi, beğenmemesi, onaylamaması, eksik ve kusurlu bulmasıdır. Bu duyguya sahip olan kişiler, aynı zamanda çevresinin, sevdiklerinin, ailesinin ve en derin boyutta Allah'ın da onları olduğu haliyle yeterli bulmadığını düşünürler. Kendilerini yeterli hissedebilmek adına mükemmeliyetçi, fazla çaba ve emek harcayan, önce başkalarını düşünen, herkesin gözünde yeterli bulunulan biri olmaya çalışırlar. Yetersizlik ve onaylanma duygusu iç içedir. Yetersiz olduğunu düşünen kişi, onaylanma ihtiyacı da duyar. Tek yaşam amacı, etrafındakilerden "Evet, sen çok iyi bir anne/babasın, çok iyi bir evlatsın, çok başarılı bir çalışansın" gibi sözleri duymaktır. Ancak böyle anlarda bazı güzel şeyleri kendine hak görebilir. Yetersizlik duygusu olan kişiler, kendilerini suçlu ve eksik hissetmekten de korktukları için en başta bu duygulara sebep olacak olaylardan uzak dururlar. Böyle duyguları yaşamamak adına çok fazla şeye katlanabilirler ya da gerçekten yapmak istedikleri şeylerden vazgeçebilirler. Güzel şeyleri yaşamaları, bunları hak etmeleri, kendilerine koydukları koşullara bağlıdır. Oysa durum, gerçekte hiç de böyle değildir. Her halinle zaten her şeyin en güzelini hak edecek kadar değerli bir varlık olduğunu kabul ettiğinde, yaşamın sonsuz nimetlerinden sınırsızca faydalanma olanağı yaratacaksın kendine. Hem de deli gibi çabalamadan. Sadece yapabileceğinin en güzelini yaparak ve en başta kendine inanarak! İçsel enerjin gerçekliğini, dış dünyanı şekillendiriyor. Kendini nasıl görüyorsan, neyi hak ettiğine inanıyorsan insanlar ve evren buna karşılık veriyor.

Kişi, zayıf ve güçlü yanlarını kabullendiğinde, ruhen ve bedenen tamlık ve bütünlük duygusu içinde olduğunda kendini asla yetersiz hissetmez. Mükemmel olmak diye bir şey yoktur sevgili okurum, senin zaten varoluşun mükemmel! Kusur sandığın özelliklerin, aslında senin kusursuzluğunun ta kendisidir; çünkü senin varlığın tam da olduğun halinle önemli. Artık saklambaç oyunundan, oyunun içindeki ebe ve saklanan olmaktan vazgeçmelisin. Kendini ararken korkuların yüzünden saklanmak, tekâmülünü zorlaştırmaktan ve ertelemekten başka bir işe yaramaz. Kendini bulmalı ve bulduğun kendinle ortaya çıkmalısın. OL'mak dediğimiz şey tam da budur zaten. Sen her halinde OL'ansın. Yapman gereken sadece bunu kabul etmek.

Yetersizlik duygusunun bir diğer sebebi, kişilerin kendilerini başka insanlarla kıyaslamasıdır. Kıyaslama olduğunda, birileri senden üstte ve birileri de senden altta gözükecektir mutlaka ya da birileri daha iyi, birileri daha kötü... Bu duygu, her konuda ayrımcılık olduğu illüzyonunu yaratır ve seni buna inandırır. Evrensel boyutta ve Allah'ın nazarında durum asla böyle değildir. Kitabın başında anlattığım gibi hepimiz O'nun yansımasıyız ve **Ben olma, Bizdeki Beni bulma** yoluna doğru yola çıktık. Şimdi sana soruyorum sevgili can, hepimiz Allah'ın bir parçası isek, hepimiz O'ndan koptuysak, hepimiz O'nun yeryüzündeki halifesi isek birimiz diğerinden daha üstte ya da altta olabilir mi hiç? Hepimiz eşitiz. Elbette ben sana "Herbirimiz şu anda aynıyız." demiyorum. Tekâmül konusundaki deneyimlerimize, bu konuda aldığımız sorumluluk derecesine göre birbirimizden farklıyız. Bu bir maraton ve bir yarış değil. Sen, başkaları ile yarışıp "Önce kim bitirdi, kim mezun oldu dünya okulundan?" demek için burada bulunmuyorsun. Tekâmül yolculuğunda eğer seçimlerini bu niyetle yaparsan, ruhun rehberlerinle buluştuğunda "Başardım, geçtim diğerlerini, kendimi iyileştirdim, geliştirdim, tekâmülde iyi kademeler atladım, değil mi?" soruna alacağın cevap "hayır" olacaktır. Çünkü bir şeyi yapmandan çok, onu hangi niyetle yaptığın önemlidir. Eylemlerini sadece kendini geliştirmek, OL'mak, kendine ve bütüne katkı sağlamak, mevcut halinden bir adım bile olsa değişiklik adına yapmak evet, seni tekâmül ettirecektir. Hiç şüphesiz ki Allah ve tüm evren, senin kalbindeki, yaptığın eylemlerinin arkasındaki gerçek niyetini biliyor.

"Şüphe yok ki Allah göklerin ve yerin bilinmeyenlerini bilir, yeryüzündeki gizli şeyleri de; şüphe yok ki O, kalplerde olanı, sırları da bilir." (Fatır süresi 38. Ayet)

"Sözünüzü gizleyin yahut onu açığa vurun fark etmez, şüphesiz Allah kalplerde olanı bilir." (Mülk suresi 13. Ayet)

Bu ayetler, aslında hiçbir duygunun ya da inancın saklı olmadığını apaçık ortaya koyuyor. Yaptığımız şeyleri, ibadetimiz de dahil hangi duygumuzla yaptığımıza dikkat etmeliyiz. Yoksa sonuçları beklediğimiz gibi olmayabilir.

Evet, dünya bir arena değil sevgili okurum. Herbirimiz, kendimize özgün tasarımımızla, farklılıklarımızla, hem bireysel hem de toplumsal olarak tekâmüle hizmet ediyoruz. O sebeple fiziksel, ruhsal ve zihinsel özelliklerinden utanma! Tam da onlarla fark yaratmak için geldin dünyaya.

Cinsiyet ile bağlantılı olarak yaşanılan yetersizlik duygusu da oldukça yoğun olarak karşımıza çıkmakta. Yine kız beklenilen ama erkek doğan ya da tam tersi erkek beklenirken kız olarak doğan kişiler, cinsiyetleriyle bile aileyi yeterince mutlu edemedikleri için yetersizlik duygusu hissediyorlar. Bu duygu, o kişilerin ileride karşı cinsle olan ilişkilerini de büyük ölçüde etkiliyor.

Bunun dışında kız beklenilip kız doğduğu halde erkek çocuklara daha özenli davranılan ailelerde yetişen kişilerde de yetersizlik duygusu oluşabiliyor. Kendi cinsel kimliği ile anne babasına, ailesine karşı yetersiz olduğunu hisseden birey, karşı cinsle ilişkisinde, evliliğinde de hep kendisini eksik hissediyor. Ona bu duyguyu hissettirecek bir kişiyi yaşam alanına almayı tercih ediyor. Hep dediğim gibi duygun, kaderini oluşturuyor ve bu duygu değişmediği, şifalanmadığı müddetçe, ayrılsan da karşına önünde sonunda yine sana bu duyguyu hissettirecek kişiler çıkıyor. İşte sen bunu, nedenini bilmediğin bir kısır döngü olarak tanımlıyorsun. Ben de sana, bunun senin kader motifinden kaynaklı olduğunu ve duygun değiştiğinde, yaşadığın olasılıkların da değişeceğini söylüyorum.

Çocukluğunda, ailesi tarafından hep başka çocuklarla kıyaslanmış ya da baskı görmüş, seçimlerine karışılmış, yeterince takdir edilmemiş kişilerde de yetersizlik duygusu oluşabiliyor. Birisi seni biriyle kıyaslayıp onun daha başarılı, üstün, iyi vb. olduğunu söylüyorsa bu bilinçaltına "İşte bak, falanca kişi yeterli ama sen yetersizsin!" şeklinde kaydediliyor. Fazla otoriter ve baskıcı ebeveynler, sürekli ders notlarını, okulla ilgili seçimlerini kurcaladığında ve sana karıştığında, "Senin için doğru olanı sen bilmezsin, ben bilirim." dediklerinde, yine olduğun halinle kendini yetersiz hissediyorsun ne yazık ki. Hatta bazen kişiler, aileden aldıkları bu öğreti ile hangi üniversitede okumak istediklerini seçecek kadar bile yeterli bulamıyorlar kendilerini. Elbette en derinde bu, yine bizlerin Allah'a karşı hissettiği bir duygudur. Özellikle insanlığı deneyimlemeden önce, başka boyutlarda örneğin melekliği deneyimleyen kişilerde, insanlığa geçtiğinde "Allah için yeterli olamadım ki beni yanından gönderdi, hem de böylesi kötü bir yere yani dünyaya" inancı oluşuyor. Bu sebeple kimileri çokça ibadet edip insanlara, sevdiklerine faydalı olmaya çalışarak tekrar Allah için yeterli olmaya çabalıyor. Kimisi de "Ben de O'nu bırakıyorum!" deyip daha karanlık bir yola sapıyor; ama sonuç aynı sevgili can. Bu inançlarla iki ruh da tekâmül edemiyor. Daha önce hangi boyutu deneyimlersen deneyimle, şu anda insansan, buradaki herkesle eşitsin, farklısın ama aynı zamanda birsin. Herkes kadar her şeye hak sahibisin, değerlisin, özel ve yeterlisin. Tek sınırın kendine koydukların ve bunları nasıl koyduysan öyle de kaldırabilirsin. Sen buraya, kovulduğun ya da Allah'a yetemediğin için gönderilmedin. Burada olmayı diğer ruhlar gibi kendin istedin ve diğer boyutlarda edindiğin zenginlikle buna hak kazandın.

Yetersizlik duygusuna sahip olanların birçoğu, bu duygusundan dolayı kontrolcü bir yapıda olur. Sürekli yanlış yapmayayım, her şey iyi olsun, mükemmel olsun dürtüsü ile kendilerini, sevdiklerini, hayatı kontrol etmeye çalışırlar. Kimsenin yaptığı işi beğenmeyip, iyi olduklarına inandıkları alanda tek başlarına olmak isterler. Örneğin, evine temizlik için birini çağırır ama yine de asla yerinde rahat durmaz, her şeye karışır, hatta temizliğin çoğunu yine kendisi yapar. İş yerinde takım arkadaşlarından yardım almak yerine kendi başına başarmak için debelenip durur, yardım alsa da bunu çok beğenmeyebilir, eleştirebilir. Bu kişiler yeni bir şey denemeye çekinirler; çünkü becerememekten, yeterli olamamaktan, başarısız olmaktan çok korkarlar. Eğer deneyeceklerse sahip olabilecekleri tüm bilgiye, beceriye önceden vakıf olmaya çalışırlar. Ya hep ya hiçtir, onlar için her şey. Sürecin tadını çıkarmazlar, sonuçlara odaklanırlar. An'da yaşamayı pek bilmezler. Her şeyi en ince detayına kadar düşünüp yetmeye çalışmaları, baş ağrıları, migren vb. hastalıkları yaşamalarına sebep olur.

Allah'ın parçası olarak yola çıktığın ve özellikle dünya hayatına ilk adım attığın yerleri iyice tara bilinçaltında sevgili okurum. İşte orada hangi zanlara kapıldıysan, hangi negatif duyguları kabullendiysen bugünkü yaşamının mimarı onlar. Annenden, babandan aldıkların aslında Yaradan'ın eril ve dişil prensiplerine duyduğun bakış açın. Yani onlar sana nasıl davranıyorsa Allah'ın da sana öyle davrandığını düşünüyorsun ve buna inanıyorsun. Ne kadarsan o kadarıyla başla. Denemekten korkma! Unutma, denemeden asla bilemezsin ve bilmek için buradasın. Düşersen kalkarsın; tekrar düşer, tekrar kalkarsın. Yeter ki burada bulunma sebebini unutma. Artık kendinden kaçma!

Danışanım "Depresyondayım, lütfen beni iyileştirin Anıl Hanım!" diyerek karşımdaki koltuğa oturmuştu. Sihirli bir değnekle kendisine dokunmamızı bekler bir ifadeyle kocaman açtığı kahverengi gözleri ile yalvaran bir şekilde gözlerimin içine bakıyordu. Yataktan çıkıp gelmiş gibiydi. Gri renkteki geceliğe benzeyen ve kendisine iki beden büyük duran elbisesi ruh haline aynalık yapıyordu. İlk cümlem "Ben aracıyım, kendinizi iyileştirecek olan sizsiniz." oldu. Çünkü şifalanmak da, şifalanmamak da kişinin özgür iradesi ile yaptığı bir seçimdir. Bizler sadece rehberlik ederiz.

Depresyonda hissetmesinin bilinçaltındaki sebeplerini bulma yolculuğumuza başladık. Şu anda en etkili duygusunun yetersizlik duygusu olduğu bilgisini verdi kuantum alan çalışması. Buna bağlı olarak, yetersiz olduğu için değersiz de hissediyordu. Bu sebeple kendisini eşine ve çocuklarına adamıştı, onlara faydalı olursa yeterli olabileceğine inanmıştı. Kendisi için hiçbir hedefi, hayali yoktu. Bilinçaltında, "Çocuklarım iyi olursa ben de biraz olsun var olurum" inancı saklıydı. Ne yaparsa yapsın kimseye de yaranamamış, yine de şikayet ve eleştirilerden kaçamamıştı. Bu çok normaldir. Sen kendini yeterli hissetmediğin müddetçe kimse seni bunun öyle olmadığına ikna edemeyecektir. Mükafat beklerken eleştiriye maruz kalır durursun. Danışanım, söylenenleri hüzünle onayladı. "Ne yaparsam yapayım ne eşime ne çocuklarıma yaranabildim. Hep eleştirecek bir şey buluyorlar. Özellikle de eşime karşı kendimi çok yetersiz hissediyorum." dedi derin bir iç çekerek.

Bilinçaltının daha derinine indiğimizde, on yedi on sekiz yaşlarında önemli bir karar anı olduğunu tespit ettik. Burada, kendini yetersiz hissettiği için yeteneğinin peşinden gitmek yerine ailesinin yolundan yürümeyi tercih etmişti. Aslında resim yapma yeteneği vardı ve güzel sanatlar fakültesinde okumak istiyordu. Ailesi ise tam tersi ona yeteneksiz olduğunu ve ressamlığın da geçerli bir meslek olmadığını söylemişti. Bu mesleği seçerse doğru düzgün bir kazancı ve statüsü olacağını düşünmüyorlardı. Bunun üzerine içsel olarak onlara hak verdiği için yaşadığı şehirde kalmış, hatta okuma isteğinden bile vazgeçmişti. Danışanım, çıkan verileri ağlayarak onayladı.

Sonraki adımda ise çok travmatik başka bir bilgi çıktı karşımıza. Eğitmenim, yedi sekiz yaşlarındayken kardeşini kaybedip kaybetmediğini sorduğunda, danışanımın birden ağlaması durmuş, kocaman açılmış gözleri ile "Evet, ama nasıl bildiniz?" diyebilmişti. Biz elbette buraya takılmıyoruz, bunlar alıştığımız tepkiler. Önemli olan alanın verdiği bilginin kişi tarafından onaylanmasıydı. Kardeşi iki üç yaşlarındayken ateşli bir hastalık sonucu evde yapılan tüm müdahalelere rağmen kurtarılamamıştı. Danışanım ise kardeşini hayata döndürebilmek için ağzına nefes bile üflemiş çocuk aklıyla, ama bir işe yaramayınca çok üzülmüştü. Annesi tarlaya gittiği için kardeşiyle evde yalnızlardı. Geçirdikleri uzun süre boyunca kardeşinin ateşlendiğini, durumunun kötüleştiğini anlayamadığı ve de onu hayata döndüremediği için kendini suçlu ve yetersiz hissetmişti. Hıçkırıkları durmayan danışanım "Ah Anıl Hanımcım, neler yaptım hayata dönsün diye anlatamam. Başından zor aldılar beni. Hâlâ o anlar aklıma geldikçe kendimi çok çaresiz ve yetersiz hissederim." dedi zorlukla.

Burası kilit bir noktaydı. Bulduğumuz tüm bu anları temizledik ve yeni düzenlemeler yaptık. Ölen kardeşi ile de kuantum alanda özgürleşme çalışması yaparak süreci bitirdik. İkinci bir çalışmada ise danışanımın Allah'tan ayrıldığı noktada, kendini O'nsuz kaldığını zannederek dünyada yetersiz hissetmesi duygusu üzerine çalıştık çünkü sorunun en derin boyutu burasıydı. Allah ona göre yukarılarda, uzakta bir yerde, kendisi ise dünyada, bir başına ve yetersizdi. Bu sebeple insanlara faydalı olmaya çabalıyor, en azından böyle yaparak onları yakınında tuttuğunu zannedip daha güçlü, daha yeterli hissetmeye çalışıyordu. Ancak bu, ruhundaki mutsuzluğu gidermiyor, gerçek anlamda çare olmuyordu. Ruhu ona, "Unuttuğun seni hatırla, kendini diğer insanlarda değil içinde ara, Allah seninle, senden uzakta değil!" demek istemişti. Çalışmadan sonra elbette durumu değişti. Tekâmül konusu her zaman, her yerde Yaradan ile bir, tam, bütün ve istediği her şeyi yapmaya kadir olduğunu bilmesiydi. Biz de bunu hem bilinçaltına yerleştirdik hem de kattığımız birçok bilgi ile bilincini bu konuda uyandırdık.

Kimseye yetmeye çalışma! Övülmek, takdir görmek için uğraşma! Kazandığın statü, para, başarı, sahip olduğun mutlu evlilik her zaman seni tekâmül ettiriyor sanma. Kendini nasıl hissediyorsun? Yaptıklarını, içinden geldiği ve seni mutlu eden şeyler olduğu için mi yapıyorsun? Bunları sorgula! Sakın zorunluluk duygusu ile yapma!

Yetersizlik duygun olduğunu düşünüyor ve onu dönüştürmek istiyorsan yirmi bir gün boyunca, kulağının duyacağı bir sesle ve günde yedi sekiz kez bu olumlamayı yapabilirsin:

"Ben (ad-soyad)....... Tam, bütün ve harika bir varlığım. Ne bir eksik ne de fazlayım. Kendimi olduğum her halimle yeterli buluyor ve sevgiyle kucaklıyorum. Kimsenin övgüsü ya da yergisiyle ilgilenmiyorum, çünkü kendi gücümün ve yeterliliğimin farkındayım. Olduğum halimle mükemmelim. Kusur sandığım özelliklerimin kusursuzluğumun ta kendisi olduğunu biliyorum. Kendi özgün parmak izimi hayata geçirmeye niyet ediyorum. Ben varım ve değerliyim. Kendim ve bütün için yeterliyim. Kendimi çok seviyorum."

AİT HİSSEDEMEME

En derin duygulardan biridir ait hissedememe. Kişi, kendini bulunduğu ortama, yaşam alanına, aileye, eşe, insanlara hatta bulunduğu şehir ya da ülkeye bazen de yaptığı işe ait hissetmeyebilir. Kimi zaman bunun farkındadır ama çoğunlukla da değildir. Yıllardır aynı iş yerinde çalışıyor olsan da aynı evi hatta aynı yatağı paylaşsan da o anne babadan doğmuş olsan da için için o kişiye, o aileye, o iş yerine ait olmadığını düşünür ve buna bağlı olarak da yalnız hissedersin kendini. Neler yaşamış olursan ol, ne kadar paylaşım yaparsan yap, ne kadar emek verirsen ver, bu duygu bırakmaz peşini ve kalbinde derin bir boşluk yaratır. Yerini arar durursun, sanki orası senin yuvan değildir, misafir gibisindir. Çok dağıtmadan oturup gidecek bir misafir gibi...

Ait hissedememenin en görünür sebeplerinden biri, zorunluluk duygusu ile yapılan seçimlerin sonuçlarıdır. Örneğin, sadece kazanmış olmak için, puanın yetiyor diye girdiğin bir üniversite ortamına kendini ait hissetmekte zorlanırsın. Yapmak istediğin işe bir türlü alınamıyorsun diye rastgele bir yerde sırf para kazanmak için işe başlarsan yıllar da geçse ait hissetmezsin. Aşık olmadan, ailen istiyor diye ya da maddi manevi kendini daha güvende hissedeceğini düşünerek evlendiğin kişiye kendini ait hissetmeyebilirsin. Çünkü bunlar ruhunun gerçek seçimleri olmamıştır. Egonla, kendini çaresiz, muhtaç hissederek korkularına yenik düşerek yaptığın tüm seçimler, senin kendini kurban etmendir aslında. Yağmurdan kaçarken doluya tutulursun. Bunların karşılığında maddi anlamda refah, statü, iyi bir eş, güvenlik alanı kazanmış olsan da asla kendini kazanamamışsındır. Kendini kendinden mahrum bıraktığın, ruhunun sesini kısarak yaptığın bu seçimlere de ruhuna uygun olmadığı için ait hissetmezsin. Ne kadar zorlarsan zorla, ne kadar mantığınla haklı gerekçeler bulursan bul, ne kadar ruhuna sağır olursan ol, bir yerlerden ses verir özün. Kalp yalan söyleyemez, -mış gibi yapamaz. "Sen bu kişi değilsin!", "Hayır, bu okulda okumak istemiyorsun!" ya da "Bu adamla evli kalmak sana iyi gelmiyor!" diye fısıldar sana. Bunu bilir ama yine de değiştirmek için adım atmazsın çoğu zaman ve uyurgezer rolü yapmaya devam edersin. Bazen de kendi kişisel devrimini başlatır, gücünü eline alıp bunların altında yatan sebepleri iyileştirir ve kendi hayatının kralı/kraliçesi olursun. Dilerim bu kitap senin bu yolculuğunda rehberin olur.

Doğduğun aileye, anne ya da babana ait hissedememenin altındaki sebep ise onlarla sağlıklı bağlar kuramamandır. Ailede kim seni doğumunda istemediyse, doğduktan sonra da gerçek anlamda sevip ilgilenmediyse, o kişiye ya da kişilere kendini ait hissetmezsin. Örneğin sana annen bakmış, büyütmüş ve fiziksel olarak birbirinizden hiç ayrılmamış olabilirsiniz. Ancak annenin aklında hep kendi yaşamıyla, eşiyle vb. ilgili sorunları varsa, sadece yedirip içirerek temel ihtiyaçlarını sağlayarak çocuklarına iyi anne olacağını sanıyorsa, aranızda sağlam bir bağ oluşturamazsınız. Bazen anne babalar dahi yüreğinden gelerek değil, suçlu hissetmemek için ya da zorunda hissettiklerinden yaparlar bazı eylemleri çocuklarıyla. Bu enerjiler hemen karşı tarafa geçer ve aradaki bağı sağlıksız hale getirir. Çocuk kendini ait hissetmez, hatta bazen varlığından ötürü ebeveynlerine karşı suçlu bile hissedebilir. O sebeple sen de ebeveynliğinde bazı şeyleri bu duygularla yapıyorsan sakın yapma! Bunun ne sana ne ona faydası olacaktır uzun vadede. İçinden geliyorsa yap, gelmiyorsa ona durumu anlayabileceği şekilde açıklayarak doğruyu söyle. Örneğin, patronunla tartıştığın bir günün akşamında eve keyifsiz geldiğinde ve çocuğun seninle oyun oynamak istediğinde bunu, oynamazsam onu üzerim diye yapma. O anda ruhun istemiyorsa oynama ve sebebini dürüstçe ama onun yaşına uygun kelimelerle açıkla. Emin ol seni çok iyi anlayacak ve kendi başına bir oyun kuracaktır. Hatta seni rahatlatmak için bir şeyler bile yapabilir. Diğer türlü, çocuk ruhsal olarak kendini sana karşı suçlu hissedecektir ve sevdiklerine karşı o da hayır diyemeyen birine dönüşecektir.

Özellikle istenmeyen bebekler, kendilerini anne ve babasına ait hissetmekte çok zorlanırlar. Daha çok anneyle ilgili yaşanılan bu duygu, kişinin bütün hayatına kader motifi olarak yansır. Aldırılmaktan vazgeçilmiştir belki, ama annesinin karnında hissettiği bu duygular, bebeğin doğduktan sonra kendisini annesine ait hissetmemesine sebep olur. Kendisini annesine ait hissetmeyen bireyler, ileride sevgi konusunda büyük sorunlar yaşar. İnsanlarla ilişkilerinde sorunlar olur. Sevgi ihtiyaçlarını çoğu zaman karşılayamazlar. Babaya ait hissetmeyen kişiler ise kendi gerçek yaratım güçlerini, yeteneklerini kullanmakta zorlanırlar; para ile ilgili sıkıntıları olur ve kök salmaktan korkarlar. Bu sebeple evlenmekten bile kaçabilirler ya da evlenip evliliği sürdürmekten çok boşanma eğiliminde olur ve sonunda evliliklerini noktalayabilirler. Bu yüzden anne karnı ve yeniden doğum seansları, bizim özellikle uygulayıp üzerinde durduğumuz çalışmalardır.

Birçok duygunun temelini oluşturan cinsiyet beklentisi de ait hissetmeme duygusunu oluşturmaktadır. Bu kişiler erkek beklenip kız doğdularsa dişil enerjiye, kız beklenip erkek doğdularsa da eril enerjiye kendilerini ait hissedemeyebilirler. Ancak buradaki ait hissedememe, cinsiyet değişimi meyli değildir. Örneğin, erkek beklenmiştir ve kız doğmuştur. Yaşamını kadın olarak sürdürmüş, birçok erkeğe aşık olmuş ve anneliği tatmıştır; ancak bu kişiler, erkek gibi kadınlardır. Bu, şu demektir ki hep fazlasıyla emek veren, maddi olarak hayatındaki erkeğe bile yardım eden, gereğinden fazla sorumluluk alan, asla prensesler gibi yaşatılmamış, şımartılmamış kadınlardır. Güçlü olmak ve kendi ayakları üzerinde durmak zorunda hissederler hep kendilerini. Bu kişilerden bazıları etek, elbise giymeyi, makyaj yapmayı bile çok tercih etmez. İşte bu, o kişilerde, kadın olsalar dahi eril enerjilerinin daha baskın olduğunu gösterir. Bunun sebebi de erkek beklendikleri için tam bir dişil gibi davranamamaları ve kendilerini var olan cinsiyetlerine ait hissetmeyi bilmemeleridir. Aynısı, tersi beklentilerde de geçerlidir. Kız beklenip erkek doğan kişiler, yaşamları boyunca yönetilen, sorumluluklardan kaçan, para konusunda sorunları olan, naif, yok gibi olan erkeklere dönüşebilirler. Bu durumlar, evdeki eril-dişil enerji dengesini etkilemekte ve çocukların da kafasını karıştırmaktadır. Fazla baskın ve her şeyi halleden bir anne; yönetilen ve her şeye peki diyen, sorumluluktan kaçan bir baba çocukların da kendi dişil-eril enerji dengesini bozmakta ve buna bağlı olarak dikkat dağınıklığı sorunu yaşamalarına sebep olmaktadır. Çünkü evde olması gereken dengeler dağınıktır.

Bazen ait hissettiğimiz bir kişiden, bir ortamdan, bir işten zamanla soğuyabilir ve artık o kişiye, duruma, yere kendimizi ait hissetmeyebiliriz. Tekâmül sürecinde çok doğal olan bu durum, bizleri korkutabilir; çünkü yıllarca sürdürdüğü alışkanlıkların ve alanın dışına çıkmak, kişinin egosunu korkutabilir. Aslında bunun ruhsal sebebi o kişiyle, işle ya da yerle ilgilidir. Karşılıklı alınıp verilecek bir şey kalmamıştır. Ruh, değişim için buradadır. Tekâmül etmek dediğimiz şey, her yerde anlattığım gibi, ruhun bedende değişimi, yenilenmesi, evrim geçirmesi, öğrenmesidir. Ruhsal bir yolculuktur tekâmül; ama biz bazen uğradığımız durakları kalıcı zanneder, zamanı geldiğinde o duraktan ayrılmakta zorluk çekeriz. Hatta bunun yanlış, şımarıkça ve nankörce olduğunu bile düşünebiliriz. Ancak zaman içinde insanlar değişir, bunda kızılacak bir durum da yoktur. Özellikle evliliklerde kişilerden biri tekâmül ederken yani yükselirken, diğeri ısrarla o enerjiyle yükselişe geçmiyor ve direniyorsa bir süre sonra bu diğer kişiyi yoracak ve kendini o evliliğe ve kişiye artık ait hissetmemesine sebep olacaktır. Bu durumda yapılması gereken en doğru şey, eğer her şey denendiği halde durum değişmiyorsa evliliğin bitirilmesidir. Çoğunlukla kişiler bundan korkarak kendi yükselişlerini durdurmakta ve hatta tekrar o kişiye ait hissedebilmek adına kendi enerjilerini aşağıya çekmektedirler. Oysa her kendinden vazgeçiş, beraberinde bir sorun getirir; çünkü sistem seni tekrar kendine, yani sana davet eder. Bu sebeple belki alanını korumaya devam edersin, ama istediğin doyumu ve mutluluğu o kişiyle sağlayamazsın ve ruhun sıkıntı çeker. Aynı şey meslekler için de geçerlidir. Uzun yıllar bir işte emek vermiş olabilirsin ancak ruhun, oradan alacaklarını aldıysa başka bir meslek denemek isteyebilir. Ona korkuların yüzünden engel olduğun zaman büyük bir kaybediş başlar. Belki aynı meslekte ya da iş yerinde kalmaya devam ettiğin için bir yanın rahat hissedecektir, ama asla kendini oraya gerçek anlamda ait hissetmeyecek ve ruhunu kapana hapsedeceksin. Bu da beraberinde tarif edemeyeceğin bir boşluk ve yalnızlık duygusu getirecektir. Ruhundan ayrı kalmak, onu hapsetmek, kendini yalnız hissetmenin en büyük sebeplerinden biridir. Onun sesini aklınla birleştirerek yol aldığında her zaman kazanırsın. Bu sana mutlaka bir değişim ve dönüşüm olarak geri döner. Doğru zamanda gitmeyi, bırakmayı, vazgeçmeyi bilmek seni kendinle bütünleştirir. Başkalarından gitmemek için kendinden vazgeçmediğine lütfen emin ol, olur mu? Aksi takdirde gidemediğin o kişi ve yerler, senin küçük tanrıların, küçük putların olurlar. Şunu da unutma ki kimsenin sana, sandığın kadar ihtiyacı yok. Çünkü zaten hepimiz Allah'ın bir parçasıyız. Allah'ın ruhunu taşıyan bir varlık sana, bana muhtaç olur mu?

Kitabın başında, dünya boyutu ve insanlık dışında başka boyutların da var olduğunu ve ruhun, ilk bütünden koptuğu an'dan itibaren bu boyutları deneyimlemeye başladığını anlatmıştım. Kitaptaki bu bilgilerden bazılarının sana çok yabancı ve aykırı gelebileceğinin farkındayım. Bunları anlatarak kendimce riskler de alıyorum ama ben, öyle ucundan kıyısından farkındalık yaşatmayı değil, artık herkesin kendi cennetini yaratarak dünyaya da katkı sağlamasını amaçlıyorum. Bunun için de bu bilgileri paylaşma vaktinin geldiğine inanıyorum. Ben, hayatımın rotasını kendi ruhuma ve dolayısı ile Allaha çevirdiğimden beri her kararımı sadece O'na güvenerek alıyorum. O'ndan rehberlik istediğinde ve O'na güvenip teslim olduğunda gelen işaretler ve yardımlar çok hızlı ve net oluyor. Bunu sen de her konuda deneyimleyebilirsin.

Neden bu konuya girdim? Çünkü ait hissedememenin en derin sebebi, başka bir boyutta çokça var olup sonra dünyaya insan olarak geldiğinde, bu değişimi benimseyememendir. Bu durumu yaşayıp yaşamadığını anlamanın yolu, dünya nimetleri ile aranın nasıl olduğunu sorgulamanla ortaya çıkacaktır. Dünyaya ve insan bedenine ait hissetmekte zorlanan ruhlar, öncelikle bedenlerine uyumlanamadıkları için kilo problemi yaşayabilirler. Bunun dışında cinsel kimlikleri ile de başları dertte olanlar vardır. En çok rastladığımız sorun ise parayla, neşeyle, cinsellikle, hazla ilgili yaşanılan sorunlardır. Bunlar dünya nimetleridir, ancak ruhsal bir boyutu fazlaca deneyimledikten sonra bedensel bir boyuta gelen ruh, bu nimetleri kabul etmekte zorluk çekmektedir. Hatta bunları kötü, kirli, pis, insanı bozabilecek şeytani durumlar olarak bile algılayanlar vardır. Oysa sevgili okurum, bilmeni isterim ki dünyada var olan her şey ve dünyanın bizzat kendisi de ruhsaldır. Aslında en büyük hatayı, her şeyi ruhsal ve maddesel olarak ayırarak yaparız. Oysa madde ruhun ete, kemiğe, şekle dönüşmüş halidir. Yeryüzünde Allah'a ait olmayan hiçbir şey yoktur. Eğer ALLAH ilham vermeseydi buluşlar gerçekleşebilir miydi sanıyorsun? Lidyalıların parayı bulmasına ilham veren de Yaradan'ın ta kendisidir. Buluşlar kötü değildir. Onları nasıl kullandığımız, bizim seçimimizdir. Bu sebeple onları şeytan işi görmek yerine kendi içimizdeki şeytanla yüzleşmeli ve onun bize anlatmak istediğini anlayarak yüzümüzü ışığa çevirmeliyiz.

Dünyevi nimetleri kabul etmekte zorlanan ruhlar, elbette parasal konularda, ilişkilerde, cinsellikte sorunlar yaşayacaktır. Yuvasından koparılıp zorla dünyaya gönderilmiş gibi hisseden kişiler, bunu neden yaşadıklarını gerçek anlamda anlamadan, kendileriyle ve dünyayla barışamazlar. Uyum sağlayamazlar. İnsan olmaya alışmış gibi yaparlar ama bu kişilerin insanlarla ilgili yargıları, ayrımları her zaman mevcuttur. Hatta çoğu zaman kendilerini onlardan ayırarak toplumdan insanoğlu, insanlar diye bahsederler. "Onlar insansa ben neyim?" düşüncesine kapılırlar. Genellikle hayatlarına, karanlığı deneyimleyen yani onların deyişi ile kötü insanları ya da onları üzecek kişileri çekerler. Sonra da insanlara ve dünyaya lanet ederler. Dünyayı ve onun nimetlerini sevmemenin erdem olduğunu zannederler. Aslında kaçtıkları, kendi insan bedenleri, özgür irade ve tekâmüldür, yani değişimdir.

Bu durumda olanların bazıları kendilerini dünyada görevli gibi hissederler. İnsanlara, hayvanlara ya da doğaya karşı görevleri olduğuna inanırlar. Aslında böyle yaparak hayata bağlanmaya çalışırlar. Elbette hepimizin dünyada bir misyonu var, ama varoluş sebebimiz sadece bu misyonu yerine getirmek değil. Kendilerini görevli hissedenler, her şeyi fazlaca düşünüp gereğinden fazla sorumluluk yüklenerek sistemin alma verme dengesini bozuyor olabilirler. Hatta bazen en iyi yardımın "Hayır!" demek ya da yardım etmemek olduğunu unutarak farkında olmadan tanrıcılığa soyunur ve herkese yetmeye çalışıp onlara istemeden zarar verebilirler. Örneğin, sağlığı yerinde olduğu halde çalışmayan ve iş aramayan bir kardeşiniz var. Bir süre ona maddi yardımda bulunmanız gayet doğal. Ama bu kişi kendi maddi sorumluluğunu tamamen size bırakıyorsa, faturalarını dahi aylardır size ödetiyorsa, hâlâ bir işe girmiyorsa ve siz ona yardım etmeye devam ediyorsanız, üzgünüm ama ona iyilik değil kötülük yapıyorsunuz aslında. Arkasında, onun her sıkıntısını çözen birisi varken o, kendi gücünü eline almakta, yaşam sorumluluğunu üstlenmekte gecikiyor ve siz de buna göz yummuş oluyorsunuz. O yüzden dengede tutmalıyız. Bunları yapmadığında, kişi kendini değersiz ve suçlu hissedeceği ya da sevilmeyeceğini düşündüğü için, başkaları tarafından sömürülmeye devam eder.

Hiçbirimiz dünyada görevli değiliz. Birbirimizden daha değerli ve önemli değiliz. Tekâmül basamaklarımız, deneyimlerimiz daha fazla veya farklı olabilir ama değer olarak hepimiz aynıyız. Burada, yuvamızda, elbette hem kendimize hem birbirimize hem de dünyaya ve var olan her şeye karşı sorumluluklarımız var.; ama hiçbiri kendi var oluş sorumluluğumuzdan, Ben'i deneyimleme ve tekâmül etme yani gelişme sürecimizden daha önemli değil. Zaten Ben'i deneyimlerken, öğrenirken, diğer tüm sorumluluklarımızı da denge içinde yerine getiriyor olacağız. Kendimizi unutarak sadece başkaları için var olursak ve yaşarsak, Tanrı'nın yerine soyunmuş oluruz ki bizden istenilen bu değildir. Hepimizin kendine has bir yolcuğu var. Bu yolculuğa saygı duymak ve yardımcı olmak durumundayız, ama gerçekte neye hizmet ettiğimizi ve hangi türlü davranışın ilahi planda daha doğru bir yardım olacağını düşünerek.

Danışanım bana geldiğinde çok mutsuz görünüyordu. "Anıl Hanım, aslında ciddi bir sorunum yok. Güzel bir kariyerim, çok sevdiğim iki çocuğum ve iyi anlaştığım bir eşim var." demişti. "Ancak zaman zaman, kendimi sanki yaşıyor gibi değil de sadece oynuyor gibi hissediyorum. İş ve ev hayatımda çok fazla sorumluluğum var ve çoğu zaman bunları zevkle yerine getirsem de bazen çok daralıyorum. Ama elimden bir şey de gelmiyor, çünkü kimseyi üzmek istemiyorum. Ben neden bu imkanlarıma rağmen mutsuzum, yoksa şımarık mıyım?" diye tüm içtenliğiyle sormuştu. Elbette yaptığı şımarıklık falan değildi. Toplumda, kimilerine göre daha iyi şartlar içinde gözüküp de hâlâ şikayet ederseniz şımarık olmakla suçlanabilirsiniz, ama gerçek bu değildir. Görüntü ne olursa olsun, kişi içinde neler yaşadığını sadece kendisi bilir. Sana göre daha iyi şartlar içinde olması, onun daha mutlu olduğunu göstermez.

Hemen bilinçaltını taramaya başladık. Anlattığı durumun altındaki en temel duygunun, ait hissedememe olduğunu söylediğimizde, kendinden bile saklamaya çalıştığı bu durum karşısında adeta sobelenmişti. Durumu çabucak kabullendi, çünkü artık maskelerinden sıyrılmak ve gerçekten yaşadığını hissetmek istiyordu. Bunu, bilinçaltının şifaya açık oluşundan, kuantum alana izin vermesinden kolaylıkla anlıyorduk. Şimdiden geriye doğru yapmaya başladığımız taramada, ilk durağın ikinci çocuğunu doğurduğu zaman olduğunu tespit ettik. Aslında ikinci kez anne olmaya hazır değilken, eşinin isteği ve çevresindekilerin "Tek çocukla kalınmaz!" sözleriyle yeniden doğurmaya karar vererek hamile kalmıştı. Dolayısıyla çocuğunu kendine tamamen ait hissetmiyordu. Ama elbette bu onu sevmesine engel değildi. O da çıkan bu bilgileri "Evet kızımı çok seviyorum, ancak bazen ona baktığımda ilk çocuğumdaki gibi yoğun bir şekilde kendimi ona ait hissedemiyorum." sözleriyle onayladı. Bu sebeple kızıyla aralarında zaman zaman sorunlar yaşıyordu. Daha derine inmeye başlayınca ikinci durağın evlendiği an olduğu ortaya çıktı. Bununla bağlantılı olarak, eşinden önce başka birine aşık olup onunla mutlu bir ilişki yaşarken bunun yarıda kalıp kalmadığını soran eğitmenime, danışanım hüzünlü ve buğulu gözlerle "Evet!" dedi. Eğitmenim ona, eşiyle iyi bir insan olduğu ve onu çok sevdiği için, diğer kişiye hissettiği gibi bir aşk hissetmeden evlendiğini söylediğinde hem gözyaşlarını tutamadı, hem de yine aynı sobelenmiş haliyle şekilden şekile girdi. Kalbinin derinlerindeki o yarım kalan hikayeyle aslında eşine hiçbir zaman kendini tam olarak ait hissedememişti. Daha derine gittiğimizde ise annesinin kendisine hamile kaldığı zamanları vermişti kuantum alan bize. Annesi, babasıyla sadece evliliğini devam ettirmek amaçlı bir arada kalmış ve cinselliği bile görev gibi yaşamıştı. O da böyle bir birlikteliğin meyvesiydi. Allak bullak bir yüz ifadesi ile "Evet, aslında annemle babam görücü usulü evlenmişler ve annem babamı hiç sevememiş. Defalarca boşanmayı düşünmüş, ama cesaret edememiş Anıl Hanım, bunu bize hep anlatır." dedi bunları nasıl bildiğimize şaşırarak. Annesine ve aslında ailesine ait hissedememe duygusu buradan gelmekteydi. Zorunlu bir cinsel birleşmenin ve yine zorunlu süren evliliğin bir ürünü olarak hissediyordu kendisini. Üstelik annesinin kendisini babasına ait hissetmemesini de model almıştı. Doktorların dediği gibi, bebek anne karnındayken nasıl fiziksel olarak kendisini annesiyle bir görüyorsa, duygusal olarak da öyledir. Annenin hamilelik ve doğum sırasında yoğun olarak yaşadığı duyguları, bebekler, kendi duyguları gibi kopyalar ve sahiplenirler. Bu zaman dilimi, danışanımın bu hayata başlarken aldığı en derin ait hissedememe duygusunun olduğu yerdi. Ancak alan, durumun burada başlamadığı bilgisini veriyordu. Bilinçaltında bu duygunun oluştuğu en derin yerin, dünyaya geldiği ve insanlığı deneyimlemeye başladığı ilk an olduğu gözüküyordu. Diğer insanların arasında kendini konuk gibi hissetmişti; çünkü uzun bir zaman ruhsal boyutlarda, bedensiz olarak deneyimleri vardı. Dünya zamanı ve insanlık, o insan olmayı seçmeden çok önce başladığı için kendisini sonradan gelmiş gibi görüyordu. Hani ilkokula önce başka bir okulda başlarsın da sonra yeni bir okula geçince her şey yabancı gelir ya, sınıftakiler çoktan kaynaşmıştır ve sen dahil olmaya çalışırsın, işte danışanımda da dünyaya karşı böyle bir duygu hali vardı. "Bu yüzden mi ait olabilmek adına bu kadar çok çalışıyor, her yerde her sorumluluğu ben üzerime alıyorum Anıl Hanım?" diye sorduğunda, kafamı sallayarak fark ettiği bu durumu onayladım. Bu noktadan itibaren bütün alanı, tüm çıkanların bilinçaltında sebep olduğu negatif etkileri temizledik, şifalandırdık. Sonraki seansında ise ayrıldığı o eski sevgilisi ile ilişki karması yaparak yarım kalan dosyayı kapattık. Bir sonraki adımda da kızıyla arasını şifalandırdık. Bir ay kadar sonra ofise yolladığı çiçekte bizlere teşekkür notu yazılıydı. Evliliğinde de gündelik yaşantısında da kendini çok mutlu hissettiğini belirtmişti notunda. Bizim beklediğimiz sonuç da tam olarak buydu.

Ait hissedememe duygun olduğunu düşünüyor ve onu dönüştürmek istiyorsan yirmi bir gün boyunca, kulağının duyacağı bir sesle ve günde yedi sekiz kez bu olumlamayı yapabilirsin:

"Ben (ad-soyad) .... Varım ve dünyada yaşayan ruhsal bir varlığım. Dünya benim tekâmül planım için seçtiğim evimdir. Ben her nerede ve kimlerleysem yuvam orasıdır. Allah ve ruhsal ailem her an kalbimde ve ruhumda benimledir. Ben sahip olduğum bedene ve dünyaya aitim. Burada olmak benim seçimim ve artık bunun tadını çıkarmaya, eğlenmeye, sevmeye, öğrenmeye niyet ediyorum. Dünyada bulunuş amacımı, yaşam misyonumu hatırlamayı seçiyorum. Verdiğim tekâmül sözümü yerine getirmeye söz veriyorum."

YOK GİBİ OLMAK

Dünyada bedenlenmiş olmak, yaşıyor olmak, maalesef her zaman kelimenin tam anlamı ile var olduğumuz anlamına gelmiyor. Yaşam amacını unutmuş, kendini görevli hissederek yoluna devam eden, tek amacının başkalarını mutlu etmek olduğuna inanan pek çok kişi var danışanlarımın arasında. Tabii ki bu satırları okuyan sizlerin arasında da...

Şimdi bazılarınız "Ne demek yani, gayet varım, varken yok gibi olmak da neymiş?" diyebilirsiniz. Bazılarınız ise neyi kastettiğimi hemen anlamışsınızdır. Başkaları için yaşamak, kendin için yok olmak, arafta yaşamak demektir aslında. Belki söylediklerim sana biraz ağır gelebilir ama ben, kendime ve Allah'a söz verdim bu kitabı yazmaya ilk başladığım anda. Cesaretle yazacağıma, uyandırmaya, Allah'a ulaştıracak bilgileri aktarmaya... İçindeki potansiyeli, Yaradan'ın verdiği gücü kullanamamana nelerin sebep olduğunu ve onları değiştirirsen yaşamını cennet gibi yaratabileceğini keşfetmeni sağlamaya...

Işık tutmak istediğim bazı noktalar var:

1-) Şu anda dünyadasın, yani VARSIN ve İNSANSIN.

2-) KADINSIN ya da ERKEKSİN.

3-) Görevli değil sadece kendi kazanımların için buradasın. Yani TEKÂMÜL EDİYORSUN.

4-) Genel olarak yaşam amacını öğrenmek, gelişmek ve bunları yaparken mutlu olmak, hayallerini gerçekleştirmek için varsın (bireysel yaşam amaçları kişilere göre farklılık gösterir). Şimdi MUTLU MUSUN? HAYALLERİNİ GERÇEĞE DÖNÜŞTÜRÜYOR MUSUN?

İşte bu konuları net bir şekilde anlaman gerekiyor. Bunun için de önce kendini maskesiz bir halde, dürüstçe masaya yatırıp analiz etmelisin. Şimdi bu başlıkları açalım ki analizini yaparken sana veri olsun.

1-) VARSIN VE İNSANSIN: Şimdi bazılarınız "Elbette insanız, iyi ki söylediniz!" diye gülebilirler bu başlığı gördüğünde. Ama anlatacağım şeyi okuduğunda, baştaki gülümsemenin yerini kendi varoluşun ile ilgili derin düşünceler alabilir.

Var olmak, öncelikle ruhsal, fiziksel ve zihinsel olarak üç boyutlu bir varlık olduğumuzu kabul etmekle başlar. Bunlardan birini diğerinden daha değerli görür ve denge halinde olmazsan, mutlaka onunla ilgili sorunlar yaşarsın. Örneğin, sadece ruhsal bir varlık olduğuna inanıp maddesel şeyleri yani dünyevi şeyleri dışladığında veya onları değersiz gördüğünde parayla, ilişkilerle, cinsellikle vb. ilgili sorunlar yaşaman, bedeninin değerini sana hatırlatacak hastalıklar yaşaman kaçınılmazdır. Bir zamanlar ben de böyleydim ve genç yaşıma rağmen türlü hastalıklar yaşamamın altında, bedenimin "Hey ben de varım ve önemliyim! Bana iyi bakmazsan sana kendimi hastalıklarla hatırlatırım" mesajının olduğunu, kuantum dünyası ile tanıştıktan sonra anladım. Yaşamdaki her şey denge halinde olmalıdır. Örneğin, parayı sevmende yanlış bir şey yok. Ancak tek var oluş amacın para kazanmaksa o zaman onun kölesi olursun. Aracı amaç haline getirir, dengeyi bozarsın. Zihnini ön planda, diğer her şey geri planda kalır. Bu durumda da bedensel ve ruhsal sorunlar yaşaman, duygusal olarak kendini yoksun ve eksik hissetmen kaçınılmazdır. Bedenine kıymet verip de onu güzelleştirmek ve sağlıklı tutmak adına türlü şeyler yaparken, ruhunun onun üzerindeki etkisini görmezden gelirsen, emin ol mutsuz bir güzellik elde etmiş olacaksın. Ruhun, bedenin ve zihninle tam, bütün ve dengede olman, yaşamda ne istiyorsan onları gerçekleştirmende en büyük yardımcın, yol göstericin olacaktır. Lütfen hepsine eşit miktarda değer ver.

Sevgi duygusu, gerçek anlamda en yüksek boyut olan dünyada deneyimlenen bir duygudur. Çünkü seçimlerin olmadığı boyutlarda birini sevdiğini düşünmek kolaydır. Ancak özgür iradeli tek varlık olan insanların, seçimleri sonucunda birbirinden farklılaşmasıyla, kendisi gibi olmayanı ya da onu sevmeyeni de sevebilmesi, saygı duyabilmesi, öğrenilmesi gereken gerçek koşulsuz sevgidir. Bu da insan olmanın temel koşuludur. Dünya, gerçek sevginin deneyimlenerek öğrenildiği en önemli laboratuvar alanıdır. Herbirimizin yuvası, ait olduğu beden ve dünya hayatıdır. Ruhun, bedeninde yuvasının içindedir. Sen her neredeysen ALLAH orada ve seninledir.

2-) KADINSIN ya da ERKEKSİN: Tekâmülü anlatırken, zıtlıkların ilk başladığı yerin cinsiyet olduğunu anlatmıştım. Sen, bu hayata hangisi ile gelmeyi seçtiysen onun hakkını vermek, senin o cinsiyette var olman demektir. Ama kadın geldiğin halde erkek gibi yaşıyorsan, onun yapması gerekenleri vazife edinip içindeki dişi tanrıçayı saklıyorsan, hatta kadınlığın zayıflık olduğunu vb. düşünüyorsan, kadın olarak YOK'sundur. Aynı durum erkekler için de geçerlidir. Erkek olduğu halde eril enerjisini, gücünü yeterince kullanmıyorsa kontrolünü ve sorumluluklarını hayatındaki kadına yüklüyorsa o kişi, erkek olarak YOK gibidir…

3-) BAŞKALARINA KARŞI DEĞİL KENDİNE KARŞI GÖREVLİSİN: Anne olunca yaşamını sadece çocuklarına vakfederek sürdüren nice kadın danışanla çalıştım bugüne kadar. Benzer bir durum da bazı babalar için geçerli. Neden doğrudan buradan başladım anlatmaya? Çünkü çalıştığım yüzlerce vakadan çıkardığım sonuç, bunu en çok çocuklarımıza karşı yaptığımız. Daha sonrasında ise eşlere, sevgililere, anne baba ve aileye, arkadaşlara da yapılıyor tabii ki. Sevdiklerimizi mutlu etmek elbette harika bir duygu; ancak bu, sürekli ve karşılıksız bir fedakârlığa dönüşüyorsa anlayın ki birileri feda ederken birileri kâr ediyor ve bu sistemdeki tüm alma verme dengesini bozuyor. Kendi önceliklerinden belirli durumlarda ve ölçülerde vazgeçebilirsin, ancak dediğim gibi denge her şeyin başı. Sen tüm planlarını ve hayat akışını sevdiklerine göre yapıyorsan, önceliği her zaman onlara veriyorsan, onlar için kendi hayallerinden vazgeçiyorsan, tekâmül boyutunda ne onlara ne kendine fayda sağlamıyorsun sevgili dostum. Bazen fazlaca edilen yardımlar, o kişilerin güçlenmelerine ve kendi yaşam sorumluluklarını ellerine almalarına engel olabilir. Bununla beraber her "Ben kendim için yokum, sizler için varım." dediğinde bu, o anda çocuklarının işine gelse de onlara da kendi çocuklarına karşı böyle davranmaları gerektiğini öğretiyor olursun. Her çocuk, anne babasını farkında olsa da olmasa da model seçer. Hatta bazen onlar gibi davranmamaya özen gösterirken tam da onlar gibi davranırken bulur kendini. O yüzden çocuklarımıza mutlu olmayı, var olmayı öğretmek istiyorsak bunun tek yolunun bunları kendi hayatımızda deneyimlemek ve onlara bu anlamda rol model olabilmek olduğunu idrak etmek zorundayız. Unutma ki sen, tekâmül planın için kendi anne babanı seçtin ve bu çocukların için de geçerli. Onlar sana geldiyse sen onlar için ideal anne ya da babasın, tüm ruhsal, bedensel ve zihinsel özelliklerinle. Bu yüzden bu kitabı okuyan sevgili anne babalar, ben de bir anne ve kişisel gelişim uzmanı olarak sizlere özellikle şunu söylemek istiyorum: Kendinizi onlara karşı eksik, suçlu, yetersiz hissetmeyin ve asla kendinizden vazgeçmeyin. İnanın kendinden vazgeçerek yaşanmış bir hayat boşa yaşanmıştır. Eğer siz tekâmül edemeden ölürseniz, bu dersleri vermek üzere tekrar tekrar dünyaya geleceksiniz. Burada öğrenmeniz gereken şey ise her varlığın tek sahibinin ALLAH olduğu ve yaratılış amacınızın, kendinizi gerçekleştirmek, yaşamı deneyimlemek, denge içinde olmak, kendinizi sevmek olduğudur. Kendinizi sevmeden başka birini gerçek anlamda sevemezsiniz!

4-) MUTLU MUSUN? HAYALLERİNİ GERÇEKLEŞTİRİYOR MUSUN?: Duygular, mevsimler gibi değişkendir. Mutlu olmak, her zaman yüzünde gülücükler olması demek değildir. Acı da hüzün de mutsuzluk da zaman zaman hissetmemizin doğal olduğu duygulardır. Bu duyguları deneyimlediğimizde önemli olan, yaşadığımız durumun er ya da geç bitmesine izin vermek, acıda ve hüzünde takılı kalmamak, kendimizi oraya hapsederek kurban bilincinde yaşamamaktır. Yas tutman gerektiği durumlarda duygunu bastırmayıp yasını tutmalı, acını yaşamalı ve onun zaman içinde senden uzaklaşıp gitmesine izin vermelisin. Bu bir süre sonra kendiliğinden gerçekleşecektir. Ancak sen her sabah kalktığında, kendine günler önce yaşadığın acı ya da acıları hatırlatırsan, yasını bırakmak istemezsen, o zaman mutluluk sana haram olacak ve senden uzaklaşacaktır.

Diğer bilmen gereken şey ise mutluluğun, sahip olduklarının ile alakalı olmadığıdır. O, nefes kadar doğal bir haldir ve hiçbir şarta ve koşula bağlı değildir. Onu şartlara bağlı olarak yaşayan ne yazık ki bizleriz. Başlarken mutluluk duyduğumuz nice şey istediğimiz gibi gelişmediğinde pişman oluyoruz. Oysa mutluluk yolun sonu değildir. O yolda yaşadıkların, deneyimlediklerin, öğrendiklerin, kısacası kazandığın bilgeliklerdir. Ruhun tek mutluluğu deneyimdir. Bu sebeple içinden gelen bir şeyi deneyimlemeye direndiğinde, kendine ve mutluluğa savaş açmış oluyorsun. İşte bu da varlığını yok saymak, yok etmek oluyor. "Elalem ne der?" diye yaşamadığın her şey, kendini ertelemen, hayallerini gerçekleştirmemen ve varlığını yok saymaktan başka bir anlam ifade etmiyor sevgili dostum.

Lütfen sonuçlara değil sürece odaklan. Sana mutluluk verecek şeyler yap. Hayatı görev gibi, robot gibi yaşama. Varlığını kimsenin varlığına armağan etme; çünkü bu can, sana ALLAH'ın armağanı ve bir armağan başka birine verilmez. Yok gibi yaşaman tüm sistemi bozuyor, buna inan. Dünyada isen ancak özgün halinle var olduğunda; sen, sen olduğunda kendine, ona ve tüm var olanlara katkıda bulunmuş olursun. Bunu da aklından hiç çıkarma!

Peki, yukarıda anlattıklarım dışında neler olur da yok gibi yaşamaya karar veririz?

Geçmiş yaşamlardan getirdiğimiz ya da bu hayatımızda edindiğimiz suçluluk duygusu yüzünden bu kararı almış olabiliriz. Bununla birlikte kendimizi var hissetmenin, insanların beğenisine, sevgisine, desteğine bağlı olduğunu düşünüp bunları yeterince tadamamak da kendimizi yok ilan etmemizin sebebi olabilir. Çocukluğunda kalabalık ailelerde büyümüş ve varlığı yeterince görülmemişse, istenmeyen, aldırılmaya çalışılmış bir bebek ise, anne de kendisi için yok gibiyse kişi, varlığını başkalarına adayarak kendini yok sayabilir. En derinde ALLAH'a karşı kendini yetersiz hisseden, var olmayı hak edecek kadar sevildiğine ve değerli olduğuna inanmayan kişiler bunu seçebilmekteler.

Danışanım geldiğinde, kimsenin ona yeterince değer vermediğinden, herkes tarafından aşağılanmaktan şikayetçiydi. Bundan ötürü saklamaya çalıştığı kızgınlık duygusu, gergin yüz hatları ve mutsuz bakan gözlerinden belli oluyordu. Kahverengi tonlarındaki kazağı, koyu renk kot pantolunu ve incecik bedeni ile sanki fark edilmemeye çalışıyordu. Konuşmaya başlasa susmadan saatlerce bu konuda suçladığı kişileri anlatacak gibi bir hali vardı. Ancak bunun bir işe yaramayacağını bildiğimiz için hemen çalışmasına başladık. Seansına başladığımızda, şu andaki en yoğun duygusunun görünmediğini düşünmek, yok gibi hissetmek olduğunu tespit ettik. Sebeplerine doğru yolculuğa başladığımızda ise kuantum alan en yakın sebep olarak iki üç yıl öncesini verdi. Çalışmadığını, ev hanımı olduğunu yazmıştı formuna. Oysa alan bize, bu zamanlarda bir iş girişimi olduğunu göstermişti. Bir iş yeri açma isteği olmuş; ama eşi tarafından desteklenmemiş, başarılı olamayacağına inandırılmıştı. Bu, aslında danışanımın kendisi ile ilgili inancıydı. Eşi ona sadece aynalık yapmıştı, ama o henüz bunun farkında değildi. Kendi varlığını görmeyen kişi, başkaları tarafından da yeterince görülmez ve onaylanmaz. En önemlisi gücünü, başarı adına yeterince kullanamaz. Varlığını yok sayarsan sana verilen donanımı, armağanları, yetenekleri kendin için kullanabilir misin? Danışanım, hem eşi onu desteklemediği hem de çalışmayıp bir şeyler başarmadığı için kendini yok gibi hissediyordu. Gerçekten bir hobisi bile yoktu. Çocukları ile ilgilenmek ve ev işleri dışında kendine zaman dahi ayırmıyordu. Bir sonraki adımda ise evlenmeden önce çalıştığı bir zamanı göstermişti kuantum alan bize. Bu yıllarda çalışmış, ama çalıştığı zaman kazandığı paranın tamamını sevdikleri, ailesi için kullanmıştı. Kendisi için hiçbir yatırım yapmamış hatta keyfi, giyimi için bile doğru düzgün para harcamamıştı. İnsanlardan para almaktan hoşlanmıyor ama vermekte sakınca görmüyordu, hatta öyle yapması gerektiğine inanıyordu. Parayı başkaları için kazanma zorunluluğu hissettiğinden artık çalışmama kararı aldığının farkında değildi. Aslında bunun sebebinin de kendini yok sayması olduğunu bilmiyordu. Bir sonraki adımda ise duygularının içinde kaybolduğu bir zamana geçtik. Burada, çevresindekilerin söylemlerinden fazlaca etkilenmişti. Ergenlik dönemleriydi ve ailesinin, arkadaşlarının, öğretmenlerinin ve hatta komşularının bile onun hakkında söylediklerinden etkileniyor, o an buna direniyor gibi görünse de aslında negatif olanları bilinçaltında kabule geçiyordu. Yani dış referanslı idi. Varlığının gücünü görmediği, kendisini yok saydığı için referansını, kendi ruhundan almıyordu. Çevresindeki pekçok insan tarafından eleştirildiği, alaya alındığı ve aşağılandığı için kendini yok gibi hissediyordu. Bu hayatındaki en kilit noktalarından biri olan çocukluğuna indiğimizde ise esas sorunun, kalabalık bir ailede yaşayıp da görünmemek olduğu bilgisine ulaştık alanda. Eğitmenin "Kaç kardeşsiniz? Aileniz sanki çok kalabalıkmış, siz hiç görülmemişsiniz." dediğinde, danışanım bize sekiz kardeş olduklarını, kendisinin de beşinci çocuk olarak her zaman arada kaynadığını gözyaşları içinde anlattı. Çocukluğundan kalan sevilmediğine, değerli olmadığına, varlığının bir önemi olmadığına dair pek çok anısı vardı. Hepsini onaylarken hıçkırarak ağlıyordu. Aslında kuantum alan, tüm çocukluğunun bu duyguya yol açtığı bilgisini veriyordu. "Varlığım değerli değil, kıymetim yok. Keşke hiç var olmasaydım." İşte bunlar, kendini varken yok hissetmesine, öyle zannetmesine sebep olmuştu. Doğum anında da istenmeme duygusu vardı. Hatta annesi düşük yapmak için uğraşmıştı. Kuantum alan bize önemli bir nokta daha olduğunu gösterdi. Annesi, eşiyle istemeden, görev gibi birlikte olarak ona hamile kalmıştı. Eşi bunu bildiği halde onun varlığını, kadınlığını yok sayıp kendi istediği şekilde hareket etmişti. Bu sebeple danışanım, annesinden de kadın olarak kendini yok saymayı, bedenine dahi sahip çıkmamayı, kendini başkalarına feda etmeyi öğrenmişti.

Annesi de tüm hayatı boyunca kendini yok saymış, eşinin, çocuklarının, kendi anne ve babasının istediği şekilde robot gibi yaşamıştı. Bir görevin sonucunda varlığının tohumu atıldığından kendisi de görevinin başkaları için var olmak olduğu kaydını edinmişti. Biz tüm bu verileri alanda temizledik ve danışanıma yeniden doğum çalışması yaptık. Bir sonraki gelişinde ise annesi ile özgürleştirdik. Dört ay sonra danışanım kendisine bir kafe açtı. Açılışında gözlerindeki pırıltıyı, neşesini keyifle gözlemledim. Giydiği renkler de değişmiş, cıvıl cıvıl kıyafetleri ile içindeki enerjiyi çevresine yansıtıyor ve varlığını saklamaya ihtiyaç duymadığı için hemen fark ediliyordu.

Yok gibi olduğunu düşünüyor ve onu dönüştürmek istiyorsan yirmi bir gün boyunca, kulağının duyacağı bir sesle ve günde yedi sekiz kez bu olumlamayı yapabilirsin:

"Ben (ad-soyad)....... Varım ve çok değerliyim. İyi ki varım ve iyi ki bu bedendeyim. Kendimi çok seviyor ve beğeniyorum. Gücümle, yeteneklerimle kendimi olduğum her halimde ve her duygumla ifade etmeyi seçiyorum. Hayatın hakkını vererek Allah'ın bana verdiği hediyeleri kabul ederek yaşamayı seçiyorum. Allah beni var ettiyse ben de bunu şükranla kabul ediyor ve kendimi dünya nimetlerine sevgiyle açıyorum. İyi ki varım. Canım kendim, seni çok seviyorum."

ONAYLANMA İHTİYACI

Onaylanmak ve kabul görmek, insan doğasının olmazsa olmaz ihtiyaçlarındandır. Tüm psikolojik çalışmalarda bundan bahsedilir. İnsan, doğduğu andan itibaren tüm yaşamı boyunca kendini güvende hissetmek adına birilerine bağlanmak ister. Elbette bu ilk olarak annemiz, babamız ve doğduktan sonra yakın çevremizde olan kişilerle gerçekleştirilmeye çalışılır. Bağ kurma isteğinin altında ise onaylanma duygusu vardır. Çünkü bilinç olarak, ancak onaylanırsak kabul görülüp, sevileceğimize yani bağ kurabileceğimize inanırız. Özellikle anne ve babamızla kurduğumuz ya da kuramadığımız bağlar, kendimizle ve insanlarla kuracağımız ilişkilerde başrolü oynar. Annesinin hayatında, olduğu haliyle yeterince kabul görmediğine yani onaylanmadığına inanarak büyüyen bir birey, annesiyle sağlıklı bir ilişki kuramaz. Özellikle annemizle olan ilişkimiz, kendimizle ve çevremizle ilişkimizin en temel yapı taşıdır. Annenin bebeğini, hiçbir beklenti olmadan, sağlıklı duygularla kucaklaması, onu her haliyle severek büyütmesi, kişinin kendine güven duymasına ve sevildiğini bildiği için ilişkilerinde, iletişimde rahat olmasını sağlar. Kendini gerçekten seven kişi, onaylanma ihtiyacı duymaz, zaten o kendini onaylamış ve kabul etmiştir. Sadece doğum anındaki duygular değil, onu büyütürken yapılan kıyaslamalar, beklentiler, yönlendirme çabaları, suçlamalar, çocuğun onaylanmadığını hissederek büyümesine ve kendini diğer insanlara göre altta ya da üstte göreceği ayrımlar içine girmesine sebep olur. Uslu, akıllı, çalışkan, başarılı olmasını vb. beklemek bile koşuldur. Bazen anneler, "Anıl hanım, ben öyle 100 almasını beklemiyorum, 50 alıp dersinden geçsin yeter." der, "artık bunu da beklemeye hakkım yok mu yani?" bakışıyla. Elbette hepimiz, çocuklarımızın derslerinde iyi notlar almasını, sınıflarını geçmelerini isteriz. Eğer bir çocuk sınıfını geçecek notu dahi alamıyorsa ve bunun altında zekasal bir sorun yoksa bu onun iç dünyasında bazı sıkıntılar olduğunu ve ders çalışmak istemediğini gösterir. Burada yapılması gereken, çocuğun buna sebep olan sorunlarını araştırmak ve çözüm yollarını bulmaktır. Dikkat dağınıklığı teşhisi konmuş nice çocuğumuzun, kendi istedikleri şeylere (bilgisayar oyunları vb.) dikkatlerini rahatlıkla verebildiğini görmekteyiz. Eğer sizi etkileyen durumlarda (dersleri vb.) dikkat dağınıklığı yaşıyorsa, bilin ki bu içsel dünyasının anlaşılmamasına, onun üzerindeki beklentilere ve ona karşı olan bazı davranışlarınıza tepkidir. Beklentiler, çocuğun o andaki haliyle onaylanmadığı fikrinin oluşmasına sebep olur. Kıyaslamaya gelirsek, herhangi bir çocukla veyahut aile içinden biriyle kıyaslanan kişi kendini yetersiz hissederek, varlığının diğer kişi gibi onaylanmadığını düşünür. Herkes kendine has özelliklerle doğar. Kimsenin kimseyi kıyaslamaya hakkı yoktur. Çocuklarımızın davranışlarından mutlu değilsek, onlara nasıl davrandığımıza defalarca dönüp bakmalıyız. Bazı aileler de çocuklarıyla ilgili her konuda kendileri karar verirler, onlara hiç söz hakkı tanımazlar. Böyle davranıldığında çocuğun bilinçaltına iletilen mesaj şudur: "Sen kendin için doğru olanı bilemezsin. Güçlü, akıllı, kendin için iyi olanı hissedebilecek yeterlilikte değilsin. Ben senden daha iyi bilirim." Bunlarla büyüyen kişiler ne yazık ki karar vermekten, kendileri adına sorumluluk almaktan korkarlar. Örneğin doyduğunu söylediği halde, zorla yemek yedirilmeye devam eden çocuklarda, kendi duyularına güvensizlik gelişecek mutlaka ileride önemli kararlarını güvendikleri birilerine danışarak alan ya da zorda kalmadıkça hiç karar almayan bireylere dönüşeceklerdir. Bu kişilerden en çok duyduğunuz cümleler "Sen bilirsin." veya "Sen karar ver." olacaktır. Seçimlerine saygı duyularak büyütülen bireyler ise daha rahat karar alır ve sonuçlarından pişmanlık duymazlar. Suçlanarak büyütülen çocuklarda da yine müthiş bir onaylanmama ve suçluluk duygusu, kendini sevmeme yani duygusal yoksunluk çok sık görülür. Bu kişiler, hayatlarında ters giden durumlar için ya kendini ya da ALLAH'ı, doğayı, evreni, sistemi suçlarlar. Bu tutum asla o sorunun çözülmesini sağlamaz, tam tersi büyütür ve güçlendirir. Sorun varsa bir suçlu aramak yerine, bu sorunu nasıl çözebilirim ve bundan ne öğrenebilirim yaklaşımı tekâmülümüze fayda sağlayacak ve bizi geliştirecek tutumdur.

Bunların birkaçı ya da tamamıyla karşılaşarak büyüyen ve daha önce bahsettiğim gibi doğum anındaki istenilip istenilmeme, kız ya da erkek beklentileri vb. durumları yaşayan kişiler, hayatları boyunca kendilerini oldukları haliyle onaylamazlar ve sevgiyi hak ettiklerine inanmazlar. Onay almalarının, kabul görmelerinin, sevilmelerinin şartlara bağlı olduğuna inanarak, kendilerini o koşullara uymaya zorlarlar veya tam tersi hareket ederek tamamen uyumsuz olabilirler. Uyumsuz olmayı seçip etrafa kafa tutan kişiler, onaylanma ihtiyaçları yokmuş gibi gözüküp öyle davransalar dahi aslında içten içe bunu hissederler. Ne yaparlarsa yapsınlar zaten onaylanmayacaklarına inanarak asla çevresindekilerin onlardan beklediği davranışları gerçekleştirmezler. Böyle yaparak çoğu zaman kendilerine zarar verirler. Bu da kişinin kendi varlığını ortaya çıkaramamasına sebep olur. Örneğin, babasının kendisini sadece başarılı olduğunda onayladığını düşünen bir birey, tüm hayatını başarısız ve işe yaramaz biri olarak geçirebilir. Yeteneklerini ve potansiyelini inat ederek kullanmayabilir. İstenilmemiş yani plansız bir hamilelik sonucu anne karnına düşen biri, "bari kız olsun" isteğiyle dünyaya getirildiyse, kız olsa bile sırf bu beklentiye inat olarak erkeksi tavırlar sergileyerek dişi enerjisine savaş açabilir.

Beklentileri karşılarsa onaylanıp kabul göreceğine inanan bir diğer grup ise aşırı fedakâr, başkaları için yaşayan, onların çizdiği yollarda yürüyen kişilere dönüşürler. "Hayır" derse kabul görmeyeceğini düşünen ve bu yüzden istemediği birçok şeyi yapan, hatta en yakınları tarafından kullanılan yüzlerce danışanım var. Sırf sevilmek için bunları yapıyor gözükseler de aslında tek amaçları onaylanmak, kabul görmek ve yalnız kalmamak. Aşırı fedakâr ve iyi insan olduğunda Allah'ın takdirini kazanacağını zanneden kişiler de yaşamlarını boşa harcarlar. Allah'ın bizden istediği, başkalarını kırmamak adına kendimizi feda etmek olabilir mi? Kendini feda ettiğinde TANRISAL varlığını feda ettiğini ne zaman anlayacaksın? Allah, senin kendi benzersizliğinle, varlığınla dünyada zaten faydalı olacağını bilmese buraya gelmene onay verir mi? En sevdiklerin bile olsa, insanlara kul olursan Allah'a şirk koşmuş olacağını unutma!

Her ne olursa olsun birileri beğensin, takdir etsin, alkışlasın, sevsin, kabul etsin, onaylasın diye yaptığın her şey, kendi varlığını inkâr ve hakarettir. Sen kimsenin onayına muhtaç değilsin. Kendini onaylamayı öğrenmedikçe, Allah'ın seni koşulsuzca sadece sen olduğun için sevdiğini bilmedikçe, yaptığın hiçbir şey seni tatmin etmeyecek, onaylanmış hissettirmeyecek sevgili dostum.

Ailesinde bu duygularla büyüyen bir kişi, bunları değiştirip dönüştürmedikçe dostluklarında, ilişkilerinde ve evliliklerinde de bu duyguları yaşamaya devam edecektir. Hayatına ya böyle davranan kişileri çekecektir ya da kendisi böyle davranacaktır. Babası tarafından beğenilmeyen, sürekli eleştirilerek büyüyen bir arkadaşım, kocasını sürekli aşağıladığını, beğenmediğini ve böyle davranarak aslında eşini onaylamadığını çok geç anlamıştı. Bunu fark edip davranışını iyileştirmeseydi kendini ona karşı yetersiz hisseden eşi bir süre sonra ya ayrılacak ya da kendini yeterli hissettiren bir kadınla arkadaşımı aldatacaktı. Öğrendiğimiz davranış modeli neyse kendimize ya da başkalarına da öyle davranır ya da davranılmasına izin veririz.

Onaylanma ihtiyacı olan ve buna göre yaşayan kişiler, hata yapmaktan ve karar almaktan korkarlar. Birilerine kendilerini zar zor sevdirdilerse ters bir şey yaparak onların sevgisini kaybetmek istemezler. Onlardan aldıkları onay, bir nevi besin kaynağı olduğu için bu besinden vazgeçmekte zorlanırlar. Karar alırken pişman olmaktan korkarlar. Çünkü istedikleri sonuçları yaşayamazlarsa, başarılı olamazlarsa hata yapmış olacaklar, eleştirilecekler, suçlanacaklar yani çevresindeki bazı kişilerin, bazen de tüm toplumun onayını kaybedeceklerdir. Hatta belki Allah'ın bile gözünden düşecekler ve belki de cezalandırılacaklardır. Bu senaryolar uzar gider. Bu yüzden boşanamayan, sevgilisinden ayrılamayan, istediği halde mesleğini değiştiremeyen, düzenini bozamayan, insanlara "hayır" diyemeyen, kendisine zarar veren kişilerden uzaklaşamayan birçok insan tanıdım ve her geçen gün tanımaya devam ediyorum. Bir insan, ne yapmak istediğini kalbinde her zaman bilir ama onaylanmama ve hata yapma korkusu onu şüpheye düşürür ve ne istediğini bilmez hale ya da bilse bile o yolda yürüyecek adımları atmasına engel olacak hale getirir. Cesaretini ve gücünü kaybettirir. Sevilmeme, onaylanmama ve hata yapma korkumuz, birçoğumuzun yaşamındaki en büyük engeldir.

Peki, ne yapacağız? Yaşadıklarımız için başkalarını suçlamayı bırakacağız. Yukarıda anlattıklarımın hepsini doğum anında ve çocukluğunda yaşamış olabilirsin. Ancak bil ki bu duyguları yaşaman bir tesadüf değil. Bunlar ruhunun öğrenmek ve aşmak istediği konular yani derslerin. Eğer sen bu duygularını iyileştirmek yerine devam ettirirsen yaşamını, tekâmülünü tamamlamadan sonlandırırsın. Tekrar aynı dersleri seçeceğin başka bir hayat planlayıp yeniden dünyaya gelir ve yolunu uzatırsın. Cennet ayaklarının altındayken onu uzaklarda arar durursun.

Hayattan alacaklı değilsin sevgili okurum, hayat sana borçlu değil! İnsanlar, sana istediklerini vermek zorunda değil. Sen kendine, hayata, insanlara dengeli bir şekilde ne verebilirsin, ne katabilirsin onu düşünmelisin. İşte bunu kabul ettiğinde insanlar da hayat da sana istediklerini fazla fazla verecekler. Hata yapmaktan korkarak yaptığın esas hataları fark et. Karar verirken harcadığın çabada gücünü nasıl yok yere tükettiğini gör. İçindeki güçsüzlükle boğuşurken harcadığın gücü, hayallerin ve mutluluğun için harcarsan emin ol mutlaka karşılığını doyasıya alacak ve tekâmül edeceksin. Her kararda sonsuz olasılıklar açılır önüne, istediğin gibi gitmezse oyunu tekrar değiştirebilirsin. Sen neye inanıyorsan onu gerçekleştireceksin, bu güç senin elinde. O yüzden kafanda bir sürü şüphe varken aceleyle karar verme. Çünkü korkularını tezahür ettirebilir ve kendini aldığın o karardan pişman olacağın durumları yaşarken bulabilirsin. Önce beynindeki ve bilinçaltındaki virüsleri yok etmeli, sonra kendine güvenmeli ve iç sesini dinlemelisin. Sağlıklı karar almak için elbette bizlerden ya da başkalarından yardım isteyebilirsin. Bu kişiler, arkadaş değil bu işi profesyonel yapan rehberler olmalı; çünkü arkadaşlar da kendi korkuları ve inançları doğrultusunda akıl vereceklerdir.

Lütfen hareketlerinin, seçimlerinin arkasındaki içgüdünü ve korkunu fark et sevgili okurum. Kendini yargılayan egonun sesini sustur. Ona "Bu takımın kaptanı benim, sen bana hizmet ediyorsun ve bundan sonra sadece gelişmeme ve mutlu olmama hizmet etmeni seçiyorum. Ben her halimle kendimi onaylıyor ve sevgiyle kabul ediyorum. Yeterli, güçlü ve cesaretliyim. Yaşam yolumda Allah ile birlikte yürüyorum." de. Kendini ve başkalarını eksik görmeyi bırak. Kimseye yetmeye çalışma. Sadece ol. Benliğini var et. Kendine de sevdiklerine de dünyaya da en büyük, en verimli katkıyı böyle sağlayabilirsin.

Seni motive edecek alışkanlıklar edinmen, kendini onaylaman konusunda sana destek olacaktır. Gün içinde mutlaka ruhuna iyi gelecek (acıklı olmasın lütfen) müzikler dinle. Yardım kuruluşlarında görev almayı denc. Asla sevmeyerek çalışma. Bu, her zaman kendine kızmana ve onaylamamana sebep olacaktır. Seni güçsüz ve çaresiz hissettirecektir. Sevdiğin işi yap. Bunun ne olduğunu henüz bilmiyorsan deneyerek bulabilirsin. İnsanların sana gülümsemesini bekleme, sen onlara -hiç tanımadıklarına bile- gülümseyerek başla gününe. Gün içinde yaşadıkların tüm yaşamının minyatürü olacaktır. O yüzden nasıl bir yaşam sürmek istiyorsan onları ekle şimdine. Değerler listesi yap kendine. Öncelik verdiğin tüm değerleri yaz ve sonra onları yaşamına katmak için gerekenleri adım adım yapmaya başla. Değişmek istiyorsan bugüne kadar yaptıklarından sana iyi gelmeyenleri bırak. Aynı düşüncelerle, aynı bakış açılarıyla, aynı alışkanlıklar ile değişemezsin ki böyle yaparak farklı sonuçlar bekleme. Kitap oku mutlaka, her kitap bir dünya taşır içinde. Tiyatroya git, sinemaya git, vaktini sana bir şeyler katacak aktivitelere ayır. Dans, spor gibi bedensel bir aktivite de seç kendine. Bedenin ve ruhun gevşesin birlikte. "Bizler ruh, beden ve zihinden oluşan üç boyutlu varlıklarız. Kendimizi sevmek ve değer vermek istiyorsak bu üç parçamıza da eşit değerde davranmalıyız." demiştim hatırlarsan. İstediğin zaman "hayır" ve istediğin zaman da "evet" demesini bil. Yürekten istemediğin, kendine kızacağın hiçbir şeyi yapma. Ama yapmak istediklerinden de vazgeçme. Hayal kur ve inanarak gerçekleşmesini bekle. Önce küçük şeylerle başla, kendine güvenin geldikçe hayallerini büyütürsün. İnanarak istediğin hiçbir şey evren tarafından karşılıksız bırakılmayacaktır. Bunun nasıl gerçekleştiğini ileride detaylıca anlatacağım sana. Kadınsan kadınlığını sev, erkeksen erkekliğini. Her halinle, her koşulda sevgiyle kabul et kendini ve hakkını ver sana verilen tüm nimetlerin.

Danışanım en çok gelinen konulardan biri olan kilo sorunu için gelmişti. Yaklaşık otuz kilo fazlası vardı. Aslında çok şirin ve sempatik duruyordu. Kilonun yakıştığı bir yüz şekli vardı. Güzel mavi gözlere ve muntazam bir burna sahipti. Saçları doğal renginde ve uzundu, perçemleri alnına düşüyor ve gözlerinin güzelliğini ortaya çıkarıyordu. Makyajlı ve bakımlıydı. Kilosuna rağmen daracık ve açık renkte giyinmesinden fakat çekiştirdiği eteğinden ve saklamaya çalıştığı göbeğinden, bu kıyafetleri daha rahat giymek istediği belli oluyordu. Kilolu olmasının sebeplerine doğru yaptığımız bilinçaltı taramasında şimdideki en yoğun duygusunun, kilo veremediği için kendisine duyduğu derin kızgınlık ve öfke olduğunu tespit ettik. "Evet, Anıl Hanım" dedi. "Herkes bir şekilde kilo veriyor. Benim elimde her türlü imkan varken ne denediysem başarılı olamıyorum. Sonra da kendime kızıyorum, çünkü bu halimi hiç beğenmiyorum." diye devam etti. Yani kilolu halini onaylamıyor ve kendini başarısız buluyordu. Eğitmenim, esas sorunun kendisini onaylamamak olduğunu söylediğinde önce tam olarak ne demek istediğimizi anlamadı. "Evet, kilolu halimi onaylamıyorum, tabi söylemek istediğiniz buysa." dedi biraz sertçe. Yani normalde böyle bir duygusunun olmadığını, buna kilosunun sebep olduğunu savunuyordu. Ben de kendisine "Hayır, siz zaten daha derindeki başka bir sebep yüzünden kendinizi onaylamıyor ve bunu haklı çıkaracak bir bahane olarak da kiloyu bedeninizde tutuyorsunuz." dediğimde anlamaya çalışan gözlerle yüzüme bakıyordu. Özellikle dişi kimliğine karşı bir savaşı olduğunu, bunun bir yolu olarak da bedenini çirkinleştirmeyi seçtiğini söyledi eğitmenim. Anlaması için diğer sebeplerin de ortaya çıkması gerekiyordu ve kuantum alanda zamanda geriye doğru gitmeye başladık. Bir sonraki etkili yerin lohusalık zamanı olduğu gözüküyordu. Hamileliğinde yirmi sekiz kilo almış ve doğumdan sonra yavaş yavaş vermeye başlamıştı ki bir şeyi fark etmek onu durdurmuştu, hatta verdiklerini geri almasına sebep olmuştu. Eğitmenim kendisine, lohusayken eşinin onunla birlikte olmak isteyip istemediğini, bu konuda bir baskıyla karşılaşıp karşılaşmadığını sorduğunda afallamış gözlerle "Evet öyle oldu hocam, daha doğum yapalı yirmi bir gün olmuştu ve birlikte olmak istedi. Ben hazır değildim, ama ısrar edince kendimi mecbur hissettim." diye anlatırken gözleri buğulanmıştı. Burası, birkaç açıdan onun için önemli bir zamandı. Öncelikle istemediği bir şeyi hem de bu kadar özel bir şeyi sırf eşini kırmamak adına kabul ettiği için kendisine kızgındı, yani yine sonucunda kendini onaylamayacağı bir seçim yapmıştı. Eğitmenim, bu ilişkiden sonra eşinin kilosu ile ilgili bir şey söyleyip söylemediğini sorduğunda "Evet." dedi. Birkaç gün sonra eşi artık onu arzulamadığını, ilişkinin ona keyif vermediğini çünkü kilosunun onu olumsuz etkilediğini söylemişti. Zaten daha önceki birlikteliklerinin çoğunu da görev bilinciyle yaşayan danışanım, bunu bir müjde gibi algılamış ve beraber olmamak adına bedenine farkında olmadan "Kilolu ol!" komutunu vermişti; çünkü cinselliği hiç sevememişti ve farkında olmadığı şey dişiliğini sevmediğiydi. Alan daha sonraki adımda, geniş olarak çocukluk yıllarını verdi.Ssürekli ağabeyi ile kıyaslanmış, erkek olduğu için ona verilen değer ve özgürlük kendisine hiçbir zaman verilmemişti. Bu nedenle de kız olmanın değersiz, çok da kabul görmeyen, yetersiz, zayıf, makbul olmayan bir şey olduğu kanaatini edinmişti. Sonraki aşama, elbette anne karnı ve doğum anıydı. Öncelikle plansız bir hamilelik sonucu doğmuştu. Annesi, oğlu küçük olduğu ve maddi bazı zorluklar yüzünden başka bir bebek istemiyordu. Aldırmaya karar vermişti, ancak anneannesi "Kız olacak bu sefer öyle hissediyorum, bak sen kız çocuklarını çok seversin ve hep kızın olsun isterdin." diyerek doktor randevusundan bir gece önce, kızını bebeği doğurmaya ikna etmişti. Evet, anneannenin hissettiği doğru çıkmış ve danışanım kız olarak dünyaya gelmişti. Bebek odaya geldiğinde annesi inanamamış, emin olmak istediği için hemen kundağı açarak gerçekten kız olup olmadığına bakmıştı. Şimdi "Eee ne güzel işte kız beklenmiş, kız doğmuş, yani onaylanmış." diye düşünebilirsiniz. Oysaki bilinçaltının kabul ettiği durum bu değildi. Varlığı koşulsuzca onaylanmamış ve istenmemişti. Kız olma beklentisine karşılık verme ihtimalinden doğmasına izin verilmişti. Bu sebeple, inat olarak asla gerçek bir dişi gibi davranmamış, annesine onun hayal ettiği yakın anne kız ilişkisini yaşatmamıştı. Kabul ettiği en temel duygusu, beklentisiz ve koşulsuz olarak onaylanmadığıydı. Dolayısıyla o da kendini koşulsuzca sevmiyor ve başarısız bulduğu zamanlarda onaylamıyordu. Oysa kalıcı ve sağlıklı kilo verebilmenin başlangıç noktası, önce bu halini de sevgiyle kabul etmek sonra ideal kiloda olmayı seçmektir. Danışanım, alanda çıkan verileri onayladı ve en başta anlatmak istediğimiz şeyi anladı. Biz de onun bilinçaltında gerekli değişiklikleri yaptık. Sonraki seansında ise annesinden özgürleştirdik. Bir yıl içinde ideal kilosuna ulaştı. Artık kendini sevmenin verdiği huzur her halinden belli oluyordu. Eşiyle arasındaki cinsel sorunlar da düzeldi. Artık kadın olmayı ve cinselliği seviyor, istemediği hiçbir şeye de "Evet" demiyordu. Her kararını, kendini onaylayacağı şekilde, varlığına, kadınlığına değer vererek saygı duyarak alıyordu.

Onaylanma ihtiyacın olduğunu düşünüyor ve onu dönüştürmek istiyorsan yirmi bir gün boyunca, kulağının duyacağı bir sesle ve günde yedi sekiz kez bu olumlamayı yapabilirsin:

"Ben (ad-soyad)........ Varlığımı her halimle onaylıyor ve kabul ediyorum. Cinsiyetimi, bedenimi, görünüşümü sevgiyle kucaklıyorum. Olduğum her halimin değerli olduğunu biliyor ve tekâmülüm için en iyi planı yaparak onları seçtiğimi kabul ediyorum. Her halim yeterlidir ve olması gerektiği gibidir. Ben benim, doğal halimle biricik ve benzersizim. İyi ki bu bedende ve cinsiyetteyim. Kendime hak ettiğim değeri ve önemi vererek yaşamayı seçiyor ve her halimle kendimi beğeniyorum. Varlığımı onaylıyorum. İyi ki varım ve bu bedendeyim. Bedenimi seviyorum. Ruhumu seviyorum. Aklımı ve yeteneklerimi seviyorum. Onları en güzel şekilde kullanmayı, ortaya çıkmayı seçiyorum."

TÜM DUYGULARLA İLGİLİ YAPABİLECEĞİN ETKİLİ BİR ÇALIŞMA :

Bu uygulamayı ihtiyaç duyduğun her konu ve duygu için yapabilirsin. Ben ilk defa, kuantum dünyasına girdikten bir süre sonra vereceğim seminer öncesinde uygulamıştım. İlk seminerimdi ve yaklaşık bin kişinin önüne çıkacaktım. Çok heyecanlıydım. Günler öncesinden anlatacağım tüm konular için yazılı bir dosya oluşturmuş, sürekli onları okuyup tekrar ediyordum. Ancak anlatmaya kalktığımda oradaki kalabalığı hayal edince her şeyi unutuyor gibiydim. Vazgeçmek istedim seminere çıkmaktan. Daha hazır değilim diye düşünmeye başladığımda bu uygulama geldi aklıma. Allah hazır olduğumu bilmemi istediği için bir vesile ile benim de bunu fark etmemi istemiş olmalıydı. Bu çalışmayı yaptıktan sonra çıktığım seminerim harika geçti. Bittiğinde alkışlar kıyametti ve herkes imzalı kitap istiyordu. Oysa daha kitabım yoktu ve boş kağıtlara saatlerce imza atmıştım. Çalışmanın nasıl yapılacağına detaylıca anlatıyorum:

Öncelikle değiştirmek istediğin duygunu tespit etmelisin. Değersizlik, yetersizlik ya da benim örneğimde olduğu gibi kalabalıklar önünde konuşmaktan korkmak vb. her duygu, her korku olabilir. Sonra geçmişini taramalı ve bu duygun ya da korkun her neyse, onun zıttını yaşadığın en az üç an bulmalısın. Örneğin, ben okulda çıktığım seminerleri ve gösterileri hatırlamıştım. Ya da diyelim ki değersizlik duyguna çalışacaksın, kendini minicik bile olsa değerli hissettiğin en az üç an, ama bulabilirsen beş an çok daha iyi olur, bulmalısın. Doğum günün, öğretmeninden aldığın bir aferin, ilk bisiklete binmeyi öğrendiğin an, arkadaşından aldığın bir hediye anı gibi birçok an olabilir. Üniversiteyi kazandığını öğrendiğin an, beklediğinden daha iyi sonuç aldığın bir sınav...

Bunları unutmamak adına bir kağıda minik notlarla yazabilirsin. Sonra sırayla her birini, ayakta ve gözlerin kapalı olarak ve elbette sessiz bir ortamda tekrar yaşamaya başlamalısın. O anın içinde, sanki oradaymışçasına pozitif duygularını hissetmeli, oradaki seni görmelisin. Konuşmaları duymalı, gerçek bir şekilde tekrar o zamanı yaşamalısın. Asla acele etme. Bu anların içindeyken ve tam o pozitif duyguyu hissettiğinde gökkuşağının renklerinden bir renk seçmeli ve bir ile dokuz arasında bir sayı belirlemelisin. O anda sağ ya da sol hangi elini kullanıyorsan, o eli yumruk yaparak kalbine götürmelisin. Renk sağ beynini, sayı ise sol beynini çalıştırmanı sağlar. Ancak gri, siyah ve beyaz tonlarını seçmemelisin. Her anıyı, ilk seçtiğin sayı ve renkle gözlerin kapalı olarak canlandırmalısın. Her hatırladığın olayda, tam pozitif duygunun içindeyken örneğin değerli hissettiğin o anda yumruğunu sıkarak kalbine götürmeli ve sayıyla rengi tekrar etmelisin. Örneğin, yeşil ve üç seçtin. Bu artık senin çapan yani hatırlatıcın olacak. Yirmi bir gün boyunca günde üç kez bu çalışmayı tekrarlarsan, duygun tamamen iyileşecek ve pozitif olan yüklenecektir. Bundan sonra her zaman seçtiğin renk ve sayı sana buradaki pozitif hali hatırlatacak. Kendini yine değersiz hissettiğin bir an olursa, hemen sayını ve rengini söyleyerek o duygudan çıkacak ve değerli olduğunu hatırlayacaksın.

ÇEKİM YASASI

Birçok kitapta "İste ve olsun!", "Ne dilersen senin olur!" , " Niyetini evrene gönder, gerçekleşsin!'' temaları sıkça işlendi bugüne kadar. Ancak ya anlatımı eksik olan ya da anlaşılmak istenmeyen önemli bir nokta var ki sen, olacağına inanmadığın, kendine layık görmediğin, senin frekansına uygun olmayan hiçbir şeye sahip olamazsın. Üzgünüm ama sadece kuru kuru istemekle, niyet yazıp evrene yollamakla, dileklerini kağıda çizip onu gül ağacının altına gömmekle bu işler gerçekleşmiyor. Sonra karşımıza geçip "Hani her dileğimiz oluyordu? Ne oldu, benim dileğimi uzaylılar mı yedi?'' diyor ya bazıları, işte onlar tam da bu işi kavrayamadıkları ve aslında ağızları dolu dolu bunu söylemenin keyfine varmak istedikleri, yani (ilerleyen bölümde anlatacağım) değişime direnç gösterdikleri için onların mesajları deyim yerindeyse gerçekten evren tarafından yeniliyor, yutuluyor, silinip geri dönüşüm kutusuna yollanıyor.

Birilerinin dilekleri gerçek olurken, bazılarınınkinin olmamasının birkaç basit sebebi var. Önce sana bunları anlatmak istiyorum:

1-) Her düşüncenin, niyetin ve duygunun bir frekansı vardır. Bunu artık anladığını düşünüyorum. Dalgalar halinde yayılıyor bu frekans bizden hayvanlara, insanlara tüm dünyaya ve evrene. Sana şah damarından daha yakın olduğunu bildiren Allah, senin yaydığın frekansı senden daha iyi biliyor. Değersiz biri olduğuna inanıyorsan bunun frekansını yayarsın ve değerli olduğunu düşündüğün bir şeyi istediğinde ev, araba, para, hatta mutlu bir evlilik vb. ne yazık ki bunu kendine çekemezsin. Bu, matematiğe aykırıdır. Birbirine eşit olmayan frekanslar bir arada kalamazlar. Buradan şu sonucu çıkarmalısın: Dilediğin şeyleri yaşamına dahil etmenin ilk ve en önemli yolu, kendine karşı olan bakış açını, hayata dair inançlarını sorgulaman ve gerekenleri değiştirmendir. Olumluya dönüşen inançlarının, duygularının ve düşüncelerinin yaydığı frekans değişecek, yükselecek ve kendine eşit olan frekansları alanına kabul edecektir. Bu, çevrendeki insanlarla da ilgilidir. Şikayetçi olduğun tüm kişileri, senin frekansın tutuyor yaşamında. Değişim gerçekleştiğinde ya bazı insanlar hayatından uzaklaşacak ve yepyeni, seni mutlu edecek kişiler yaşam alanına girecek ya da bazı kişilerin sana davranışları, senin arzu ettiğin şekilde değişecektir. Bu matematiktir, bu kuantumdur yani fiziktir. Mucize ya da sürpriz değildir.

2-) İstemek hiçbir şey, inanmak her şeydir. Öncelikle ne diliyorsan dile, bunu sadece Allah'tan dilemeli, kalben ve ruhen olacağına inanmalısın. Kalben dilediğin halde zihnin o şeyin olacağına inanmıyorsa ne yazık ki sevgili dostum, dileğini zora sokar ve gerçekleşmesine engel olursun; çünkü burada hem kendi gücüne hem de Allah'ın her şeyi oldurabileceğine yani yeterliliğine inanmıyorsun demektir. Sistem sana inanmadığın bir şeyi veremez, çünkü bu senin özgür iradene karşı çıkmak olur. Allah sana yakışıklı ve iyi huylu bir koca verdiğinde, güzel ve güçlü bir kadın veya milyarlarca para, bunlar O'na çok gelmez ki. O'nun bolluk bereket kaynağı sonsuz ve sınırsızdır. Sınırlı olan, bizim düşüncelerimiz ve inançlarımızdır. Bu sebeple dileklerinin önündeki olumsuz inançlarını tespit etmeli ve onları değiştirmelisin sevgili okurum. Nice büyük mücadeleler sadece inançla kazanılmıştır ve tarih bunun örnekleri ile doludur. Başarmanın ve hedefine ulaşmanın yolu inanmakla başlar. Atatürk, tüm olumsuzluklara rağmen Kurtuluş Savaşı'nın kazanılacağına inanmasaydı şu anda üzerinde yaşadığımız ülkemiz, vatanımız hâlâ var olur muydu bilinmez. Kendine ve hedefinin gerçekleşeceğine inan! Göreceksin ki tüm evren, o dileğin gerçekleşmesi için hizmetinde olacak.

3-) Her dilek hayırlı değildir ve Öz'den gelmez. Örneğin, eşinden boşanmayı çok istediğini zannedersin ama aslında bunu isteyen egondur. Seni, onun değişmeyeceğine ve mutsuz olacağınıza inandırmıştır. Oysaki yol arkadaşına özünle baksan çok şey fark edecek ve belki de eşini sevdiğini anlayacaksındır. Bu sebeple yaşam, kontratın dışında bir şey istediğin zaman eğer bu senin hayrına olmayacaksa dileğini hemen gerçekleştirmez ve senin bunu anlamanı beklemeye başlar. Bu sebeple dilediğin şeylerin özünden mi egondan mı geldiğine emin olmalısın. Şerdeki hayrı ve hayırdaki şerri görmeye her zaman niyet etmelisin.

"Yoksa insan, her arzu ettiği şeye sahip mi olacaktır?" (Necm suresi 24. Ayet)

Ayet, her dileğinin özünden gelmediğine ve senin için hayırlı olmadığına bu yüzden de her istediğinin gerçekleştirilmeyeceğine vurgu yapmaktadır. Çünkü arzular geçici duygulardır.

4-) Dileklerinin arkasındaki içgüdünü gör ve öncelikle kendine karşı bu konuda dürüst ol! "Kitabımın çok satmasını çünkü okuyan herkesin şifalanmasını diliyorum." derken aslında içten içe "Çok büyük paralar kazanmayı istiyorum." diyorsan üzgünüm, dileğinin gerçekleşmesi gerçekten çok zor. Neyi hedefliyorsan hedefle, ben seni yargılamıyorum, kimsenin de yargılamaya hakkı yok ama hedefinde net ol, açık ol. Kimi kandırıyorsun ki kendini mi, insanları mı, evreni mi yoksa Allah'ı mı? Herkes gizlinin gizlisini bilir ve dilinle kalbin başka şeyler söylüyorsa dilekte birlik olmadığı için sana da istediğin verilmeyecektir.

"Göklerde ve yerde hiçbir şey onun bilgisinden kaçamaz." (İbrahim suresi 38. Ayet)

"Andolsun, insanı biz yarattık ve nefsinin kendisine fısıldadıklarını biliriz ve biz ona şah damarından daha yakınız." (Kaf suresi 16. Ayet)

Bu ayetler, Allah'ın, kalbinde ve zihninde ne varsa en gerçek halini bildiğini, çünkü sana en yakının kendisi olduğunu çok güzel anlatmaktadır.

5-) Dileklerini, insanlar gerçekleştirecek diye bekleme! Her şeyi sadece ve sadece Allah'tan dile, akışa güven ve sana gelmesine, gerçekleşmesine izin ver. "Nasıl olacak ki?" diye düşünüp evrensel düzeni kontrol etmeye çalışma. Sana ne! Nasıl olacaksa olacak. Sen kalben, ruhen, zihnen aynı dilekte birsen ve buna uygun titreşimdeysen Allah'ın, onu sana ulaştırmak için binbir yolu olacaktır. İnan ve tevekkül et, bu yeterli. Dileklerini gerçekleştirsinler diye insanlardan beklentiye girersen bu, Allah'ı aradan çıkarmak, onları putlaştırmak, tanrılaştırmak olur ve boşa kürek çekersin. Unutma! Allah sana bir şeyi nasip edecekse kimse buna engel olamaz, nasip etmeyeceğini de kimse sağlayamaz. Yaradan sana kimle, neyle ulaşacağını bilir. Dileğin duaya, duan kaderine dönüşmek üzere seni bekliyor sevgili dost!

Sevgili peygamberimiz Hz. Muhammed, "Allah'tan bir şey dilediğiniz zaman Allah'ın cevap vereceğinden emin olarak dileyin." derken, Allah'ın her şeyden haberdar olduğunu ve O'na inanan ve güvenen herkesi duyacağını anlatmak istemiştir.

"O'nun emri, bir şeyi dileyince ona sadece OL demektir. O da hemen oluverir." (Yasin suresi 82. ayet)

"Yeryüzünde yaşayan bütün canlıların rızkı ancak Allah'a aittir." (Hud suresi 6. Ayet)

Sadece Allah'tan dile sevgili can ve bırak insanlar aracı olsun mucizelere. Her şeyi olduran zaten Allah. Bu ayetler bunu çok güzel özetlemekte.

6-) Çok zengin olmayı dileyip de evde yan gelip yatıyorsan üzgünüm, yine aradığını bulamayacaksın. Diyeceksin ki "Bazılarına milli piyango çıkıyor ve birden zengin oluyorlar." Ben de sana "İşin sonuna bak, er geç kazandıkları parayı bir şekilde kaybediyorlar." diyeceğim. Evlenmek istiyorsan biraz ortamlara karışmalı, kalbini ilişkilere açmalısın. Hem erkeklere güvenmiyor, hem de ruh eşini arıyorsan söyler misin onu nasıl bulacaksın? Dileğin, ister üniversite sınavını kazanmak, ister kilo vermek, ister evlenmek, ister iyi bir iş bulmak, ister çok para kazanmak olsun, az sonra anlatacağım yaratım çalışmalarını yaptıktan, olacağına inandıktan, Allah'tan da diledikten sonra mutlaka irade göstermeli, azmetmeli, gereken adımları atmalı ve eyleme geçmelisin. Tavuk değiliz ki oturduğumuz yerden başarıya kavuşalım, öyle değil mi? Eyleme geçmedikçe, gerekenleri yapmadıkça istediğin sonuçlara ulaşmayı bekleme.

Ne güzel anlatmış Yüce Yaradan:

"Biz, her insanın kaderini, kendi çabasına bağlı kıldık." (İsra suresi 13.ayet)

"Bilsin ki insan için kendi çalışmasından başka bir şey yoktur." (Necm suresi 39.ayet)

"Hurma ağacının dalını kendine doğru salla, üstüne taze, olgun hurma dökülecektir." (Meryem suresi 25. Ayet)

7-) Kendinle ilgili özünden gelen tüm dilek ve hayaller, aslında Allah'ın senin için istediği şeylerdir. Senden bekledikleridir. Çünkü sen o hayalleri gerçekleştirip var oldukça yüce Yaradan'ı bilinir kılıyor olacaksın. O'ndan geldiğini, O'nun bir parçası olduğunu hatırlamış olacaksın. Bazen sana zor ve tehlikeli gelen dileklerinin bile Allah'ın senin için istediği şeyler olabileceğini fark et.

"Allah dilemezse siz dileyemezsiniz." (İnsan suresi 30. ayet) Bu ayet, yukarıda anlattığım noktaya çok da güzel ışık tutuyor.

8-) İnsanları kıskanarak, "Onda var ben de niye yok?" diyerek hasetlik enerjisi ile bir şey dileme. Evet, onlardan ilham alabilirsin, "Demek ki inanan ve kendisine layık görenler istediklerini elde edebiliyorlar, bu bana da örnek olsun." diyebilirsin. Ancak kıskanarak kendine çekmeye çalıştığın şeyler, senin felaketin olmaktan, seni daha da mutsuz etmekten başka bir işe yaramayacaktır. Öncelikle, her insanın eşit olduğunu, herkesin sadece kendi hayatından sorumlu olduğunu iyi anlamalısın. Onda olan sende yoksa gerçek anlamda istemediğin, sana hayırlı gelmeyeceği ya da senin tekâmül konuna uymadığı içindir. Hepimiz eşitiz ama birbirimizden farklıyız. Farklılıklarımızı sevmeli ve saygı göstermeliyiz. Herkesin bir nasibi ve kısmeti vardır. Başkasının mutluluğuna kendi mutluluğun gibi sevinmelisin. Bu sana mutlaka olumlu bir şekilde geri dönecektir.

"Allah'ın, bir kısmınıza bir kısmınızdan farklı olarak lütfettiği şeyleri isteyip durmayın. Erkeklerin de kendi çalışmalarından nasipleri vardır, kadınların da kendi çalıştıklarından nasipleri vardır. Allah'tan lütfunu isteyin, şüphesiz Allah her şeyi bilmektedir." (Nisa suresi 32. Ayet)

9-) En büyük ve önemli dileğin, Allah'ın dostluğu, içindeki yaratıcının ortaya çıkması, kısacası yeryüzünde Allah ile birlikte yol almak olduğu müddetçe maddi ve manevi her anlamda zenginleşir ve seni mutlu edecek şeylere sahip olursun. Bu hidayete ermek, Allah ve yeryüzündeki herkesle BİR olduğun gerçeğine uyanmak ve o bilinçte yaşamaktır, yani tekâmül etmiş olmaktır. Buna eren bir ruh, hiçbir şeyin imkansız olmadığını, aradığı her şeyin kendi içinde olduğunu, istediği her şeyi yaratabileceğini ve hayatına katabileceğini bilir. Böylece bilip inandıkları, an be an gerçek olur. Benim kuantum dünyası ile tanıştığım ilk günden beri dileğim hep bu oldu. Her sabah yataktan kalkar kalmaz "Allah'ım, bugün seninle birlikte günüme aşk, sevgi, başarı, neşe, mutluluk, para katabilmem için neler mümkün?" diye sorar ve bırakırım. Cevap aramaya gerek olmadığını, cevapların gün içinde karşıma çıkacağını bilirim. Dualarımda her zaman "Allah'ım, daima senin benimle birlikte olduğunu hissetmemi nasip et, içimdeki ve başkalarının içindeki Sen'i görmeme yardım et." derim.

"Kim hidayet yolunu seçerse, bunu ancak kendi iyiliği için seçmiş olur; kim de doğruluktan saparsa, kendi zararına sapmış olur." (İsra suresi 15. Ayet)

10-) Lütfen kendin için dilediğin her güzel şeyi eşin, dostun, arkadaşın, ortağın, çocuğun, annen, baban, komşun kısacası herkes, her şey ve tüm dünya için iste. "Sadece benim olsun!" diye düşünme. Benim de olsun, dileyen herkesin de... Dilediğin her neyse, hem sana hem bütüne katkı olmasına niyet et. Seni mutlu eden büyük küçük her şey bütüne katkıdır. Pozitif enerji, senden çevrene yayılır ve bulaşır. Mutluluğun ilham olsun herkese. Ama elbette mutlu olmak da onların kendi seçimi. Sen herkesin hayrına niyet et, bu yeterli. Gerisi onlar ve Allah arasında gizli.

Düşündüklerin, söylediklerin ve yaptıkların bir duadır ve Allah tarafından mutlaka cevaplandırılır.

YARATIM GÜCÜ

Hayallerini gerçeğe dönüştürmen için dikkat etmen gereken en önemli şeyleri yukarıda bazı Kur'an ayetleri ile detaylıca anlattım. Şimdi geldik dileklerini nasıl eyleme geçirebileceğine... İradenle gereken adımları atmanı söylemiştim ama tüm süreci hızlandıracak püf noktalarını şimdi açıklayacağım:

1- Sadece dileklerin için değil, her zaman kullandığın sözcüklere dikkat etmelisin. Her sözcüğün kendine ait bir frekansı ve yaratım gücü vardır. "İstiyorum" kelimesi ile kurduğun dilekler, hep isteme enerjisinde kalır, gerçekleşmezler. O sebeple "İstiyorum" yerine "Seçiyorum, niyet ediyorum" kelimelerini kullanmalısın. Bu kelimelerle, yapmaya ve gerçekleştirmeye karar verdiğini beyan edersin. Tıpkı oruç tutarken, namaz kılarken niyet ettiğimiz gibi, mutlu olmaya, üniversiteyi kazanmaya, evlenmeye, çocuk sahibi olmaya, iş bulmaya, daha fazla para kazanmaya vb. niyet edebilirsin. Asla gelecek zaman kipi olan "-ecek, -acak" eklerini kullanmamalısın. Seçimlerini ve niyetlerini şimdiki zaman kipi olan "-yor" ile yapmalısın. Geçmişten bahsetmen niyetini geçmişe, gelecekten bahsetmen ise niyetini geleceğe odaklar. Gün içinde kendin ya da hedefin hakkında olumsuz yorumlar yaptığını fark edersen hemen üç-dört kez "İptal" de ve zihnini başka bir şeye yönelt; mesela sayı saymaya başla. Egonun seni olumsuz cümleler ile aşağıya çekmesine asla izin verme. Hayallerini paylaştığında çevrendeki herhangi birinden olumsuz bir yorum duyarsan "İlginç bir bakış açısı." deyip geç ve takılma. Onun bu cümleleri, senin içindeki negatif bir duyguya ya da korkuya aynalık yapmak için kullandığını da unutma. Bunu, pozitif bir motivasyona çevirmek için o aynalığa sebep olan inancını, duygunu, korkunu bul ve şifalandır. Korkuların veya değişmesini istediğin tüm negatif duygu ve düşüncelerin için de niyette bulunabilirsin. Örneğin, "Değersizlik duygumun kolaylıkla ve en kısa zamanda şifalanmasına niyet ediyorum." cümlesi, sana şifa kapılarını sonuna kadar açacaktır. Sonrasında da rüyalar, kitaplar, insanlar vb. bu niyetinin gerçekleşmesi için mutlaka aracı olmaya başlayacaktır. Allah sana birilerini ya da bir şeyleri vesile edecektir.

Niyetini her zaman sadece olumlu kelimeler kullanarak oluşturmalısın. Örneğin:

Hasta olmak istemiyorum değil; **Sağlıklı olmayı seçiyorum**.

Zayıflamayı seçiyorum değil; **İdeal kilom olan .... kiloda olmayı seçiyorum.**

Allah kaza bela vermesin değil; **Her zaman Allah'a emanetim** ya da **Allah'a emanet ol.**

Kısacası ister kendimiz ister başkaları için olsun; dualarımız, niyetlerimiz olumlu kelimelerle olmalı ve istemek fiili kullanılmamalıdır. Seçilmeli, niyet edilmelidir.

Unutma ki kelimeler inançları, inançlar davranışları, davranışlar alışkanlıkları, alışkanlıklar kişiliği ve kişiliğin de kaderini şekillendiriyor.

2-) Hedeflerimiz için bir süre belirtmeli ve bunu mutlaka yazarak not etmeliyiz. Ancak belirlediğimiz zaman, bilincimize ve bilinçaltımıza inandırıcı gelmeli, onu ikna etmelidir. Örneğin, yirmi kilo vermek istiyorsan bunu iki ay sonraya değil, altı ay sonraya niyet ederek "30 Aralık 2019'a kadar ideal kilom olan ..... olmaya niyet ediyorum." yazabilirsin.

3-) Birden çok hayalin varsa hayal panosu yapmanı öneririm. Almak istediğin arabanın, evin vb. fotoğraflarını kesip bu panoya yapıştırabilirsin. Kazanmak istediğin üniversite, olmak istediğin kilo ve beden yapısıyla ilgili fotoğraflar da ekleyebilirsin. Sahip olmak istediğin paranın da miktarını yazıp panoya yapıştırabilirsin. Pano, sürekli görebileceğin bir yerde olmalı. Bunların dışında kendine hatırlatıcılar olarak buzdolabına, banyo aynasının yanına, iş yerinde ya da evde çalışma masana da küçük fotoğraflar ve yazılar asabilirsin. Ben kilo verirken olmak istediğim kiloyu, küçük renkli bir kağıda yazıp bilgisayarımın üzerine yapıştırmıştım. Diyetisyene ve spora gitmeden sadece bilinçaltı çalışmaları ile verdiğim otuz kilo için yaptığım çalışmalardan biridir bu. Almak istediğim arabanın fotoğrafını da cep telefonuma indirdim, arada bir açıp baktım, bir süre de telefonumun duvar kağıdı yaptım. Çok şükür hepsi gerçek oldu. Seninkiler de olmak için hazır bekliyor, haydi üşenme ve dediklerimi yapmaya başla.

4-) Hücresel değişim ve yenilenme süresi yirmi bir gündür. Dileğin her neyse üst üste yirmi bir gün boyunca, günde en az bir defa ve tercihen gece uyumadan önce, tüm ayrıntıları ile onu hayal etmelisin. Olmuş gibi hissetmeli ve tıpkı bir film gibi, görüntüsü, konuşmaları ile o anları yaşamalısın. Tüm bilim insanlarının kabul ettiği bir şey var ki beynimiz, hayal ile gerçeği ayırt edemiyor. Bu nedenle olmasını istediğin bir şeyi yeterince inanarak ve güçlü bir niyetle hayal ettiğinde, beyin bunu gerçek olarak algılayarak gereken sinir hücrelerini uyarıyor ve frekans yaymaya başlıyor. Hayalin de gerçekleşme yoluna böylece girmiş oluyor. Her neyi yaşamak istiyorsan onu mutlaka zihninde canlandırmalı ve yaşamalısın. Ön lobuna indirmeye başladığın dileğin önünde sonunda gerçek olacaktır. Ön lob, hayallerin gerçeğe dönüştüğü, üçüncü gözünün bulunduğu ve büyüklerimizin alın yazısının olduğunu söylediği yerdir. Oradaki her şey, gerçeğin, kaderin yani alın yazın olacaktır. Ancak hayalinin ön lobunda canlanması ve gerçeğe dönüşmeye başlaması için o hayalle ilgili bilinçaltında hiçbir negatif duygu olmadığına emin olmalısın. Bunun için de fark ettiğin tüm negatif duygularını, düşüncelerini, kaygı ve korkularını dönüştürmen gerekir. Bilinçaltı izin vermedikçe hayaller bilinç düzeyine çıkamaz. Bu noktada, kitabın başında anlattığım bilinçaltının önemi giriyor tekrar devreye. Beyninin arka tarafı, tüm bilinçaltının olduğu alandır. Orası senin gerçek hazinendir. Çünkü pozitif bir bilinçaltı, hayallerinin gerçekleşmesi için gereken tüm hücresel ve beyinsel uyarımları yapacak, senin iradenle uyguladığın bu adımlarla mucize sandığın her şeyi gerçek kılacaktır.

Dilekte birsen şimdiden oldu bil!

Evlenmeyi çok istediğini söyleyip "Karşıma bir türlü doğru insan çıkmıyor." diye şikayet eden bir arkadaşım, aslında anne babasının evliliğinde yaşanılan sorunlar, mutsuz geçen çocukluğu yüzünden evlenmekten ve anne olmaktan korktuğunu kuantum seansları sayesinde anladı ve şifalandı. Yıllarca, evlenen arkadaşlarını şanslı, kendisini şanssız olarak değerlendirmiş, çok istediği böyle masum bir şeyin olmama sebebini bilemediği için bunu nasip etmediğini düşündüğü Allah'a dahi gönül koymuştu. Bilinçaltında annesi ile babası arasında yaşanmış öyle negatif anlar çıktı ki, bu sebeplerle evliliği reddettiğini ve mutsuz bir evlilik yapma korkusuyla onu yarı yolda bırakacak insanlarla ilişki kurmaya çalıştığını itirazsız kabul etti. En büyük korkusu kendisinin de evlenince annesi gibi köleleşmesi ve her zaman bir erkeğe hizmet etmek zorunda bırakılmasıydı. Özgürlüğüne oldukça düşkündü. Evliyken de eşlerin birbirlerinin alanlarına saygı göstererek özgür olabileceklerini hiç bilmiyordu; çünkü babası annesine hiç böyle bir alan tanımamış, ona hizmetçi muamelesi yapmıştı. İşte şunu iyi anlamanı istiyorum sevgili can, bir şeyi çok istediğini söylediğin halde gerçekleşmiyorsa anla ki bilinçaltında aslında onu istemiyorsun. Onunla ilgili negatif bir blokajın var. İsteyip de elde edemediğin ne varsa hepsini bu şekilde değerlendirirsen kendinle ilgili çok güzel farkındalıklar yaşarsın. Bilincin ve bilinçaltın dileğinde bir ise onu doğru zamanda oldu bilebilirsin.

DEĞİŞİME DİRENÇ

Değişime direnç konusu, bazı isteklerinin ve hayallerinin neden gerçekleşmediğini de anlamanı sağlayacak, tüm tekâmül sistemini kökten etkileyen en önemli konulardan biridir; çünkü en büyük direncimiz, ruhsal evrime, sisteme yani tekâmüle karşı gösterdiğimizdir.

Bu kitabı alıp okuyan pek çoğunuzun, az çok farkında olduğu bir konudur aslında değişime direnç. Örneğin zayıflamak isteyen ama bir türlü kilo veremeyen, verse dahi bir süre sonra geri alan; boşanmak isteyip boşanamayan; evlenmek isteyip evlenemeyen; başka bir ülkeye ya da şehre taşınmak isteyip de taşınamayan vb. konularda sorunlar yaşamış, gereken adımları atamamış nice insan var aramızda. Değil bu büyük değişimler, uzun yıllar gittiği spor salonunu değiştiremeyen danışanlarım var benim. Büyük ya da küçük, bazı değişimler korkutur bizi ve hayatımızı bekletmemize ya da ertelememize bazen de tamamen kendimizden vazgeçmemize sebep olur.

Değişime direnç konusunu en derin boyutu ile anlatacağım. Çünkü bu konunun iyi anlaşılması, seni, beni kısaca hepimizi olumlu yönde etkileyecek, birimizin verdiği bir değişim kararı tüm kolektif bilince katkı sağlayacaktır. Sen, ben tekâmül ettikçe aslında dünya da tekâmül ediyor sevgili okurum. Dünyanın değişmesini istiyorsan değişime her zaman kendinden başlamalısın. Lanetler yağdırdığın bir dünyadan kendi kendine değişmesini bekleme ya da sevineceğin hediyeler vermesini! Dünya, her birimizin duygu ve düşüncelerinin toplamına göre şekilleniyor. Değiştirmek istiyorsak önce onu tanımalı, anlamalı ve sevmeliyiz. İnsanların evrimleşme adına yaptıkları olumsuz şeyleri dünyaya mal etmemeli ve onu karanlığa terk etmemeliyiz. O, bize hizmet eden, tekâmülümüz için en güzel ortamları sağlayan, cennetimiz, yuvamız. Bizim görevimiz onu korumak ve olumlu katkıda bulunmak.

Bazı şeyleri denemekten, değiştirmekten neden korkarız? Konfor alanı dediğimiz ama gerçek anlamda hiç de konforlu olmayan mutsuz olduğumuz ortamları, ilişkileri, eşyaları vb. neden değiştirmeyiz ve değişime direnç gösteririz?

En derin noktadan yüzeye doğru başlayayım anlatmaya.

Hiç şüphe yok ki hepimizin yaşadığı en büyük değişim, kitabın başlarında anlattığım, büyük oluş halinden yani Allah'tan ayrılarak kendi yolculuğumuza çıkmaya karar verdiğimiz süreçlerde yaşadığımız değişimlerimizdir. Biz iken ben olmuş ve bizliği tüm boyutlarda tekrar tekrar yaşayarak ve deneyimleyerek öğrenmeye çalışan ruhlarız biz. Her birimizin çok istekle başladığı bu serüvenler, ne yazık ki birçoğumuz için zorlu bir yolculuğa dönüştü. Verilen bu değişim kararından pişmanlık duyulmaya başlandı. "Rahat mı battı?" derler ya hani, birçoğumuz kendine bu soruyu sormaya başladı. "Rahat mı battı da koskocaman bir enerjiyken oradan ayrıldın ve illa BEN OLACAĞIM, BENİ DENEYİMLEYECEĞİM diye tutturdun?" Elbette birçoğumuz, bu seçiminden pişmanlık duyduğunun ve kendine içsel olarak bu soruyu sorduğunun bilincinde değil. Çünkü öğreti olarak, bir kaderin kurbanı sanıyor kendisini. Yine de emin ol ki hayatında değiştirmek isteyip de yapamadığın davranış, seçim, insan, mekan, düşünce, her ne var ise zorlanmanın ve korkmanın sebebi, en derin boyutta buraya dayanıyor. OL'mayı seçtiğin için pişmansın ey dost! Bu yüzden de dünyada OL'maktan yani tekâmül etmekten korkuyorsun. Oysaki bizler var olmayı seçerek tam da olması gereken şeyi yaptık.

Seçim yapmayıp kendimizi Araf halinde bıraktığımız her konuda olması gerekeni erteliyor ve kendi yükselişimizden kaçıyorsak... Böyle yaparak ya kendimizden saklanıyorsak? Kurduğun bu saklambaç oyununda kendini ebelemeye var mısın yoksa hâlâ kaçıp saklanan olarak mı kalacaksın? Üstelik ebe de saklanan da sen iken... Bu oyunda senden başka hiçbir oyuncu, senin kuralların dışında hiçbir kural yokken...

Elbette başlangıç yani doğum anından itibaren ruhun yaşadığı kaçınılmaz değişimler, onun gelişimi içindi. Deneyimlediğimiz her boyutta nice hazineler, bilgelikler kattık ruhumuza. Hepimiz için en zoru da iradenin olduğu dünya katı oldu. Bu katta var olmayı seçmek, hâlâ birçoğumuzun bilinçaltındaki en büyük travma, çünkü en büyük değişim burada. Seçmeyi ve sonuçlarından sorumlu olmayı bu boyutta deneyimliyoruz. Işık ve karanlıkla iç içe yaşıyor, sürekli olarak birinden diğerine yöneliyoruz. Nefsimizin fısıldadıklarıyla savaşıyor ve gelişmeye, ışıkta kalmaya çabalıyoruz. Işık da olsa karanlık da olsa yaptığımız her seçim aslında tekâmülümüze hizmet ediyor yani bize öğretiyor, bunun farkında değiliz. Dünyada bulunan sen, ben dahil tüm ruhları, cesaretleri ve burada olmayı seçmelerinden ötürü kutluyorum sevgili dostum. İnan ki takdiri hak ediyoruz.

Bedenlenmiş olmak, bazen sıkışmışlık ve hapis kalmışlık duygusu oluşturuyor. Bu yüzden, insan olmayı seçip bu değişime "Evet" dediğimiz için pişmanlık duyuyoruz. Bedeni, sınırlı ve yetersiz buluyoruz. Ruhumuzun bedeni kabullenmesinde ve bir şekle sahip olmasında zorlanıyoruz. Oysa bedene hükmeden beynimizin ne yazık ki yüzde onunu bile kullanmıyoruz. Yani beynimizle ve bedenimizle neler yapabileceğimizi bilmiyoruz. Bedendeki sınırsızlığın henüz farkında değiliz. Onun, bizim tekâmülümüze hizmet eden kıymetli bir elbise olduğunu unutuyor ve ondan nefret dahi edebiliyoruz. Tüm sorunlarımızın sebebinin, bedende olmak, insan olmak olduğunu zannediyoruz; bazı seçimlerimizin sonuçlarından mutsuz olduğumuz, suçlu hissettiğimiz ve irade sorumluluğunu almak istemediğimiz için... Rahat yaşamak istiyoruz; her yaptığımız şey olumlu sonuçlansın, dimyata bulgura giderken elimizdeki pirinç gitmesin, birisi bize hangi yolun doğru olduğunu söylesin ya da elimize sihirli bir değnek verilsin. Oysa gerçekten elimizde sihirli bir değnek olduğunu, bunun da ruhumuz ve aklımız olduğunu görmüyoruz. Bugüne kadar ne seçmiş, hangi yoldan yürümüş olursan ol, yapılması gereken buydu ve her şey sana hizmet etti. Ama az ama çok, mutlaka tekâmülüne bir fayda ekledi. Ruh, sonuçlara odaklanmaz; bunu lütfen hiç unutma! Sürecin tadını çıkarır, varlığına ne katmış ona bakar. Senin olumsuz olarak gördüğün bir sonuç eğer sana bilgelik kattıysa, emin ol ruhun ve tüm evren seni ayakta alkışlar.

Doğum anları, yine değişimlerin yaşandığı ve anne karnı gibi güvenli bir alandan, bilinmeyen bir diyara doğru yola çıktığımız kaygı dolu anlardır. Doğmak, varoluştan sonraki en büyük değişim adımıdır. Anne karnında, hâlâ bazı ruhsal bilgilere sahip olduğumuzdan, çevremizi sarmalayan suyun içinde rahatça kıvrıldığımızdan, seçimler yapıp sonuçlara katlanmak gibi bir sorumluluğumuz olmadığından, annemizden beslendiğimiz için açlık ve yokluk çekmediğimiz bir alan olduğundan, kendimizi son derece rahat ve güvende hissederiz. Burada, henüz varlığımızın farkında değilizdir ve kendimizi annemizin bir parçası zannederiz. Ayrı bir varlık olduğumuzu, doğduktan sonra geçen birkaç ay sonunda anlamaya başlarız. Elimizi, kolumuzu keşfetmek bile korkutur bizi. Doğduktan sonra çok ağlayan bebekleri kundaklamaları da bu yüzdendir. Çünkü anne karnındayken farkında olmadığı elini, kolunu özgürce oynatmak onu ürkütür ve kundaklandığında kendisini annesinin karnında gibi algılamaya başlar ve rahatlar. Sınırsızlık, ne yazık ki bizleri çoğu zaman korkutuyor. Sınırlı olmak ise güvende hissettiriyor. Sınırsız özgürlüğü, parayı, aşkı, bedeni istediğimizi söylesek de aslında istemiyor oluşumuzun temel sebepleri, kendimize güvenmeyişimiz, sınırsızca yapabileceklerimizden ve hata yapmaktan korkmamızdır. Bu yüzdendir yazılı çizili kurallara ihtiyaç duymamız, bizi baskılayan anne, baba, eş seçmelerimiz. Sınırsızlığın, kötülüğe çağıran, yoldan çıkaran bir şey olduğunu zannediyoruz çoğu zaman, sonsuz ve sınırsız bir varlığın ta kendisi olduğumuzu tamamen unutarak. Buradan da anlayacağın gibi sevgili dostum, varlığımızın sorumluluğunu alarak ben olmak, en büyük değişimmiş gibi geliyor ve bunu ertelemeye çalıştıkça mutsuzluklar, hastalıklar, sorunlar hayatımızdan eksik olmuyor.

Bunlar derin konulardı. Bundan sonrası ise sana daha tanıdık gelecek. Yaşam içinde doğumla başlayıp annemizden ayrı bir varlık olduğumuzu fark ettiğimiz andan itibaren, güvende hissetmek adına insanlarla ya da nesnelerle bağlar kurarız. Bu bağları bağımlılığa ve alışkanlıklara dönüştürmeye meyilliyizdir. Alıştığımız bir şeyin dışına çıkmak ise büyük bir değişim gibi gelmekte ve ürkütmektedir.

Çocukluğunda şiddet gören bir kişinin, sözel ya da fiziksel şiddete maruz kalacağı ya da bizzat kendisinin şiddet uygulayacağı bir evlilik yapması kaçınılmazdır; çünkü alışık olduğu iletişim ve ilgi modeli budur. Bunun dışındaki durumlar onun için risktir. Mutsuzluğa alışık biri mutluluktan, parasızlığa alışık biri paradan, yalnızlığa alışık biri de ilişki kurmaktan çok korkar sevgili okurum; çünkü bunlar bilmediği, risk içeren büyük değişimlerdir.

Sevilmediğine emin olarak büyüyen bir birey, ona gerçekten sevgi gösteren kişilerin yanında rahatsız olup bu sevgiye asla güvenmeyecektir. Bu sevgi bir gün kesilir de hayal kırıklığına uğrarsa o zaman ne olacaktır? Yıllardır sevilmemeye alışmış ve bununla nasıl başa çıkacağını öğrenmiştir. Sevginin tadına bakıp alışır da sonra bundan yoksun kalırsa ne yapacaktır? Çoğumuz sudan çıkmış balığa dönmemek için suya hiç girmeyiz sevgili dostum.

Kendi çöplüğümüzde yaşamaya devam etmeyi seçeriz. Konu ister sevilmek, ister değer görmek, ister daha fazla para kazanmak olsun hiç fark etmez. Değişimden korktuğumuz için de bunu gerçekleştirecek kararları almaktan, adımları atmaktan kaçarız; çünkü hata yapmak endişesi taşırız. Sonunda pişman olmaktan, o kararı alırken vazgeçtiklerimize mecbur kalmaktan korkarız. Kısacası Dimyat'a pirince giderken evdeki bulgurdan olmak istemeyiz. Ama bulgura her bakışımızda pirincin hayalini kurarız. Oysa bakın ne güzel demiş Allah:

"Kararını verdiğin zaman artık Allah'a dayanıp güven. Çünkü Allah, kendisine dayanıp güvenenleri sever." (Al-i İmran Suresi 159. Ayet)

Dünyada her şey değişir. Buna direnmek, ilahi akışa ve Allah'a direnmektir. Aynı nehirde iki kere yıkanamazsın mesela. Tüm hücrelerin ve organların belli zaman aralıkları ile yenilenir ve değişir. Mevsimler değişir, bilgiler değişir, çağlar değişir. Değişim, tekâmülün kendisidir, evrimdir, yenilenmedir. Direnç gösterdiğinde kontrol etmeye çalışırsın; kendini, hayatındakileri ve tüm yaşamını. Oysa hayat, sana bunu başaramayacağını çünkü amacının bu olmaması gerektiğini, değişimin ilahi planına uygun ve senin en yüksek hayrına olduğunu acı deneyimlerle anlatacaktır. Bu sebeple kontrol etmeye çalıştıkça işler çığrından çıkacak ve arap saçına dönmesi kaçınılmaz olacaktır.

Daha önce birçok uzmandan çalışma ve eğitim aldığı halde istediği sonuçlara ulaşamadığından yakınan bir danışan bize geldiğinde oldukça yılmış gözüken bir haldeydi. Tüm sistemi, çalışmaları şikayet ediyor, hiçbir şeyin onda istediği değişikliği yaratmadığından kızgınlıkla bahsediyordu. Öfkeliydi. Sıkılı duran yumruğunun bile farkında değildi. Aslında gerçek öfkesi kendisineydi, ancak henüz bunun farkında değildi. Cep telefonu ve siyah renkteki çantası elinde, bir anda kalkıp gidebilecek bir halde oturuyordu. Ona hemen bir değişim-direnç seansı yaptım. Bu tarz durumlarda anlaşılması gereken en ince detay kişinin, değişememekten şikayetçi olup bununla ilgili birilerini suçluyor olsa da aslında değişimi kendisinin istemediği, bundan korktuğunu kabullenmediği için de bahaneler üreterek suçlayacak kişiler bulmasıdır.

Bilinçaltında bu konuya çalışmaya başladığımızda şu andaki en yoğun inancının, ilahi akışın hiç de onun hayrına işlemediği şeklinde olduğunu tespit ettik. "Evet, ne istesem olmuyor, herkesin her istediği oluyor benimkilerse olmuyor." dediğinde, aslında ne istediğini tam olarak kendisinin de bilmediği tüm beden dilinden okunuyordu. Yine içten içe durumdan Allah'ı ve O'nun akışını suçluyordu. Bu inancındaki en etkili olayın ise yirmi yaşındayken aldığı evlilik kararı olduğu bilgisini verdi kuantum alan. Evlenmeye kendi isteği ile, o kişiyi sevdiği için karar vermiş ve doğup büyüdüğü evinden ayrılarak büyük bir değişime "Evet" demişti. Buna rağmen şu anda mutsuz bir evliliği vardı, ama yine de alışkın olduğu düzeni bozma yani tekrar düzen değiştirme korkusu ile eşinden boşanmıyordu. Üstelik anne babasına da mahcup olmaktan korkuyordu. Çünkü onlar çok da uygun bulmamışlardı eşini ancak o istediği için rıza göstermişler, saygı duymuşlardı. Danışanım bu bilgiyi "Aynen öyle sevgili Anıl Hanım." diye kekeleyerek şaşkınlıkla onayladı. Daha sonraki adımda ise kuantum alan, gençlik çağlarında bir okul değişikliği yaşadığını, yeni okuluna adapte olamadığını hatta orada arkadaşları ile bazı sorunlar yaşadığı bilgisini verdiğinde iyice şaşırmıştı. "Evet." dedi. Lise ikinci sınıfta iken oturdukları evden taşındıkları için okul değiştirmek zorunda kaldığını, gittiği okula hiç alışamadığını, yeni arkadaşlarının onunla birçok konuda dalga geçtiğini ve dışladıklarını hüzünlenmiş gözleri ile anlattı. Bir sonraki katmana indiğimizde ise bilinçaltı doğum anını verdi. Bundan önceki pek çok enkarnasyonunda erkek olarak dünyaya gelmiş, fakat bu kez kadın olarak tekâmül planı yapmıştı. Ancak kadın bedeninde doğmak onun için büyük bir değişimdi. "Anıl hanım zaten beni erkek beklemişler, her zaman tam bir kadın gibi değil de, erkek gibi kadınlardan oldum." diye itirafta bulunurken, bu zaten bizim tahmin ettiğimiz bir durumdu. Bir sonraki katman çok derin bir boyuttu. Tekâmül etmek için cinsiyetlerin oluşturulduğu bu boyutu tamamen reddediyordu. Bu değişim onu korkutmuş, birini deneyimlerken diğer tarafından ayrı kalacağını yani yarım olacağını zannediyordu. Cinsiyet ayrımına büyük bir direnç gösteriyordu. Bunu da "cinsiyetlerin neden var olduğunu anlayamadığını, keşke herkesin tek bir cinsiyeti olsa" diye düşündüğünü söyleyerek onayladı. Oldukça derin yerler çıkmıştı ama kuantum alan, bu konuyla ilgili bilinçaltında bir yer daha olduğunu gösteriyordu. En derin yer, bedenlenmeyi reddettiği, ruhsal bir varlık olarak kendini kabul ettiği halde insan boyutuna geldiğinde bedene direndiği ve bu değişimden korktuğu yerdi. Bu bilgiyi daha önce fark etmemiş olduğunu ama bedeni her zaman kısıtlı olarak gördüğünü ifade ederek alanı onaylamıştı. En büyük korkusu, ruhsal bir varlıktan bedenli bir varlığa dönüştüğü değişimin olduğu yerde başlamıştı. Bu değişime direniyordu. Bizler, elbette tüm bu çıkanların etkilerini bilinçaltından temizledik ve kendisi iki ay içinde eşiyle anlaşmalı olarak boşanarak yeni hayatına merhaba dedi. Bu, onun değişimle ilgili korkularının geçtiğini gösteren en büyük mucizeydi. Ben değil, kendisi bunu böyle dillendirmişti. Başta gidecek gibi oturduğu koltuğundan, kalkmak istemiyor gibiydi.

İşte ne yazık ki birçoğumuz en başta Allah'tan ayrılıp ruhsal bir yolculuğa başlama değişiminden, bazılarımız ruhsal bir varlıktan bedensel bir varlığa dönüşme değişiminden ve hemen hemen hepimiz yaşam içinde aldığımız bazı kararlar sonucu yaşadığımız değişimlerden pişman olduğumuz için özellikle bir yaştan sonra adım atmaktan, karar almaktan, pişman olmaktan, hata yapmaktan korkuyoruz. Oysa pişman olduğumuz her deneyimin bizi biz yapan deneyimler olduğunu anlasak ve bunlardan almamız gereken bilgeliği almayı kabul etsek kim bilir neler değişecek hayatımızda?

Karar almakta zorlandığında şu ayeti tekrar edersen seni en yüksek hayrına olan değişime yönlendireceğine emin ol:

"Rabbim! Bana hikmet (bilgi, doğru hüküm verme ve kavrama yeteneği) ver ve beni iyiler arasına kat." (Şuara Suresi 83. Ayet)

İyi olanlar mutlu olanlardır unutma!

OL' maktan, tekâmül etmekten, yeryüzündeki evrimimizi tamamlamaktan da korkuyoruz. Bunun sebebi de yok olacağımızı zannetmek veya şikayetlerimiz olsa da alıştığımız beden ve dünya yaşamından bambaşka bir boyuta geçersek ne yapacağımızı bilememek. Bazen de tekâmül edersem çok sorumluluğum olur ve oyalanacak işim kalmaz fikrinden dolayı oluyor. Oysa şunu bil ki, sonuca değil sürece odaklanırsan her an keyifli olur. Tekâmül, bitirilmesi gereken bir görev değil, yaşanması gereken bir haldir. Sen hep vardın, hiç yok olmadın ve hiçbir zaman da yok olmayacaksın. Elbette başka boyutlar oluşabilir, ama emin ol sen istemedikçe deneyimlemek zorunda kalmayacaksın ve deneyimlemeyi seçersen de asla pişman olmayacaksın. Çünkü her boyut kendi güzelliklerini, mucizelerini, bilgeliklerini katacak sana. Deneyimledikçe zenginliklerinin tadını çıkarıyor olacaksın!

İLİŞKİLER

Bu başlığı görür görmez çoğumuzun karşı cinsle olan ilişkileri, pek azımızın da hayatındaki tüm insanlarla olan ilişkileri gelecek aklına eminim. Çünkü bunları etkileyenin kendimizle, hayatla, dünya ve Allah ile olan ilişkimiz olduğunun farkında değiliz ne yazık ki. Elbette ikili ilişkiler tekâmülümüz açısından çok değerli; çünkü insanlarla olan ilişkimiz, iletişimimiz, yaşadığımız olaylar, kendimizi görmemize, fark etmemize ve tanımamıza vesile olacak en kıymetli durumlardır. Hiç kimse hayatımıza tesadüfen girmez ve hiçbir olay da tesadüfen, kaderin bir cilvesi olarak yaşanmaz. Herkes ve her şey bize yol gösteren trafik levhaları gibidir. Yolun sonu kendine varmaktır. Ancak sen yolun sonunun dünyayı fethetmek, aşkın dibine vurmak, evli ve mutlu yaşamak, zengin veya ünlü olmak vb. zannediyorsan yanılgıdasın ey dost! Yolun sonu kendine varmak olmadıkça, kendini bulmayı, tanımayı ve yaratmayı hedeflemedikçe, sahip olduğun hiçbir şey sana kendini tam hissettirmeyecek, içinde nedenini bilmediğin boşluk duygusunu ortadan kaldırmayacaktır. O boşluğu doldurmak için ya insanlara fazlaca bağlanacak ya kendine ulvi amaçlar edinecek ya da "Evlatlarım için yaşıyorum." diyecek, kısacası yaşamını kendince sebeplere bağlayarak aslında kendinden kaçacaksın. İlişkiler konusunu bazı bölümlere ayırıp anlatacağım sana, çünkü konu sandığın kadar basit değil. Seni yarı uykulu halde bırakmayıp tamamen dinç bir şekilde uyandırmak ve en değerli varlığın olan kendinle tanıştırmak istiyorsam bu konuyu biraz daha ayrıntılı anlatmalıyım.

ALLAH ve SEN

Allah'la olan ilişkimiz, kendimizle ilişkimiz dahil tüm ilişkilerin temel direğidir. Ancak bu ilişkinin nasıl olduğunu, nasıl yaşandığını ve nelerin şifalanması gerektiğini anlamanın yolu, insanlarla, hayvanlarla, bitkilerle kısaca hayatla olan ilişkine bakman ve yorumlamandan geçer. Çoğumuz Allah'ı çok uzaklardan, yukarılarda bir yerlerden, cennet krallığından bizi izliyor olarak düşünüyoruz. O'na bir cinsiyet atfediyor ve genellikle "Allah Baba" diyoruz, yani erkek olduğu zannına kapılıyoruz. O'nun bizim dostumuz olduğunu bilmiyor, Allah Baba deyiminden de anlaşıldığı üzere O'nu bir ebeveynimiz olarak görüyoruz. Bu ebeveyn, yanlış yaptığında cezalandıran, doğru yaptığında ise mükafatlandırıp mükafatlandırmayacağı belli olmayan, otoriter, disiplinli ve sert oluyor birçoğumuzun gözünde. Genellikle iyi olduğumuz zamanlarda unuttuğumuz, zora düştüğümüz anlarda ise sığındığımız ve çare aradığımız büyük bir güç kimimizin hayatında. Günlük ibadetler ve yapılan iyiliklerle gözüne girmeye çalışılan bir onay mercii. Sanki bir devlet başkanı ve bizler de onun onayı ve ataması için çalışan milletvekilleri gibi hissediyoruz kendimizi. Bazılarımız O'nu anarken bile çekiniyor ve korkuyor. Allah yerine Tanrı dediği zaman bile kızacağını zannediyor. O'nun karşısında aciz, yetersiz, kusurlu olduğuna inanan ve ancak ibadet ederek bu kusurları telafi edebileceğini sanan çok insan tanıdım. Bazıları "İnanmıyorum." diyerek kafa tutuyor, varlığını reddediyor çünkü sisteme baktığında adaleti görmüyor. Dünyadaki sistemi beğenmiyor ve "Allah kutsal kitaplarda yazan bir kuvvetse böyle bir düzene neden izin veriyor, neden iyi insanları korumuyor?" diyerek isyan ediyor. Allah'ı dostu olarak gören, kızmadan ve cezalandırmadan her an yanında olduğunu bilen, kendini onun bir parçası olarak hisseden ve bu bilinçte yaşayan kişi sayısı ne yazık ki çok az. Bu kitabı yazmamın ve risk içeren bu konuları anlatmamın temel sebebi de zaten bu. Seni ve okuyan herkesi gerçek Allah bilgisi ile tanıştırmak.

O'na olan kızgınlığını, öfkesini ya da sitemini dile getirenler olsa da bunu yaparsa büyük bir ceza alacağını, örneğin sevdiği birini kaybedeceğini düşünerek susan, duygularını saklayan danışanlarımın sayısı oldukça fazla. En büyük probleminin kendini hayatındaki insanlara ifade edememek ya da yanlış ifade etmek olduğunu düşünen çoğu danışanım, bu ifade sorununu aslında Allah'a karşı yaşadıklarını kuantum seanslarında fark ettiklerinde çok şaşırıyorlar. Çünkü Allah'ı, kendilerini kolayca ifade edebilecekleri bir dost olarak görmeleri gerektiğini bilmiyorlar. Sorgusuz sualsiz kabul edilmesi gereken yüce bir güç olarak düşünüyorlar ve elbette çabuk kızabilen ve öfkeli... Sırf Allah'ı kızdırmamak ve elindekileri kaybetmemek adına haline şükreden insanlar, bu duygularla ettikleri şükürlerin makbul olmadığını anladıkları anda uyanmış ve Allah'a yaklaşmaya başlamış olacaklar. Dini kulaktan dolma bilgilerle yaşayan, hayatında hiç Kur'an tefsiri okumamış ama sahip olduğu bilgilerle kendisini ve çevresindekileri yargılayan insanların, artık bunu bırakma zamanı geldi. Kitabımın başında anlattığım gibi Kur'an-ı Kerim açık ve gizli ayetlerle yazıldığı için onu kafasına göre yorumlayan, anlayan ve öyle anlatan çok sayıda hocanın olması da insanların kafalarını karıştırmakta ne yazık ki. Kur'an tefsiri bir kere değil, farklı kişilerin meallerinden en az üç dört kez okunmalıdır. Sevgili peygamberimiz Hz. Muhammed'e gelen ilk vahiy "Oku" iken, bu kadar okumayan, araştırmayan, buldukları üzerine düşünmeyen yani aklını kullanmayan bireylere dönüşmek ne kadar acı. Dini yaşarken onu gönderen Allah'ı tanımamak, bilmemek, yanlış yorumlamak, sence Allah'ın tercih ettiği bir durum olabilir mi? Sen yanlış anlaşılmaktan ne kadar şikayetçiysen emin ol Yaradan da o kadar şikayetçi.

Kitabımda anlattığım Allah ve yaratılış ile ilgili bilgiler çok önemli. Tabii akış izin verdikçe, bilinçler uyanıp genişledikçe daha detaylı bilgilerle yeni kitaplarımla seninle birlikte olacağım. Ama önce buradaki bilgilerin sindirilmesi gerek ki ben sana çoğu insanın söylediğinden farklı şeyler söyledim ve söylemeye devam ediyorum. Sen Allah'tan bir parçasın ve onunla kurduğun ilişki aslında kendinle yaşadıklarının yansıması. O'nu yargıladıkça kendini yargılamış oluyorsun. O'nu anlamadığın kadar, kendine yabancısın. Onun cezalandırdığını zannederek aslında sen kendini cezalandırıyorsun. Yaptığın güzel şeyler ve iyilikler için mükafat beklediğinde samimi olmuyorsun. Yaptıklarını sadece istediğin, öyle yapmak seni mutlu ettiği için yapmadıkça ne kadar da yapmacık oluyorsun! Fark et bunları artık ey dost, uyan artık gerçek ALLAH bilincine ve hayatındaki tüm sorunlara böylelikle "DUR" de! Çünkü hastalıklar, parasızlık, ilişki sorunları, kendinle kavgan, kısaca hayatta var olan tüm mutsuzluklarının en derin kaynağı tam da burası. Sana çok açık ve net bir şey söyleyeceğim. Seni üzer mi sevindirir mi bilmiyorum ama gerçekten anlattıklarımın özünü anlıyorsan sevineceksin. Hatta bu bilgiyi bir törenle kutlayabilirsin kendi içinde. Seni yanlış şeyler yaptığında sevmekten vazgeçecek hatta cezalandıracak anne baba figüründe bir Allah yok. İyi şeyler yaptığında madalyalar verecek bir Tanrı figürü de yok. Seni, her zaman, her halinle çok seven, gerçek dostun olarak yanında olan ve tüm iyi dostlar gibi seni daima en iyiye teşvik edecek güçtür Allah. O, seni hiç yalnız bırakmadı ve hiçbir zaman da bırakmayacak. Seni dışlamadı, dünyada terk etmedi. O'nun senden uzaklarda olduğu ise en büyük illüzyon yani yanlış bilgi. Şunu bil ki kalbinin attığı her an O seninle. Sen dünyada kendini deneyimlerken zaten O'nu tezahür ettiriyorsun. Bu sebeple Allah'ı mutlu etmek istiyorsan kendini mutlu etmeyi öğrenmelisin. Kendi ruhundan üflediği ruhun, yeteneklerin, aklın, bilgeliğin, bedenin ve senin hizmetine sunduğu tüm nimetlerin değerini bilmeli ve hakkını vermelisin. Ne yaptığını bilmeden ibadet etmeyeceksin. Dilinin söylediği ama anlamını dahi bilmediğin Arapça kelimeleri sarf etmeye çalışmak yerine ya onların anlamlarını öğrenip bilerek kullanmalısın ya da "Allah'ım seni çok seviyorum!" diyerek anladığını, hissettiğini dosdoğru ifade etmelisin. O'nun, içeriğini bile bilmeden yaptığın ibadetlere ve gereksiz övgülerine ihtiyacı olduğunu mu zannedersin? Allah ihtiyaçsızdır. O bizlerden sadece samimiyetle kurulmuş gerçek bir ilişki ve yakınlık talep etmektedir; çünkü en yakınımız, O'nun ta kendisinden başkası değildir.

Dost nedir sevgili can? Dost, sana en yakın olandır. Seni yargılamadan, olduğun halinle seven, iyi gününde ve kötü gününde sana destek olandır. Üzüntülerine kendi acısı gibi üzülen, sevinçlerine, başarılarına kendi başarısı gibi mutlu olan, katılandır. Dost, senin her şeyini bilen ama kimseye söylemeyen sırdaştır. Bazen fikirlerinde ters de düşsen, kavga da etsen ayrılmadığın yol arkadaşındır. İşte ben de sana diyorum ki "Senin en büyük dostun ALLAH'tır." O, senin annen, baban, büyükbaban değildir. Artık onu ebeveynin gibi görmeyi, ulaşılmaz olduğunu düşünmeyi, uzaklarda aramayı bırakmalısın. En yakın dostunla sıcak ve gerçek bir ilişki kurmaya izin vemelisin. Önce gerçek duygularını ifade ederek başla bu dostluğa. Örneğin, "Ben senden korkuyorum Allah'ım." ya da "Ben sana çok kızgınım Allah'ım." diyebilirsin O'na. Emin ol sonrasında içine sıcacık bir duygu yayılacak. O, tüm öfkeni sevgiyle kucaklayıp seni saracak, iyileştirecek bütün yaralarını. Yeter ki O'na gerçeklerle git. Senin kalbindekini zaten senden iyi biliyor, bu sebeple çekinme, olduğun kişi ol karşısında, olmak zorunda hissettiğin kişi değil! Allah ile barıştığında, onu doğru anlayıp tanıdığında, suçlamayı bıraktığında, yarattığı sistemin kusursuzluğunu fark edecek ve bir olacaksın yeniden tüm yaratılanla. Senin için var ettiği, hazırladığı rızkı, sürprizlerini sevgiyle kabule geçeceksin ve böylece gerçek anlamda O'na şükredeceksin. Kendini sevdikçe aldığın her nefesin kıymetini anlayacaksın. "Şükretmezsen elindekileri kaybedersin, muhtaç kalırsın!" korkusuyla dua etmeyeceksin! Korkarak, çekinerek ibadet etmek yerine kim olduğunu anlayacak ve koşulsuz bir sevgiyle ruhuna iyi gelen şeyleri yaparak kendini ve O'nu mutlu edeceksin. Allah'a uzanan tek yolun kalbinden geçtiğini, O'nu geçmişte edindiği bir sürü yanlış bilgiyle dolu olan zihninle bulamayacağını bilmelisin. Unutma ki kıblesi kalbi olanın hayatı cennet olur.

Ne mutlu bendeki bizi, bizdeki
beni anlayana…
Ne mutlu kalbinde Allah'ın sureti şeklinde
olan kendini görene…

DÜNYA, HAYAT VE SEN

Tüm benliğin ile hayatın içinde misin acaba? Yoksa büsbütün dışında mısın, küskün, kızgın mısın ona? Nimetleriyle buluşabilir misin her gün söverken dünyaya? Bunlar, üzerinde detaylıca düşünmen ve kendinle yüzleşmen gereken ciddi konular sevgili okurum. Ama en başta, tıpkı Allah ile olan ilişkinde önerdiğim gibi, gerçekten anlamaya ve tanımaya niyet etmelisin dünyayı ve hayatı. Pek çok şey sandığımız gibi değil aslında. Dışarıda suçlanacak, değişmesi gereken, kötü, adaletsiz bir dünya yok. Değişmesi gereken sensin, benim, hepimiziz. Dünyayı, onu severek iyileştirebiliriz. Bunu da kendi içimize dönerek, kendi varlığımızı sevip kucaklayarak, yaşama bağlanarak yapabiliriz. Dünyanın, senin tekâmülünü gerçekleştirmek üzere var olmuş bir alan olduğunu idrak etmelisin.

Dünya ve hayat dediğimde aklına ilk neler geldi bilmiyorum. Savaşlar, katliamlar, cinayetler, tecavüzler, kötülüklerle dolu, para ve aşk uğruna insanların kendi varlıklarını sattıkları, kimilerinin aç kimilerinin de fazla yemeklerini çöpe attığı adaletsiz bir yer olduğunu düşünenlerin sayısı eminim ki oldukça fazla. Ben de kuantumu ve sistemi çözmeden önce aynen böyle düşünüyordum ki zaten bu düşüncelerimi aydınlatmak için girdiğim bu yol beni ışığa ulaştırdı, her şeyi çözmemi sağladı. Allah'a şükürler olsun!

Dünyanın, üçüncü boyut olan insanlık boyutunun deneyimlendiği bir okul olduğunu ve burasının diğer boyutlardan en büyük farkının özgür irade ve duygular olduğunu, başlarda anlatmıştım. Bu yüzden, dünyada bedenlenmeye başlayan tüm ruhlar, -bebeklerin ve küçük çocukların doğru yanlış bilmeden her şeyi deneyimlemesi gibi- iyi kötü ayırmadan her şeyi deneyimlemeye başladılar. Tekâmülün yani ruhun bedende evrimleşme yolunun ancak zıtlıklar yoluyla olduğunu da daha önce detaylıca anlatmıştım. O sebeple artık yaşanılan her şeyin sadece bir öğreti ve ders içerdiğini, daha önce aralarında bir kontrat, bir karma olmayan hiçbir ruhun, birbirinin izni olmadan diğerine zarar vermediğini anlamış olman gerekli. Artık kim olduğumuzu idrak edip sevgi yolunu seçerek tüm karmaları, tüm zıtlıkları bitirmenin vakti geldi. Bunu ancak uyanarak ve birbirimizin bu gerçeklerle tanışmasını sağlayarak yapabiliriz. Sadece dünyaya olan negatif bakış açımızı değiştirerek sevgimizle onu güzelleştirebilir ve nimetlerinden faydalanabiliriz.

Dünya ve hayat denilince aklına gelmesi gerekenleri söyleyeyim mi sana? Beden, aşk, para, cinsellik, duygular vb. tüm araçlar.

Öncelikle şunu ısrarla belirtmek istiyorum ki senin dünyada ve insan bedeninde var oluş amacın sevgi. Sevgi, tüm yaratılışın temeli. Kendini ve başkalarını, farklılıklara, seçimlere bakmaksızın yargılamadan, koşulsuzca sevmeyi deneyimlediğin ve öğrendiğin tek yer dünya gezegeni. Herkesin aynı olduğu ve belli bir görevi yerine getirdiği, seçimlerin, farklılıkların olmadığı bir ortamda birbirine karşı sevgi duymak en kolayı.

Dünyadaki en değerli araçlarımızdan biri hiç şüphesiz ruhumuza elbise olan bedenimiz. Ona iyi bakmak, özen göstermek, kendimize verdiğimiz değerin en önemli göstergelerinden biri. Ne yazık ki çoğu kişi, ruhsal ve maddesel dünya ayrımları yaparak bazı şeyleri daha değerli veya değersiz olarak belirliyorlar. Ama sana güzel bir bilgi daha vereyim, maddesel olarak gözükse de her şey sadece ruhsaldır. Çünkü yaratılan her şey ruh ile yaratılır ve ruh, ilhamını Allah'tan alır. O sebeple lütfen kafandaki tüm ayrımları kaldır ve bir de bu bilgiyle yeniden bak hayata.

Beden de maddesel bir şeymiş gibi gözükse de ilhamını Allah'tan alan ruhsal bir araçtır. Bedenimiz ve organlarımız mükemmel bir düzen ile çalışmaktadır ve aslında yaşlanmadan, ölmeden, sonsuza dek yaşamaya programlıdır. Ancak inanışlarımız ve içimize attığımız duygularımızın yani ruhsal olarak hastalanmalarımızın bedene sirayeti ile onu hazin sonlara mahkum ederiz. Ruh hastalanmadan yani senin duygusal, düşüncesel bir sorunun olmadan, beden asla hastalanmaz sevgili can. Şimdi diyeceksin ki "Bazıları doğuştan hastalıklarla ve bedensel özürlerle doğuyor, peki bu nasıl oluyor?" Bu da o ruhun geçmiş hayatlarından getirdiği ve anne karnından aldığı duygular, öğrenmek istediği konular, geldiği aile ile arasındaki karmalar ve birbirlerine verecekleri yaşam dersleriyle alakalıdır.

Sen, bedenine iyi bakmakla yükümlüsün. Bunun yolu, onu operasyonlarla gençleştirme ve güzelleştirme çabaları değil, sağlıklı beslenerek, spor yaparak ona destek olma ve en önemlisi de ruhsal olarak sağlıklı olmayı seçerek bedenini hastalıklardan korumaktır. Her hastalığın özel bir duygusal sebebi vardır. Bu konuyu başka bir kitabımda anlatacağım ama örnek vermek gerekirse, bademcik sorunları ifade edilmeyen duygulardan, migren aşırı mükemmeliyetçilik ve eleştirilmeyi kabul edememekten, bağırsak sorunları geçmişe takılı kalmaktan, mide problemleri ise hazmedilemeyen duygulardan dolayı oluşur. Bedenine cazibe veren yaptığın makyaj ya da estetikler, saçlarına sürdüğün jöleler değil; ruhundan yaydığın enerji, kendine güvenin ve sevgindir. Elbette kendini iyi hissedeceğin bir görüntüde olmak için sevdiğin şeyleri yapabilirsin. Anlatmak istediğim, ruhunu unutursan sadece dış güzellik ve görüntü ile istediklerini kalıcı olarak elde edemeyeceğindir.

Aşk konusuna, ikili ilişkileri anlatırken daha detaylı değineceğim. Ancak burada anlamanı istediğim, aşkın sadece bir erkekle bir kadının arasında olan bir duygu olmadığı, öncelikle Allah'a ve kendine karşı olması gereken, sonrasında senden tüm çevrene yayılan yüce bir his olduğudur. Aşk ile istediğin her şey gerçeğin olacaktır. Aşk, bir şeye karşı duyulan en yoğun tutku ve istektir. Yeteneklerini aşk ile kullanırsan başarısız olman imkansızdır. Kendine aşk ile bakarsan depresyona girmen, mutsuz olman söz konusu bile değildir. Aşkla yapacağın hobiler edinmelisin kendine. Mutlaka ruhuna iyi gelecek aktiviteler vardır ve deneyerek bunların ne olduğunu bulman, senin yaşam yolculuğunun olmazsa olmazlarındandır. "Ne yaparsan yap, aşk ile yap!" diye boşuna söylenmiyor. Aşk, dünyamızı süsleyen ve var olduğumuzu hissettiren en güzel duyguların başındadır.

Para da aşkla talep edilmesi gereken, sevilmesi gereken bir enerjidir. Evrendeki değiş tokuş aracıdır ve bizim hayatımızı kolaylaştırmak için icat edilmiştir. Parayı amaç haline getiren, güç konusu yapan, adaletsizce paylaşmak isteyen ne yazık ki insan egosudur. Dolayısı ile paranın kendisini tüm kötülüklerin annesi gibi görmek ona yapılacak büyük bir haksızlıktır. Bilmelisin ki dünyadaki ilk cinayet para için değil, kardeşin kardeşi Allah'tan kıskanması yüzünden, yani paylaşmayı bilmeyen sevgiden ve kıskançlığa sebep olan yetersizlik duygusundan işlenmiştir. Para ruhsal bir ilhamla var edilmiş, bolluk kaynağının bir unsuru olan maddesel bir oluşumdur. Onu istediğin kadar alabilirsin çünkü bolluk kaynağı sınırsızdır. Ancak sevmediğin, pis, kirli, kötü bulduğun bir şeyin de sana gelmesini beklememelisin. Paraya tapan insanlar yüzünden onu sevmekten vazgeçmemeli, onun bir amaç değil, güzel bir araç olduğunu bilerek hayatına istediğin kadarını çekmelisin. Daha önce de dediğim gibi ben dünyayı bir süpermarkete benzetirim. Bu süpermarketten hangi ürünlerden ne kadar aldığın, seçimlerinle ürünlere ve kendine verdiğin anlamla, değerle, hak görmeyle orantılıdır. Parayı sevmek kötü bir şey değildir sevgili dostum. Paraya herkesten ve her şeyden fazla önem vermez, yaşam amacı haline getirmezsen onunla istediğin gibi eğlenebilirsin. Parayla ilişkin, ona karşı olan bakış açınla, kendine hak gördüğün miktarla alakalıdır. Parayı kendin ve başkaları için çok verimli kullanabileceğini, çok faydalı şeyler yaratabileceğini bilmelisin.

Cinsellik de dünyaya ve bedene özgü ama içine ruhun da katılması gereken bir olgudur. Cinsel haz, herkesin deneyimlemesi gereken bir mutluluktur. Ancak ruhsuz, zorla yaşanılan cinsel eylemler, görev gibi sürdürülen birliktelikler, cinsel tacizler ne yazık ki cinsellikten soğumamıza sebep oluyor. Cinsellik rızayla, birbirini arzulayan iki beden arasında gerçekleştiğinde keyif veren, haz yaşatan güzel bir deneyimdir. Onu da para gibi kirletmemeli, yaşam amacı haline getirmemeli ve bazılarımızın yaptığı gibi evli olduğu için görev gibi yaşamamalıyız. Rızası olmadan kimseye el sürmemeliyiz.

Hiçbir konuda kendine saygıyı elden bırakma. İstemediğin hiçbir şeye "Evet" deme. Kendini kimseye mecbur ve görevli hissetme. Bedenini ve ruhunu, zorunda olduğun şeylere katlanarak kirletme. Bu, kendini ve hayatı sevmemene sebep olmaktan öteye gitmeyecektir sevgili can ve sevmediğin hiçbir şeyden hayır bekleme!

Aşk ve sevginin yanında neşe, mutluluk, şefkat, vb. duygular da negatifleri ile birlikte dünyada var olan duygulardır. Bu konuyu, dünyayı diğer boyutlardan ayıran özellikleri anlatırken detaylıca açıklamıştım. Bilmeni istediğim, tüm güzel duyguların tadını çıkarman ve artık negatif duygulara ihtiyacın olmadığını bilmendir. Şunu da unutma, hiçbir duygu kalıcı olmak zorunda değildir. Bir insanı ömür boyu sevip onunla bir arada kalmak zorunda değilsin. Çektiğin acıya bir ömür tutunmak ve kendine hayatı zindan etmek durumunda da değilsin. Duygular da mevsimler gibi gelip geçerler. Onlara izin vermeli ve sana ne kattıklarına odaklanmalısın. Acılardan zevk almayı, mutsuzluklardan beslenmeyi bırakmak, senin en büyük tekâmül sıçramanı sağlayacaktır. "Zorluklarla mücadele ederek, acı çekerek tekâmül edilir ve Allah'ın takdiri kazanılır" inancı, külliyen yalandır. Yaşam, sana ve her birimize kolaylıkla, neşeyle, aşkla, bollukla gelmeye ve öğretmeye hazırdır. Seçim senin sevgili okurum. Yaşamı hangi duygularla deneyimlemeyi seçiyorsun? Artık kendini, bilip bilmediğin birçok sebepten cezalandırmayı bırakmaya hazır mısın? Geçmişte ne olduysa oldu, ne yaşandıysa yaşandı. Ailenle, eşinle, çocuklarınla, kendinle hatta Allah ile ne yaşadıysan yaşadın. Şimdi kim olmak ve neler yaşamak istediğini yaratmaya var mısın? Ve bunun kendine karşı şefkat, sevgi ve aşk duymakla olabileceğini artık anladın mı? Kendini koşulsuz kabule geçtiğinde tüm dünya önünde diz çökecek ve evren, yeni seçimlerin için seninle iş birliği yapacak. Anlamanı istediğim en önemli şey, sen dünyaya göre değil; dünya senin duygularına, bakış açılarına, inançlarına ve düşüncelerine göre şekillenmekte. Seçilen olma, daima seç ve yarat! Bu senin ve her birimizin varoluş nedeni.

Bu anlattıklarımla ilişkilerin iyileştiğinde tüm dünya ve hayatla ilişkilerin de iyileşmiş olacak ve sen, sistemi anlamış olacaksın. Allah'ın Bakara Suresinde belirttiği gibi O'nun yeryüzündeki halifesine yaraşır şekilde var olacaksın.

Kendine karşı olan bakış açın, verdiğin değer, kendinle ilgili duygu ve düşüncelerin KADERİNİ şekillendirir.

KENDİN VE SEN

Çoğumuz kendimizi çok iyi tanıdığımızı zannederiz. Oysa kendimiz sandığımız şeyin, beklentiler sonucu oluşmuş ve aslında bize yabancı gelen bir birey olduğunu, genellikle ilerleyen yaşlarımızda fark ederiz. Ne yazık ki pek azımız başımıza gelen olayların, hayatımıza giren kişilerin, yaşam şartlarımızın kendimizle olan ilişkimizle bağlantılı olduğunun bilincindeyiz. Çoğumuz kendine kör bakıp sebepleri dışarıdaki şartlarda aramakta ve sürekli olarak onları suçlamaktadır.

Kendinin en yakın dostu olman, Allah'ın en yakın dostu olman demektir sevgili can; çünkü sen ve O bir bütünsünüz. O sebeple Allah'a uzanan yol da kendinden geçer. Kendini ne kadar tanır, bilir, sever ve ortaya çıkarırsan Allah'ın senden istediklerini de o kadar yapmış olur ve O'nu mutlu edersin.

Soruyorum şimdi sana sen gerçekte kimsin? Hayatında kaç tane kararını, arkasında hiçbir korku, güvende olma, onaylanma ihtiyacı, ailenin beklentileri, toplumun yönlendirmeleri vb. olmadan verdin? Kendi yolunda yürümeye, elalem ne derse desin kendini seçmeye, ne kadar izinli ve gönüllü oldun? Sadece ruhunu besleyecek kişileri, olayları yaşam alanına alıp tutacak, diğerlerini yaşamından çıkaracak kadar kendi öz varlığına saygı duydun mu? Tüm bunlara değen bir varlık olduğunu ne kadar anladın? Ve kendini her halinle, koşulsuz olarak ne kadar sevdin? En önemlisi de ne yaşamış olursan ol, hayatını istediğin şekle sokacak kadar çabaladın mı?

Geçmiş hayatlarımızdan getirdiklerimizin, öğrenmemiz gereken yaşam derslerimizin ve doğduğumuz, büyüdüğümüz aile, toplum ve ülkenin, kendimizle olan ilişkimizde etkisi var. Elbette bu koşulları, en başta ruhsal evrimimiz yani tekâmülümüz için bizler oluşturduk. Ruhsal planlarımızda olan herkes ve her şey, kendimizle ilgili bildiklerimizi ve farkında olmadıklarımızı fark etmemize, ilişkilerimizi sağlıklı hale getirmemize, içimizdeki potansiyel yaratıcının açığa çıkmasına, görünür olmasına hizmet eder. Varlığının ve ihtiyaçlarının yegâne kaynağının Allah olduğunu ve istediğin şeyleri O'nun sana verdikleri ile kolaylıkla elde edebileceğini, hiç kimseye muhtaç olmadığını, Tanrısal bir varlık olarak kimsenin onayına, sevgisine ihtiyacın olmadan çok değerli olduğunu anlamana yöneliktir.

Kendine karşı olan bakış açın, verdiğin değer, gösterdiğin ilgi, tutumların, düşüncelerin ve duyguların, sana kaderini verecek sevgili dostum. Referans noktanı dış koşullardan, insanlardan almayı bırakıp öz referansı yani kendi yüreğini, ruhunu ve aklını dinlemeye ve ona göre yaşamaya başladığında, mucize sandığın şeyler gerçekliğin olmaya başlayacak. Elbette kendinle ilgili tüm duyguların pozitif olduğu takdirde!

Birçoğumuz, sevdiklerimizi kaybetmemek adına kendi yolumuzdan değil, onların yolundan yürür ve onların bizden beklediği gibi davranmaya çalışırız. Okul seçimleri, evlilik kararları bile çoğu zaman bu şekilde yapılmakta ya da aileden kaçmak ve uzaklaşabilmek adına, yine başka bir egosal kalıpla tercih edilmektedir. Bunların ikisi de seni mutlu ve tatmin etmeyecektir. Yalnız kalmamak, suçlu hissetmemek, sevgisiz olmamak adına kendimize defalarca ihanet etmişizdir. Üstelik bunları başkalarını düşünerek yaptığımız için örneğin annemizi, eşimizi, çocuklarımızı vb. kendimizi iyi bir şey yapıyor zannederiz. Oyun içinde oyun kurmaktır bu aslında. Sonunda işler arap saçına döner ve sen, kaybetmemek için çırpınıp durduğun sevdiklerinle aranda hiç de senin istediğin gibi bir iletişime ve bağa sahip olmadığını fark edersin. Burada anlatmak istediğim şey, kendi varlığına saygı duyman ve her zaman önce onu seçmen gerektiğidir. Bu, bencillik değil ben olmak demektir. Yoksa elbette ilişkilerde bazı fedakârlıklarda bulunulabilinir (Bunu biraz sonraki başlıkta detaylıca anlatacağım). Belli bir sınır dahilinde yapıldığında tabii ki ilişkilerde alma verme döngüsü mevcuttur.

Başkalarının senden beklentilerinin, sana öğrettiklerinin, onların doğru ve yanlışlarının, senin kendinle olan ilişkini olumsuz etkilemesine izin vermemelisin. Birileri seni yerdiğinde değersiz, övdüğünde ise önemli biri olmazsın. İnsanlara kızarak, başına gelen olaylardan dolayı Allah'ı ya da bir şeyleri suçlayarak kendine küstüğünde, bunun zararı en çok sana dokunur. Yani sen yine onlar için kendinden vazgeçmiş ve kendini mutsuz bir hayata mahkum etmiş olursun. Lütfen artık başkaları için yaşamayı, onlar yüzünden kendini yok saymayı, ikinci hatta üçüncü plana atmayı bırak. Korkularınla değil; gücün, cesaretin, kendine olan sevgin ve saygınla seçimler yap hayatında.

İçindeki çocuğu ne zaman, nerede bıraktıysan -ne yazık ki yine çoğunluğumuzun yaşadığı bir durumdur- onunla hemen barışmalısın sevgili okurum. O çocukla barışman, özünle barışman yani kendini sevgiyle kucaklaman demektir. Ailen seni sevmedi, belki de istemedi diye; yalnız kaldın, dışlandın diye; istediğin şeyler çocukken olmadı diye o masum halini sen de terk etme. O çocuğun, bir tek senin sevgine ve şefkatine, onu seçmene ihtiyacı var. Onu terk ederek büyüdüğünde bir yanın hep eksik hisseder kendini ve hiç kimse, hatta kendi evladın bile içindeki çocuğun boşluğunu dolduramaz. Kendi yapamadıklarını evladın yapsın diye hayal etmek ve içindeki çocuğu onunla yeniden var etmeye çalışmak da hem sana, hem ona haksızlıktır; çünkü onun da kendi hayalleri olacaktır ve bunlar seninkilerle uymak zorunda değildir. Şimdi gözlerini kapat ve hayal et içindeki çocuğu. Bak bakalım ne halde. Sarıl ona, saçlarını okşa, "Ben buradayım, güvendesin, sana istediğin her şeyi verebilirim. Seni yalnız bıraktığım için, başkaları yüzünden senden vazgeçtiğim için özür dilerim. Bundan sonra birlikte yol alalım seninle." de. Sor bakalım ona, ne yapmanı istiyormuş senden. "Yaa ben artık kaç yaşında insanım, ne gerek var bunlara?" diye düşünme. İçindeki çocuk; ruhunu temsil ediyor, onunla ilişkin nasılsa ruhunla ilişkinin de aynı şekilde olduğunu bil ve ruhun yaşı yoktur, bunu da aklından çıkarmamanı tavsiye ederim.

Yaşamın içinde kendine mutlaka kendinle baş başa kalacak zamanlar ayırmalısın. Bunun kimseye haksızlık olacağını düşünmeden mutlaka arada bir tek başına kalmalı, kendini gözlemlemeli ve kendinle vakit geçirmelisin. Kendini sevmeyi ve ilgilenmeyi, kuaföre gitmek, alışveriş yapmak, estetik yaptırmak olarak algılama lütfen. Elbette bunları yap ama ruhunu dinleyeceğin zamanların da olsun mutlaka. Yoga, meditasyon vb. çalışmalar sana bu konularda destek olabilir. Nefes almalısın, ara sıra günlük rutinlerinin dışına çıkarak. Çok konuşan zihnini arada bir susturmalı, kalbinin sesini dinlemelisin. İstediğin kiloda ya da boyda olmadığın, kendini yeterince güzel ya da yakışıklı bulmadığın, istediğin mevkiye ya da paraya sahip olmadığın için kendini aşağılara çekme. Sen, olduğun halinle mükemmelsin ve emin ol ki seni seven, olduğun halinle sevmedikçe bu gerçek bir sevgi değildir. Kendine karşı duyduğun sevgi, ışık olarak yansır enerjine ve kendine hayran olana herkese herkes hayran olur, bunu da unutma!

Sınırın olsun mutlaka, kimsenin geçmesine izin vermediğin. Bu duvarlar koymak değil arana, sakın yanlış anlama. Ama mutlaka bir benlik alanın olsun ve hiçbir duygusal manipülasyonla, kimsenin o alanı geçmesine izin verme. Yüreğini, ruhunu yaralayacak hiçbir şeye "Evet" deme. Geçmişinde yaptığın bu yöndeki seçimlerin için de kendine kızma, küsme. Onlar, o zamanki aklınla, duygularınla yaptığın ve bugün uyanmanı sağlayacak seçimlerindi. Affet kendini, barış kendinle. Emin ol, yine geriye dönsen, o andaki senle yine aynı seçimleri yapacaksın. "Şimdiki aklım olsa" deriz ya hep ama şimdiki aklının oluşmasını sağlayan zaten o kararlarındı. Yani deneyimlerin öğretmenlerindir, sana gerçekleri öğretir; ama egosal gerçeklikleri değil özünle anlaman gereken gerçekleri bilgeliğine kat lütfen.

Hayvanlarla, doğa ile daha çok ilişki kur. Bu, kendinle olan ilişkine her zaman olumlu katkı sağlayacak. Onları gözlemlemen sana hayatı anlatacak. Sen hiç kendini beğenmeyen bir kuş gördün mü? Doğayı izle, ağaçları, çiçekleri, rüzgarı, mevsimleri... Her biri yaşamla ilgili birçok ipucu barındırıyor kendinde.

Yalnızca iyi şeyler başardığında, birilerini mutlu ettiğinde, işe yaradığını hissettiğinde sevme kendini. Allah'ın ruhunu taşıyan bir varlık olarak her halini sevgiyle kucakla. İyi şeylere layık olduğuna inanmadıkça emin ol ki iyi şeyler gelmeyecek başına. Her zaman duygularına, düşüncelerine ve kullandığın kelimelere dikkat et. Bunların, bugününü ve dolayısı ile geleceğini şekillendirdiğini unutma. Kendinle ilişkin sağlam olduğunda, kendini yeterli bulduğunda, mutluluğa, aşka, bolluğa hakkın olduğuna tüm kalbinle inandığında hepsi gerçek olacak ve bunları yaşatacak kişi ve olaylar dahil olacak hayatına. Lütfen bırakman gereken, seni aşağı çeken tüm duygularınla, sana çelme takıp duran kendinle ve bu kurban bilincine hizmet eden insanlarla vedalaşmayı bil. Gitmen gereken yerde fazla kaldığında kendine eziyet ettiğini hatırla. Kendine eziyet etmenin ne sana, ne dünyaya, ne sevdiklerine asla olumlu bir katkısı olmayacak, bunu da aklından hiç çıkarma.

"Kendini sev!" dediğimde "Nasıl olacak bu, neyimi seveyim ki?" ya da "Nasıl seveyim kendimi bilmiyorum?" vb. cümleler kurma. Geç aynanın karşısına, gözbebeklerinin içine bakıp ve "Seni seviyorum ...(adın neyse onu söyle), iyi ki varım." diyerek başlayabilirsin kendini sevmeye. Kendini sevmek; kendini kabul ederek, gözlemleyip geliştirerek, insanlara göre hareket etmeyerek, kızdığın şeyler için kendini affedip yeni bir başlangıç yaparak olur. Bunun temel koşulu da varlığını kabul etmekten ve onu kimselere armağan etmemekten geçer sevgili can.

Kendini sadece kendin aracılığı ile keşfet. Başkalarına bakarak değil. Kıblen kalbin oldukça, yaşamın da cennetin olur.

İNSANLAR VE SEN

İnsanlarla ilişkinin pek çok alt kategorisi var elbette. Annen, baban, kardeşlerin, karşı cins, dostların, çocukların, patronun, iş arkadaşların vb... Bu kitabımda, ilişkilerle ilgili genel bir bilgi verip biraz karşı cinsle olan ilişkin üzerinde duracağım. İlişkiler konusunu daha sonraki kitaplarımda detaylıca anlatmayı düşünüyorum. Çünkü insanlarla olan ilişkimiz, tekâmülümüzün en önemli aracı ve birçoğumuzun hayatındaki pek çok sorunun da kaynağı.

O zaman genel olarak insanlarla ilişkiden başlayalım. Sonra karşı cinsle olan ilişki üzerinde yoğunlaşırız.

Şunu çok iyi anlamanı istiyorum: Hayatındaki kişiler, sebepsiz veya tesadüfen yaşamında değil. Hiçbiri, sana kaderin cezası falan da değil. Her biri, senin daha önce seçtiğin, tekâmül derslerin ve karmaların sonucu kontrat imzaladığın yani bu yaşadıklarının planını doğmadan önce yaptığın seçilmiş ruhlar. Karşılıklı kazanımlar dahilinde yapılan anlaşmalar sizi bir araya getirir. Ancak bu deneyimler sonucunda alman gereken gerçek bilgeliği alıp almaman sana bağlıdır, yani senin özgür iradene. İlişkiler içinde yaşanılan olaylarda da bir kişi tekâmül dersini fark ederek alırken, diğeri bu dersi almamayı seçebilir. Birinin diğerini bu konuda zorlaması, çaba göstermesi gereksiz bir uğraştır. Bazı insanlar ile pozitif gözüken kontratlar imzalarken, bazıları ile de negatif gözüken anlaşmalar yapmışsındır. İlahi boyuta göre bunlar ne negatif, ne pozitiftir, nötrdür; çünkü hepsi sana hizmet etmektedir. Seni bir adım öteye geçirebilen her deneyim, her öğreti çok kıymetlidir ve bunu anlamanı sağlayan insanlar da senin ruhsal ailende, tekâmülünde çok değerlidir.

İnsanlar, tekâmülün olmazsa olmaz araçlarıdır. Nasıl ki yüzünü, bedenini, gözlerini, kaşlarını, saçlarını detaylı incelemek ve onlara istediğin şekli vermek, giydiğin kıyafetin sana yakışıp yakışmadığını anlamak için aynaya ihtiyacın varsa kendini gözlemleyebilmen, değişmesi gereken yönlerini fark edebilmen, kim olduğunu anlayabilmen için de sana aynalık yapabilecek insanlara ihtiyacın vardır. Yoksa bir uyurgezer gibi kendinden bir haber yaşarsın ki bu, değişimden ve tekâmülden kaçmak demektir. Kimi zaman aydınlanmak için inzivaya çekilir ya insanlar, evet bu bazen gereklidir, ama sonradan insan içine karışıp aydınlandığına inandığı konuları onlara yansıtamaz yani bildiklerini eyleme geçiremez. İşte o noktada kişi, henüz bilgeleşmemiş demektir.. Tek yaptığı fark etmek olmuştur. Bilgi sahibi olup bir şeyleri fark etmek elbette gelişimin ilk adımıdır. Ancak kişiyi sonuca götürecek, yani tekâmül ettirecek olan bu farkındalığını ve bilgisini hayata geçirmek ve uygulamaktır. Farkında olan kişiye uyanmış denebilir; ancak bilge ya da üstat, bu fark ettiklerini tam anlamıyla yaşayabilendir. Nice kişisel gelişim uzmanı çok güzel bilgiler vermekte lakin bunları kendi hayatlarında uygulamamaktadır. Bu kişiler öğretmen olabilirler, ama henüz rol-model ve üstat olmamışlardır. Ve ruhlar aydınlanışını hayatlarına geçirene kadar dünyaya enkarne olmaya devam eder. Yani şunu bilmelisin ki insanlardan uzak durmak, kaçmak senin ilerlemen için çözüm değil. İlişkide olduğun insana kattığın ya da ondan aldığın şeyler senin kendinle bütünleşmeni sağlayacak olan anahtarlarındır.

Her birimiz, aynı anda Allah'tan koparak kendi ruhlarımızla var olma, varlığımızı deneyimleme, öğrenme, bilgelik kazanma, olma halini yaşama adına adımlar attık, seçimler yaptık. Neden bu bilgiyi tekrar yazdım biliyor musun? Çünkü genel olarak insanlarla olan ilişkileri etkileyen durum, bazılarının senden daha üstte, bazılarının ise altta olduğuna inanmandır. Yani insanlar daha şanslı/şanssız, daha iyi/kötü, daha değerli/değersiz, daha güçlü/güçsüz, daha güzel/çirkin vb. diye ayrılmışlardır senin gözünde ve sen kendini sürekli bu ayrımlarla kıyaslamaktasındır. Bu da en negatif duyguların başında yer alan kıskançlık duygusunun oluşmasına yol açmaktadır. Özellikle değerlilik ve güç konusunda bu sıkça yapılmaktadır. Varoluş düzeninde kimse birbirinden daha güçlü, daha değerli değildir. Allah için, kendi ruhundan olan bizler nasıl böyle ayrılabiliriz ki? Allah'ın birimizi diğerinden daha az sevmesi, kendi parçasını daha az sevmesi anlamına gelir ki böyle bir gerçek söz konusu olamaz. O'nun gözünde tüm ruh parçaları eşit, değerli ve kıymetlidir. Elbette bizlerin tekâmül basamakları farklı olabilir. Başta da anlattığım gibi tüm tekâmül basamaklarındaki ruhlar aynı anda dünyayı deneyimliyor. Çünkü birinci basamaktakinin dokuzuncu basamaktan alacağı şeyler olduğu gibi, dokuzuncu basamaktakinin de birinci basamaktan öğrenecekleri mevcuttur. Mesela kendini büyük görmeden, herkese eşit bakabilmek ve sevebilmek vb. Farklı gözüken yaşamların sebepleri, kişilerin deneyimlemek istedikleri durumların çeşitliliğidir. Örneğin çocuğu olmayan biri, olan birini kıskanabilir ve "Ne şanslısın, senin çocuğun var benim yok!" diyerek onu üzmeye çalışabilir. Ancak şunu çok iyi bilmelisin ki bir şeye gerçekten sahip olmak istersen olursun. İstediğin bir şey için herhangi bir korkun veya negatif duygun yoksa o şey senin dünyanda var olur. Olmayan şeyler sen öyle olmasını istediğin için olmuyor. Belki korkularından, belki kaygılarından, belki en başta kontratına dahil etmediğinden, belki o anda tersi gibi davransan da aslında deneyimlemek istemediğinden... Lütfen bunun üzerinde düşün olur mu?

Bankada biriktirdiğin paran, sahip olduğun yatırımların ya da ailen, statün, başarıların seni asla diğerlerinden daha üstün yapmaz. Tam tersi durumlar da seni daha değersiz kılmaz. Sana tekâmülde basamak atlattıran şeyler, öğrendiklerin ve hayatına dahil ettiğin bilgeliklerin, kendini geliştirmen ve kendini nasıl ortaya koyduğundur. İnsanlarla, doğayla ve hayvanlarla, parayla, hastalıklarla kısaca neyle ne yaşarsan yaşa, hepsi senin ilerlemen, gelişmen için yol göstericidir. Gösterilen yolda yürüyüp yürümemek, ana yoldan çıkıp yan yollarda oyalanıp oyalanmamak senin seçimindir. Tüm evren senin seçimlerin karşısında saygı duyar. Ama sana arada sırada kendini hatırlatmaya da devam eder. Yine de kararlarına müdahale etmez. Yaşam, seni sen olmana izin verecek kadar sever ve destekler.

Geldik bir başka önemli noktaya. Lütfen çevrendeki insanlarla ilgili sorunlarının altında, kendinle ilgili kabul edemediğin yönlerin olabileceğini aklından çıkarma. Bu, annen de olabilir, dostun, eşin, patronun, çocuğun da... Birinde gördüğün ve seni rahatsız eden her ne ise, potansiyel olarak senin içinde de mevcuttur. Belki birini bencil olmakla suçluyorsun ve o kişi hayatındaki herkese karşı fazla benmerkezci davranıyor olabilir. Ama burada dönüp bakman gereken şey, "Acaba ben kime karşı bencil davranıyorum?"dur. O, on kişiye böyle davranırken, sen sadece bir kişiye böyle davranıyorsun diye bu senin ondan daha masum, daha iyi olduğunu göstermez. O zaten dozu fazla tutup senin gözüne sokarak, kendinde fark etmekten ve kabul etmekten çekindiğin, yok saydığın özelliğine aynalık yapıyordur. Bunu anlayarak kendini dönüştürmeye başladığında, o kişinin de davranışları değişmeye başlayabilir, hareketleri seni eskisi gibi rahatsız etmeyebilir ya da senin yaşam alanından uzaklaşabilir; çünkü aynalık görevi bitmiştir. Bu, genellikle ilişkileri daha sağlıklı hale getiren bir farkındalıktır. İlişkilerin sağlıklı hale gelmesi demek aradaki iletişimin ve bağın bazen artması, bazen de tamamen kopması olabilir. Ama bu kopmalar, yarım kalmış duygular, zanlar, suçlamalar, yargılamalarla değil; bunu neden yaşadığını kabule geçerek, tekâmül konunu anlayıp onunla el sıkışarak yapıldığında sağlıklıdır.

Şimdi, aileden başlayarak ikili ilişkilerimize uzanan minik bir yolculuk yapalım seninle. Özellikle bir çocuğun anne ve babasıyla kurduğu ya da kuramadığı ilişkiler, onun hayatı boyunca tüm ilişkilerinin temel yapıtaşı olacaktır. Ancak hemen altını çizmek istediğim bir konu var ki her çocuk, tekâmül basamağında kendi anne ve babasından daha yukarıdadır. Kuşak çatışması dediğimiz şey de tam olarak bundan kaynaklanır. Yani bilinç düzeyinde bizler ailemizden ilgi, sevgi, onay vb. bir şeyler almamız gerektiğini, hatta almadığımız şeyleri başkalarına veremeyeceğimizi zannetsek de bu sadece bir bahanedir. Çünkü gerçekte ailemize, almaktan çok vermeye, öğrenmekten çok öğretmeye geldik sevgili dostum. Elbette her ilişkide olduğu gibi bu ilişkilerde de bir alma-verme dengesi söz konusudur. Ancak bu, senin anladığından daha farklı şartlarla kurulmuş bir denge olabilir. Sırf senin dünya boyutunda var olmanı, sana tekâmül fırsatını sağlayan bedeni ve doğumu sağlamak bile o kadar kıymetli bir hazinedir ki... Sadece bu sebeple bile, onu sana bahşeden insanlar olan annen ve babana sevgi ve saygı göstererek bunun karşılığını vermelisin. Belki şimdi bazılarınız "Aman beni istememiş ki annem ya da babam ya da her ikisi de. Ben, tesadüfen oluşan bir hamilelik sonucu doğmuşum." diye itiraz edecektir. Ama şunu lütfen iyi anla sevgili can, hiçbir konuda tesadüf yoktur. Onlar en derin düzeyde senin doğmanı istemiş ve seninle bu konuda kontrat yapmış olmasalardı, dünyada var olmak için sırada bekleyen yüzlerce ruhun arasında sen de bekliyor olabilirdin.

Annenle olan ilişkin, sevgi düzlemindeki her şeyi (aşk, her çeşit sevgi, şefkat vb.), babanla olan ilişkin de güç düzlemindeki şeyleri (yetenekler, para vb.) birebir etkileyecektir. Bununla birlikte bir kız için babasıyla ilişkisi, bir erkek için de annesiyle ilişkisi, karşı cinsle yaşayacağı ilişkileri yakından ilgilendirir ve buna şekil verir. Bu sebeple ikili ilişkilerimizdeki sorunları çözmek ve hatta tüm insanlarla ilişkimizi sağlıklı hale getirmek istiyorsak, anne ve babamızla ilişkimizi şifalandırmamız gerekmektedir. Lütfen şifayı sadece yaşayan kişiler arasında olan bir durum olarak algılama. Annen baban vefat etmiş hatta sen onları hiç tanımamış da olabilirsin. Ben seanslarımda, ilişki karması çalışması ile tüm ilişkilerin neden o halde olduklarını danışanımın gözleri önüne serip alanı şifalandırıyorum. Senin de kendi içinde anneni ve babanı, onları hiç görmemiş olsan dahi kabule geçmen, onurlandırman, yargılamayı bırakman, affetmen, ilişkinin şifalanması demektir.

"Anneme ya da babama asla benzemeyeceğim!" dediğin halde belki tıpatıp aynı olmasa da yine de bazen onlar gibi davrandığının farkında mısın? Ya da benzememek adına sarkacın diğer ucunu deneyimlediğinin ve bunun da ne sana ne çevrendekilere iyi gelmediğinin... Tüm ilişkilerde yargıyı bırakmak ve kişiyi olduğu haliyle kabul etmek, en büyük tekâmül konularından biridir. Kendi doğrularına, kendi yaşanmışlıklarına göre karşındakini yargılıyorsun ama onun neler yaşadığını, içinde neler sakladığını, hangi yollardan geçtiğini bilmiyorsun. "Ben olsam öyle davranmazdım." diyerek ahkam kesiyorsun ama o sen değil ki. Belki senden daha korkak, daha yalnız, daha çaresiz, belki daha uyanmamış. Allah ona bu hakkı tanımışken ve yargılamazken sen diğer bir Tanrısal ruhu nasıl eleştiriyorsun? Buna hakkın var mı sanıyorsun? Bu yargıların, kendini de yargılamak, kapana kıstırmak olduğunu fark et lütfen sevgili dostum. Hiçbir şey senin düşündüğün gibi olmayabilir. Görünenin arkasında görünmeyen ve senin hiç tahmin etmediğin birçok durum, duygu, sebep olabilir. Bunun tek çözümü, anlayışa geçip senin ve her insanın Allah'ın bir parçası olduğuna uyanman ve tekâmül yolunda herkesin dünyada kendini var etmeye çalıştığını anlamandır. Annen ya da baban olması, onların her şeyi doğru bilmesi ve doğru davranması anlamına gelmiyor. Emin ol onlar da kendi yaşanmışlıkları, atalarından öğrendikleri ile ve o andaki uyanmışlık derecelerine göre ellerinden gelenin en iyisi yapıyorlar. Babanla ve annenle olan ilişkini gözden geçirmen, onları suçlamayı, yargılamayı bırakman, affetmen gerekenleri affetmen, hem karşı cinsle olan ilişkini hem tüm insanlarla hem de Allahla olan ilişkini sağlıklı hale getirecektir. Yine de seçim senin. İstersen onlara kızmaya devam edip tüm hayatını sabote edebilirsin. Ama bu seçimin sonunda hiçbir zaman kendini tam anlamıyla mutlu hissedemeyeceğini, tekâmülünü gerçekleştiremeyeceğini ve çocuklarınla ya da yakınlarınla bu sınava tabi tutulmaya devam edeceğini bilmelisin. Emin ol böyle devam edersen mutlaka çocukların da seni eleştirecek ve yargılayacak şeyler bulacaktır.

Gelelim merakla beklenilen noktaya. Nedir bu karşı cinsle bitmek bilmeyen sorunlarımız? Bazen hiç başlayamadan biten, bazen yarım kalan, bazen de bitmesi gerekirken devam eden ilişkilerimiz... Hayatın içinde belki de hepimizi zorlayan en temel konu bu. En büyük sınavımız, en derin yaramız, en etkili aynamız... "Ayrılık sevdaya dahil" mi o şairin dediği gibi? Ya da gerçekten seven hiç gider mi? Dönerse senindir, dönmezse hiç senin olmamış mıdır? Yoksa ahde vefa her şeye değer mi? Koca bir yaşam bir sevdaya feda edilir mi?

Anne ve babayla ve hatta Allah ile olan ilişkinin, karşı cinsle olan ilişkini etkilediğini detaylıca anlattım. Bunlar bizim ilk adımlarımızdı. Şimdi bu noktayı iyice anlamış olduğunu varsayarak diğer adımlara geçiyorum.

Aşık olmak, karşı cins tarafından sevilmek, sevmek elbette ruhumuza çok iyi gelen duygular. Ancak ne yazık ki bir o kadar içi boşaltılmış, farklı anlaşılmış ya da farklı yaşanılan duygulara dönüşmüş durumdalar. Çoğumuzun mutlaka yarım kalmış bir hikayesi, aşk acısı vardır. Sonrasındaki çoğu seçim, maddi ya da manevi olarak güvende olmak, bir daha aşk acısı çekmemek, yalnız kalmamak adına yapılan ve ahde vefa ile ya da zorunluluklar sonucu devam eden ilişkiler. Bazen de evdeki mutsuzluğundan kaçış ya da anne babasıyla yaratamadığı özgürlük alanını yaratabilmek adına "Evet" denilen evlilikler.... Baba ilgisinden yoksun büyüyen kızların kendilerine baba, anne sevgisinden yoksun olan erkek çocukların ise kendilerine anne arayışları ile yapılan seçimler... Elbette çoğunu farkında olmadan, çok azını bilerek yaptığımız, mutlu olmak için verilen kararlar...

Maalesef aşk, genellikle korkulan, güç savaşına girilen, sonunda da mağlup olunan bir savaş olarak algılanıp yaşanılıyor. Aslında bu savaşın kazananı da olmuyor. Belki giden taraf kazanmış gibi gözükebilir, ama aşk öyle her an kapıları çalmadığından aslında giden de kalan da kaybediyor. Şunu da belirtmek isterim ki ilişkilerde önce kalan olarak gözüken taraf gitmiştir, eğer o enerjisel olarak çoktan gitmeseydi diğer taraf ayrılmaya karar veremezdi. Yani terk edilen kişi ilişkiyi bitirmiştir aslında. Ne yazık ki bazen korkulardan, çaresizlikten, ailelerin onaylamayacağından, kendini onun karşısında yetersiz gördüğünden, ego savaşlarından vb. birçok sebeple çok aşk ziyan edilmiştir. Evliliklerin çoğu gerçek aşklarla değil; sevdiğimiz ve kontrol edebildiğimiz duygular içinde olduğumuz kişilerle yapılıyor ve yaşam ortaklığı, arkadaşlık, ebeveynlik, ahde vefa duyguları ile devam ediyor.

Her ne sebeple bir ilişkinin içinde olursan ol, yapman ve yapmaman gerekenler var. Bunları maddeleyerek gidersek daha kolay anlaşılacağına inanıyorum.

- Karşındaki erkek/kadın senin kurtarıcın, kahramanın değil! Böyle bir beklenti içinde olman hem seni, hem onu, hem ilişkinizi yoracaktır. Kendi dünyanın tek bir kurtarıcısı var, o da sensin sevgili can. Bunu aklına iyice sok lütfen. Kahraman sensin! Allah'tan ve kendinden başka kimseye sığınma. Bu onu putlaştırmaktan ve seni hayal kırıklığına uğratmaktan başka bir işe yaramayacaktır.
- Annen ya da babandan alamadıklarını, karşı cinsten almayı bekleme. Beklentide olmayı bıraktığında yaşayacakların seni mutlu edebilir. Kendine aşık, sevgili, yol arkadaşı ara; ebeveyn değil. Annen ve baban, sen beğensen de beğenmesen de zaten belli. Önce onlarla arandaki bağı güçlendir, iyileştir. Ona bir anne ya da baba gibi davranma; eşi ol, sevgilisi ol, aşkı ol, en yakın dostu, sırdaşı, arkadaşı ol. Onu çocuğun gibi görmen gerçek bir karı-koca ilişkisi yaşamanızı engeller.
- İlişkinde ya da evliliğinde kendini mal sahibi gibi hissetme. İlişki, karşındakinin hayatını senin istediğin şekilde değiştirmesi değildir. Onu kontrol etmeye çalışma. Bi-

risini kendisi olmaktan alıkoymaya çalışırsan, bir süre sonra uğradığı değişim yüzünden sana öfke beslemeye başlayacak ve senden soğuyacaktır, bunu unutma.

- Her türlü beklenti direnç yaratır. Beklentilerini bir kenara bırakıp "Sen bu ilişkiye ne katabilirsin?" sorusuna odaklandığında ve kendi değerini biliyor olduğunda, emin ol karşındaki de sana karşı aynı şekilde davranacaktır. Eğer böyle biri değilse de yaşamından çıkacaktır.
- İnsanlar birbirlerini yaralarından, zaaflarından tanır ve yakınlaşır. Birbirini şifalandıran ve karşılığında bir şey istemeyene ne mutlu. Ama çoğu zaman bu zaaflardan içeri süzülen kişiler, karşısındakine uzun bir süre istediklerini verip ihtiyaçlarını gidererek kendilerine bağımlı hale getirirler. Size eksikliğini hissettiğiniz öyle çok ilgi, sevgi, güvenlik, şefkat, huzur, güç, para vs. verirler ki sonunda onsuz bir hayatınız olamayacağı zannına kapılmanız kaçınılmaz olur. Unutmayın, biri size ne veriyorsa bunu kendi istediği ve menfaati olduğu için veriyor. Örneğin, her şeyi düşünen bir sevgiliniz var ve bu size ara sıra kendinizi yetersiz ve suçlu hissettiriyor. Oysa o da ancak her şeyi düşünüp fazla sorumluluk aldığında kendini değerli hissediyor. İşte bu tarz davranışların karşılığında ona bağımlı olmanız sizi manipüle etmekten başka bir şey değildir ve bu şekilde hareket etmek ne yazık ki gerçek sevgi değil, bencilliktir. Afiyetle balık yiyen birine sormuşlar "Neden balık yiyorsun?" diye. "Balığı çok seviyorum çünkü." demiş. Soran kişi ise "Hayır, balığı sevseydin yaşamasına izin verirdin, sen balığın senin damağında bıraktığı tadı, zevki yani kendini seviyorsun." demiş. İşte ilişkilerdeki çoğu davranışın arkasındaki gerçeklik de budur.

- İnsanları kendine bağımlı kılma çabası; yalnız kalma ve terk edilme korkusu, alışmış olduğu düzenin yani kendine çizdiği güvenlik alanının dışını tehdit olarak algılaması yüzündendir. Oysa ilişkilerde olması gereken, sağlıklı bağlardır. Bağımlılık, kişinin kendisini bazı konularda eksik görmesinden ve yukarıda bahsettiğim korkular sonucu oluşan egosal bir ilişki şeklidir. Bunu sadece karşı cinsle olan ilişkilerimizde değil, ne yazık ki dostlarımızla, ailemizle, çocuklarımızla olan ilişkilerimizde de yapmaktayız. İhtiyaçlar doğrultusunda şekillenen ilişkiler, ihtiyaçlar bittiğinde ya da yeterince karşılanmadığında sorunlu ilişkilere dönüşürler ve asla kalıcı mutluluk getirmezler.
- İlişkide ya da evlilikte, birlikte geçirdiğiniz zamanlar ve alanlar olduğu kadar mutlaka tek başınıza da vakit geçirmeli ve partnerinizin de bunu yapmasına imkan tanımalısınız. Birinin diğerine hükmettiği veya kendi yaşamına uydurmaya çalıştığı ilişkilerde sorunlar mutlaka bir yerden patlak verecektir. Çünkü bir yandan hem onun kendisi olmasına izin vermemiş olacaksınız hem de size boyun eğdiği için içten içe ona karşı saygınız ve sevginiz azalacaktır. Her insan, hayranlık duyduğu kişiye saygı, sevgi ve aşk besler.
- Genelleme yapmak, geçmişindeki kişilere duyduğun öfkeyi vb. duyguları hayatındaki kişiye yansıtmak, ona ve kendine yapacağın en büyük haksızlıktır. Baban, annen, Ayşe, Mehmet sana kötü davrandı diye bu bütün erkeklerin/kadınların aynı olacağı anlamına gelmez. Aynı durum pozitif duygular için de geçerlidir. Annen her istediğini yaparak seni şımarttıysa bu, tüm kadınlar

seni şımartacak anlamına gelmez. Herkes kendi parmak izi kadar özgündür.

- Annenle baban arasındaki ilişki nasılsa, bir şekilde sen de bu tarzı bir şekilde kendi ilişkine yansıtacaksın. Örneğin, onlar çok sık kavga ediyorsa sen de tartışmanın bir iletişim şekli olduğuna inandığın için farkında olsan da olmasan da eften püften bir şeyle ilgili, kendini sevgilinle, eşinle tartışırken bulacaksın. Bu yüzden geçmişe, özellikle çocukluk dönemine dön ve ebeveynlerinin ilişki modelini hatırla. Bu, neden böyle davrandığını ya da partnerinin sana karşı davranışlarını anlamana yardımcı olacaktır. O ilişkiyi rol model alman bugün seni mutlu etmiyorsa lütfen annen baban olmadığına uyan ve kendi ilişki modelini kendin yarat! Uyanmadan, kimseyi uyandıramayacağını unutma.
- Kendinle ilgili tüm duygularının, inançlarının ve bakış açılarının karşı tarafa geçeceğini ve sendeki frekansa göre karşılık bulacağını unutma. Bu sebeple karşındaki değişsin istiyorsan işe kendini değiştirerek başla. Sonra onun sana karşı nasıl değiştiğini gözlemle. Bir de yaşamından gitmesi gerekenler olacaktır. Onlarla özgürleşmen senin hayrınadır.
- İlişkiler, ister sevgili ister evli ol mutlaka ruhuna bir kazanım sağlamak için vardır. Bazen kişiler birlikte yükselirler ve tekâmül ederler yani birlikte kazanırlar. Bu, olması istenilen durumdur ve ilişkilerde kalıcılığı sağlar. Ancak bazen taraflardan biri tekâmül ederken diğeri bu enerjiden beslenmeyi, gelişmeyi ve değişmeyi reddeder ve direnebilir. Eğer sen elinden gelenin en iyisini yaptığın halde karşı taraf hâlâ sana kendini kötü hissettirecek davranışlar içinde ise ya da aranızda bir enerji uyum-

suzluğu başladıysa, o ilişkiyi bitirmek ikinizin ve varsa çocuklarınızın da en yüksek hayrına olacaktır. Birbirine iyi gelmeyen çiftler çocuklarına da iyi gelmezler. Sadece çocuklar için sürdürülen evlilikler onlara bir fayda sağlamaz. Böyle yaparak çocuklarınıza kendilerini feda etmeyi, sorumlu ve suçlu hissetmeyi öğretirsiniz. Onlar da bunları kopyalayarak böyle yaşarlar.

- Bitmesi gereken ilişkileri uzatmak, kendini ertelemene, seni mutlu edebilecek başka bir kişiyi yaşam alanına almamana ve belki de mutsuz ölmene sebep olacaktır. İlişkiye başlamak kadar bitirmek de normaldir. Bu sebeple ilişkilerde kimse kimseye ömürlük sözler vermemelidir. Duygular ve insanlar değişebilir. Kendine de karşındakine de bu hakkı tanıyor olmalısın.
- Gerçek sevgiler, kişileri geliştirmeye ve kendi olmalarına izin vermeye dayanır. Seni korkutsa dahi onun kendi olmasına rıza göstermelisin. Bir de öpülünce prense dönen kurbağa masalı var ya sakın ona inanma ve o beklentide olma. Kurbağa kurbağadır, prense dönüşmez. Ancak senin katkıların ve kendi seçimi ile bir kurbağa olarak en iyi haline dönüşüp kendine has özelliklerini en güzel şekilde ortaya çıkarabilir. Eğer sen onu kurbağa olarak sevmediysen, prense dönüşür umudu ile seçtiysen, asla onu gerçekten kabul etmemiş ve sevmemişsin demektir. Bu seçim, seni de onu da bir ömür mutsuz edecektir. O sebeple ilişkilerin başında karşındaki kişiyi iyi tanıman ve o haliyle seni mutlu edip etmeyeceğine karar vermen çok önemlidir. "Nasılsa ileride ben onu değiştiririm." diyerek kimseye "Evet" deme. İnan ki o kendi istemeden asla değişmeyecek, belki sadece kaybetme korkusu ile sana rol yapacaktır. Ayrıca değişmesi gereken belki o

değil de sensindir! Ya da ikinizin de değişime ihtiyacınız yoktur da sadece siz birbirinize uygun değilsinizdir.

- Yağmurdan kaçarken doluya tutulma. Evlenmeden önce yaşadığın ortamda mutsuzsan bunu kendi içinde çözümle. Başka bir insanı bu konuda basamak yapman, gücünü ona teslim etmen ve mutsuz olduğun bir ortamdan yine benzer bir ortama geçmeni sağlamaktan öteye gitmeyecektir. Kendi ayaklarının üzerinde durmaya odaklan. Bu seni kendi mutlu yolunda ilerletecektir.

  Maddi manevi kimseyi sırt yastığı yapma. Her zaman kendine ihtiyacın olanı vermeye odaklan ve bunun için elinden geleni yap. Karşı tarafa kendi yaşam kontrolünü bırakma. Bu, ona bağımlı olmana sebep olacaktır ve gitmek istediğin zaman gidememene. Kendi yaşam sorumluluğunu üstlen, başkalarınınkini değil ya da başkalarının senin yaşam sorumluluğunu üstlenmesini bekleme. Biri sana sürpriz mi yapsın istiyorsun? Önce sen kendine sürpriz yap, sonra da ona. Anlayış mı bekliyorsun? Sen, kendini ya da karşındakini ne kadar anlıyorsun? Bunu sorgula. İlişkinde yaşamak isteyip de yaşayamadığın ne varsa önce kendine sonra da karşı tarafa bu beklediklerini yaşatıyor musun diye düşün.

- İletişimde, tartışmalarda sadece konuşmuş olmak için konuşma. Can kulağıyla dinle karşı tarafı, ne dediğini anlamaya odaklan. "Lafı bitsin de ben de kendimi savunayım." diye bekleme. Dinlerken de konuşurken de sadece o anda ol, geçmişi gündeme getirme. Gelecekle ilgili de öngörüler ileri sürme. Değişmez dediklerin yarın değişebilir. Düşmez dediğin düşebilir, olmaz dediğin olabilir. Gelecek, sonsuz potansiyellerle dolu, o sebeple sen sadece şimdiyi konuş, şimdiyi dinle.

- Gerçekten aşk olduğuna inanıyorsan yaşadığının ya da seni çok mutlu ettiğine, sahiplen onu, savaş gerekirse ama etik bir şekilde. Kimsenin ve özellikle de senin ve onun egosunun bu ilişkiyi sabote etmesine izin verme. Çok kişiyi sevebilirsin ama aşk nadiren yaşanır. Yaşıyorsan kıymetini bil, heba etme yok yere.
- Kendi değerinden ödün verme, kibire kapılıp da karşındakini değersiz görme. Her ruhun çok özel olduğunu unutma. Bazen aşırı mütevazılığın arkasında gizli bir kibir vardır ve bu kişiler kolay kolay kimseyi beğenmez. Beğenilmediğini, yeterli olmadığını düşünen kişilerin birbirini aldatması, kendini yeterli hissedeceği birilerini araması kaçınılmaz tuzaklardandır. Aldatıldıysan buna hangi duygunun, davranışının, inancının sebep olduğunu mutlaka sorgula. Aldatan da aslında sadece kendini aldatır; çünkü yapılması gereken, eğer mutlu değilse ve yukarıda anlattığım duygular içindeyse ilişkiden uzaklaşmasıdır. Sabrın iyi geleceğini düşündüğün zamanlarda sabır et ama tahammül etme.
- Bir ilişki bittiğinde, oradaki öğretini al ve aranızda karma oluşmasına izin verme. Her ne yaşandıysa, seni üzmüş olsa dahi senin seçiminle ve tekâmülün adına yaşandı. Lütfen kendine de ayrıldığın kişiye de kızma, küsme, affetmen gereken bir şey varsa kalben, ruhen ve zihnen affet. Yoksa bunun gölgesi, senin ve hayatına daha sonra girecek olan kişinin üzerine mutlaka düşer.
- Kişi bazen severken de ilişkiden gidebilir. "Seven gitmez, seven üzmez!" diye düşünme. Kendi korkuları ya da egosu buna sebep olabilir, hatta bazen sen zarar görme diye bile uzaklaşıp seni ayrılık acısına boğabilir. Seven olmanın belli kuralları yoktur, çünkü herkesin

yaşanmışlıkları ve egosal kalıpları farklıdır. Karşındaki senin gibi düşünüp davranmayabilir. Bu, ne seni ne de onu haklı/haksız, doğru/ yanlış yapmaz.

- Sadece iyi bir insan olduğu için bir ilişkiye başlamak ve devam etmek elbette bir seçimdir, bu yoldan da yürüyebilirsin. Ancak bu seçiminle pek çok şeyden vazgeçmiş olduğunu da bilmelisin. Kabuldeysen sorun yok; ama aşk, tutku, heyecan arıyorsan aradıklarını bu şekilde bulmayı bekleme. Sonuçları seni tatmin ediyorsa yolunda ilerle.
- Birini sevmeni engelleyen en güçlü his, kaybetme korkundur. Oysa kaybedilecek hiçbir şey yoktur eğer sevgin koşulsuzsa. Beklentin olmadığında, kazanacak ya da kaybedecek bir şeyinde olmayacaktır, bunu hiç unutma.

Kendini kimseden sevgi beklemeye ihtiyaç duymadan çok ama çok sev. Sadece sevgiye değil hiçbir şeye ihtiyacın olmadığını bil. Tüm evren senin içinde, aradığın sorular ve cevaplar, sahip olmaya çalıştıkların sende… İhtiyacım var bilinci o şeye sahip olmadığını düşündüğünü gösterir. Oysa sen koca bir hazinesin, sen bir mucizesin. Keşfedilmeyi bekleme, sen aç bu hazine sandığını ve keşfet ruhunda olanları… Herkesin ilgisini çekecektir kendine olan sevgin ve bu enerjiye uygun kişiler yaşamına hızla çekilecektir.

PEKİ YA MEKANLARIN YAŞAMLARIMIZA ETKİSİ OLABİLİR Mİ?

Duygularımızın hayatımızı nasıl etkilediğini ve bunları dönüştürmek adına evinde kendine hangi uygulamaları yapabileceğini anlattım. Ancak uzun süre yaşadığımız alanlarımız da bu duyguların yaydığı frekanstan etkilenmekte ve bilinçaltımızın temizliğe ihtiyacı olduğu gibi onların da enerjisinin temizlenmesine ihtiyaçları vardır. Yaşam alanımız olan evimiz bu açıdan çok kıymetlidir. Hem bizim auramızdan hem de evimizde yaşayan diğer kişilerin, evimize girip çıkan insanların auralarından eşyalara ve alana enerjiler yapışır. Hatta evde daha önceden yaşamış kişilerin dahi alanda etkisi mevcuttur. Özellikle de o evde vefat olduysa, yoğun kavgalar ve ayrılıklar yaşandıysa bu duygular sende sebebini bilmediğin sıkıntılar yaratabilir. Evdeki sevgiyi, bolluk bereketi etkileyebilir. Mekanında enerji temizlenmesine ihtiyaç olup olmadığını anlamanı sağlayacak noktaları şöyle sıralayabilirim:

1- Dışarıda kendini daha iyi hissediyorken eve gelince sıkıntı, daralma, sebebini bilmediğin huzursuzluk vb. duygular yaşıyorsan,
2- Evinde evcil hayvan besliyor ve onun durduk yerde huzursuzlandığına tanık oluyorsan,
3- Bazı odalara hiç girmek istemiyor ve sürekli aynı alanda kalıyorsan,
4- Uykularında düzensizlik varsa, rüyalarında sık sık kabus görüyorsan, zor uyanıyor bazen de hiç uyuyamıyorsan,
5- Eve girmek bazen de evden hiç çıkmak istemiyorsan,
6- Bebeğin ya da küçük çocuğun varsa ve özellikle geceleri olmakla birlikte gün içinde sebepsiz yere çok ağlıyorsa ve uykuları düzensizse,
7- Ev halkı arasında gerekli gereksiz tartışmalar sık sık oluyorsa,
8- Evin bereketinde, bolluğunda bir problem varsa.

Bu sorunlardan bir ya da birden fazlasını yaşıyorsan, mekanının enerjisini temizlemelisin. Biz buna mekan detoksu da diyoruz. İnan ki yaptığında çok rahatlatıcı etkiler yaşayacaksın.

Mekanın enerjisini temizlemende yardımcı olacak yöntemler :

1- Öncelikle evinde ne kadar kurumuş çiçek varsa atmalısın zira onlar ölüdür ve enerjiyi ağırlaştırır.
2- Kırılmış ve onarılamayan eşyalar varsa onları da evinden çıkarmalısın.

3- Kurukafa vb. negatif enerjiler taşıyan objelerden evini arındırmalısın.

4- İşe yaramayan eşyalarını, dolabında varsa kullanmadığın kıyafet ve aksesuarları ya da sana üzüntü veren hatıraları olan eşyalarını vermelisin. Biriktirmek kıtlık bilincinden gelir ve yeniye yer açılmasına engel olur. Üstelik atıl kalan enerji her zaman rahatsızlık verir.

5- Evinin lavabolar dahil her odası için içinde kaya tuzu ve su olan kaseler hazırla. Gerçek kaya tuzu olmalı, artık tüm marketlerde ve aktarlarda satılıyor. Kasenin dibini tamamen kaplayacak miktarda kaya tuzu koy ve üzerini suyla doldur, ardından birkaç damla sirke ekle. Ne sirkesi olduğu önemli değil. Evin kapısından girdiğinde sağda olan ilk odadan başlayarak tüm odalara bu kaselerden yerleştir ve bir hafta boyunca kalsınlar. Bir hafta sonunda kontrol ettiğinde kaya tuzları erimişse bu iyi bir işarettir, ancak buzdağı gibi kaselerin kenarlarında tuzlar biriktiyse ya da hiç erimeden dipte tuzlar duruyorsa, o odalar için tekrar kaya tuzlu yeni kaseler hazırlayıp bir hafta daha koymalısın. Bu işlemi tuzlar suyun içinde normal şekilde erimiş olana kadar devam etmelisin. Kaya tuzu ve sirke negatif enerjiyi temizler.

6- Adaçayı tütsüsü yap ve tütsüyü yedi kez evin her köşesinde gezdir. Yine evin kapısından içeri girerken sağ tarafta olan yerden başla ve tüm evi dolaş.

7- Evin bereketi için, evde yaşayan kişi sayısı kadar çubuk tarçını ocakta yak ve tamamen yanıp kül olana kadar bekle.

ŞİFA OLSUN, OLDU BİLE SEVGİLİ OKURUM …

BİTİRİRKEN

Düşündüklerin, söylediklerin ve yaptıkların bir duadır ve mutlaka ALLAH tarafından cevaplandırılır. Bu da senin kaderini şekillendirir. Önemli olan geçmişte kim olduğun değil, şimdi tam şu anda kim olmak istediğindir! Seçiminin ne olduğu konusunda netleşirsen emin ol ALLAH ve tüm sistem bunu mümkün kılmak için gerekli en mükemmel araçları karşına çıkaracaktır. Artık kendini dünyaya ilan et, ne olmak istediğini bildir. Ağzından çıkan kelimelerle, eylemlerin ve düşüncelerinle yaşam sahneni yeniden şekillendir.

Mutluluk bir seçimdir ve onun için gereken tek şey kalbindir. Kalbinde iç huzuru ve mutluluğu yakaladıysan artık senin dışında hiç kimse ve hiçbir şey onu yok edemeyecektir. Kalbinde olanı bulmak için önce ve sadece kalbinle ilerlemelisin. Bunun için lütfen artık kendini başkaları aracılığı ile deneyimlemeyi yani onların senin hakkında ne düşündüğünü umursamayı ve ona göre hareket etmeyi bırak. Kendini sadece kendin aracılığın ile keşfet. Yaşamının temel amacı; kim olduğun hakkında bir fikre sahip olman ve bir sonraki aşamada ise kendini yeniden yaratmandır. Yani kendini sürekli geliştirmeye adamaktır.

Birini sevdiğinde kendisi olabilmesi için ona izin vermelisin, bu koşulsuz sevginin en büyük armağanıdır. Ama önce bu armağanı kendine vermelisin. Kendini sevmeden Allah'ı sevemezsin. Kendi gerçeğine giden yola baş koyduğunda, ihtişamına giden yola da baş koymuş olacaksın. Böylelikle ALLAH yolunda ilerleyecek, en büyük sevgili ile BİR olacaksın ve kimsenin o BİR'likten ayrı olmadığı gerçeğine uyanacaksın.

Sen Allah'ın bir mucizesi, bir lütfusun. Bu lütufu şükürle onurlandırmalısın. Her birimiz çok değerli ve özeliz ve kocaman bir ailenin üyeleriyiz. İlk varoluş anından itibaren görünmeyen ama kuvvetli bağlarla birbirimize bağlıyız. Hiç ayrılmadık ve hiç ayrılmayacağız.

Allah'ın senin için her zaman en mükemmelini istediğini bil. Sana farkındalık katan, seni sen yapan, gelişmeni sağlayan ne varsa mükemmeldir. Yaşamına dahil olan herkese ve her şeye teşekkür et. Onlar senin kendini tanıman için iyi kötü rollerde ellerinden gelenin en iyisini yaptı ve yapmaya devam edecekler. Neye inanıyorsan onu sana yaşatarak seni, sana aynalarla gösterecekler. Ne mutlu bunları fark edene, ne mutlu ayrımları bitirene, ne mutlu bendeki bizi bizdeki beni anlayana, ne mutlu Allah'tan geldiğini bilene ve ne mutlu kalbinde Allah'ın sureti şeklinde olan kendini görene...

Dilerim bu kitap, bütün bu güzel niyetlerin gerçeğe dönüşmesine ve içindeki mucizeyi fark etmene aracı olur.